유연한 사고의 힘

# 유연한 사고의 힘

## 창의적인 사고를 할 수 있는 사소한 습관

레오나르드 믈로디노프

김정은 옮김

까치

ELASTIC: Flexible Thinking in a Time of Change
by Leonard Mlodinow
Copyright © 2018 by Leonard Mlodinow
All rights reserved.
This Korean edition was published by Kachi Publishing Co., Ltd. in 2018
by arrangement with Alexei Nicolai, Inc. c/o Writers House LLC through
KCC(Korea Copyright Center Inc.), Seoul.

역자 김정은(金廷垠)
성신여자대학교에서 생물학을 전공했고, 뜻있는 번역가들이 모여 전 세계의
좋은 작품을 소개하고 기획 번역하는 펍협 번역 그룹에서 전문 번역가로 활동
하고 있다. 옮긴 책으로는 『바람의 자연사』, 『바이털 퀘스천』, 『진화의 산증
인, 화석 25』, 『미토콘드리아』, 『세상의 비밀을 밝힌 위대한 실험』, 『신은
수학자인가?』, 『생명의 도약』, 『날씨와 역사』, 『좋은 균 나쁜 균』, 『자연의
배신』, 『카페인 권하는 사회』, 『감각의 여행』 등이 있다.

편집, 교정_이예은(李叡銀)

# 유연한 사고의 힘 :
창의적인 사고를 할 수 있는 사소한 습관

저자 / 레오나르드 믈로디노프
역자 / 김정은
발행처 / 까치글방
발행인 / 박후영
주소 / 서울시 용산구 서빙고로 67, 파크타워 103동 1003호
전화 / 02 · 735 · 8998, 736 · 7768
팩시밀리 / 02 · 723 · 4591
홈페이지 / www.kachibooks.co.kr
전자우편 / kachibooks@gmail.com
등록번호 / 1-528
등록일 / 1977. 8. 5
초판 1쇄 발행일 / 2018. 12. 5
    3쇄 발행일 / 2020. 5. 20

값 / 뒤표지에 쓰여 있음

ISBN  978-89-7291-677-2   03180

이 도서의 국립중앙도서관 출판예정도서목록(CIP)은 서지정보유통지원시스템 홈페이지(http://
seoji.nl.go.kr)와 국가자료종합목록시스템(http://www.nl.go.kr/kolisnet)에서 이용하실 수 있습니다.
(CIP제어번호 : CIP2018037847)

도나 스콧에게

# 차례

상하기……개와 뼈다귀 문제……수학자는 어떻게 생각하는가……문화의
영향

자연의 플랜 B……뇌의 암흑 에너지……게으른 마음의 교향곡……연상
으로 똑똑해지기……멍 때리기의 중요성

상상도 할 수 없는 일이 분명한 일이 될 때……뇌 분할하기……언어와 문
제 해결 능력의 연관성……두 반구의 재판……CRAP의 교훈……통찰 과
정의 분석……선과 생각의 기술

## 제4부 우리의 뇌를 자유롭게

삶 만들기와 촛대 만들기……사고의 운동량……생각이 굳어질 때……파
괴적인 원칙……전문적인 뇌의 불리한 조건……불화의 이득

백문이 불여일견이 아닐 때……테두리를 벗어나서 생각하기……우리의
생각 여과 체계……미숙함이여, 영원하라

세상은 요지경……광기의 측정……유연한 성격, 예술에서 과학까지……
내면의 지킬 박사와 하이드 씨

모두 함께 취해보자……취중진담……피로의 한 줄기 희망……걱정을 접
고 행복해지자……뜻이 있는 곳……유연한 자가 살아남는다

# 서론

## 변화의 요구

2016년 7월 6일, 구글 "지오(Geo)" 팀의 전(前) 직원 40명이 모여서 만든 스타트업 회사인 나이언틱은 포켓몬 GO를 출시했다.[1] 스마트폰 카메라를 이용한 "증강 현실(augmented reality)" 게임인 포켓몬 GO에서 이용자는 화면에 나타나는 가상의 생물을 마치 현실 세계에 존재하는 것처럼 포획한다. 출시 이틀 만에 미국에서는 전체 안드로이드 기반의 스마트폰 사용자의 10퍼센트 이상이 이 앱을 설치했고, 2주일 안에 이용자 수가 3,000만 명에 달했다. 얼마 지나지 않아 아이폰 사용자들이 하루에 포켓몬 GO를 하는 시간은 페이스북, 스냅챗, 인스타그램, 트위터를 하는 시간보다 더 많아졌다. 더 놀라운 것은, 포켓몬 GO는 출시된 지 불과 며칠 만에 구글에서 **포르노**보다 더 많이 검색되는 단어가 되었다는 점이다.

게임을 즐기지 않는 사람이라면 이 상황을 말똥말똥 쳐다보거나 어깨를 으쓱하고 말겠지만, 업계에서는 무시하기 어려운 사건이다. 이 게임은 미국 내 애플 사용자들로부터 날마다 무려 160만 달러씩을 벌어들였다. 게다가 나이언틱의 시장 가치는 그야말로 하룻밤 사이에 75억 달러가 올랐고, 포켓몬 GO의 상표권을 소유한 닌텐도의 주가는 한 달 안에 두 배로 뛰었다.

출시 첫 6개월 동안 6억 명이 넘는 사람들이 포켓몬 GO 앱을 내려받았다. 이 앱을 2000년대 초반에 가장 큰 성공을 거두었던 것들과 비교해 보자. 페이스북은 2004년에 출시되었지만, 2007년이 되어서야 가입자가 3,000만 명이 넘었다. 엄청난 인기를 누리고 있는 월드 오브 워크래프트 게임도 2004년에 출시되었는데, 가입자가 1,200만 명을 돌파하기까지 6년이 걸렸다. 당시에는 초고속으로 질주를 하는 것처럼 보였는데, 10년 후에 보니 저속 차선으로 가고 있는 느낌이다. 다음에 어떤 큰 사건이 일어날지는 아무도 모르지만, 대부분의 경제학자들과 사회학자들은 예측 가능한 미래에도 변화의 가속화가 계속될 것으로 전망하고 있다.

그러나 포켓몬 GO의 성장 속도에만 초점을 맞추는 것은 중요한 점을 지나치게 간과하는 것이다. 이 게임의 폭발적인 성공은 예측 불가능했을지 몰라도, 아주 우연은 아니었다. 이 앱을 만들 때, 나이언틱은 기술의 이용과 관련하여 일련의 혁신적이고 진보적인 결정을 내렸다. 이를테면 휴대전화의 카메라 기능과 GPS를 이용했고, 클라우드 컴퓨팅을 활용하여 앱을 작동시킴으로써 이미 구축되어 있는 기존 체제와 기억 용량을 어느 정도 제공받았다. 게다가 이 게임은 앱 스토어 경제의 장점을 잘 활용했다. 이런 사업 모형은 월드 오브 워크래프트가 출시되었을 때에는 아예 만들어지지도 않았다. 지금은 사람들에게 친숙한 이 접근법에서는 게임은 무료로 제공하고 광고와 다양한 도구를 팔아서 수익을 낸다. 수익성을 계속 유지하는 것은 또다른 난관이었다. 쌍방향 오락 산업에서 인기를 얻고 출발한 게임은 유통기한이 남아 있는 생 굴이라고 할 수 있다. 유통기한이 다하는 운명을 피하기 위해서, 나이언틱은 여러 번 기습적으로 중요한 특성과 내용을 적극적으로 앱에 추가하는 방식의 장기적인 광고 전략을 썼다. 그 결과, 출시 1년 후에도 매달 6,500만 명이 여전히 이 게임을 즐겼고, 수익은 12억 달러에 달했다.

포켓몬 GO 이전까지는, 사람들은 몸을 움직이거나 현실 세계와 상호작용을 해야 하는 게임을 원하지 않는다는 것이 일반적인 통념이었다. 그래서 실리콘 밸리의 모든 혁신에도 불구하고, 포켓몬 GO 개발자들은 사람들에게 게이머들은 그냥 "앉아서 게임을 하고 싶어한다"라는 충고를 자주 들었다.[2] 그러나 이 개발자들은 일반적인 가정을 무시하고 기존의 기술을 참신한 방식으로 활용하여, 게임 개발자들의 사고 방식을 바꾸어놓았다. 포켓몬 GO 이야기의 이면에는 만약 당신이 무엇인가를 생각하는 일에 능숙하지 않다면 당신의 회사가 빠르게 침몰할 수도 있다는 경고가 담겨 있다. 블랙베리, 블록버스터, 보더스, 델, 이스트먼 코닥, 브리태니커 백과사전, 선 마이크로시스템스, 시어스, 야후 같은 기업을 보라. 이들은 빙산의 일각에 불과하다. 1958년 미국 주식 시장의 500대 기업의 평균수명은 61년이었다.[3] 오늘날 평균수명은 약 20년이다.

우리는 지적 도전과 비슷한 일을 일상에서 마주쳐야 한다. 오늘날 우리는 다양한 매체를 통해서 평균적으로 날마다 무려 10만 단어라는 엄청난 양의 새로운 정보를 받아들인다.[4] 몇십 년 전과 비교해보자면, 그때는 2만8,000단어였다. 혁신적인 새로운 상품과 기술이 등장하고 정보가 급증하면서, 한때는 비교적 간단했던 일이 이제는 모호함의 정글을 통과해야 하는 당황스럽고 복잡한 여정이 될 수도 있다.

얼마 전까지만 해도 여행을 가고 싶을 때에는 여행 안내서 한두 권을 확인하고, 지도를 준비하고, 호텔과 항공편을 예약하면 되었다. 아니면 미국 내에 있는 1만8,000개의 여행사 중의 한 곳에 문의했다. 요즘 휴가를 계획하는 사람들은 평균적으로 26개의 웹사이트를 방문하고, 홍수처럼 쏟아지는 제안과 대안들을 따져보아야 한다. 가격은 당신이 여행하고 싶은 날짜에 따라서 달라지기도 하지만, 당신이 언제 **검색을 하는지**에 따라서도 달라진다. 예전에는 지불을 결정하면 간단히 끝나던 일이 지금은 사업자와 소비자가 각자 유리한 위치에서 최고의 거래를 하기 위해서 벌이는 한판의 결투가 되어가고 있다. 당신이 휴가 계획을 세우기 시작했을 때에는 당신에게 휴가가 필요하지 않았더라도, 계획을 다 세우고 나면 휴가가 필요해질지도 모른다.

우리 각자의 손끝에는 위대한 힘이 있지만, 한편으로는 10년이나 20년 전에는 겪지 않았을 문제들을 지금은 일상적으로 해결해야 한다. 이를테면, 한번은 나와 아내가 외국에 나가 있는 동안 당시 열다섯 살이던 나의 딸 올리비아는 집을 봐주는 사람을 야간에 쉬게 했다. 그리고 올리비아는 우리에게 문자를 보내서 친구 "몇 명"을 초대해도 되냐고 물었다. 휴대전화의 인스타그램을 통한 즉석 초대 덕분에 그 "몇 명"은 363명이 되었다. 나중에 알게 된 일이지만, 온전히 올리비아 탓만은 아니었고 열성적으로 글을 게시한 친구가 있었다. 그러나 이 일은 불과 몇 살 밖에 차이 나지 않는 올리비아의 오빠들이 그 나이였을 때에는 일어날 수 없었던 참사였다.

기본적인 기능들조차도 바뀌어가고 있는 사회에서, 도전은 우리를 주눅 들게 할 수도 있다. 오늘날 우리 중에 사생활을 위한 새로운 체계를 만들어야 하는 사람이 많다는 사실은, 과학기술로 인해서 우리의 모습이 끊임없이 고용주에게 노출된다는 것을 설명한다. 점점 더 정교해지는 사이버 범죄나 개인 정보를 도용하려는 시도를 피하기 위한 방법도 찾아야 한다. 점점 더 줄어들고 있는 "자유" 시간도 관리해야 한다. 그래야 가족이나 친구와 교류할 수 있고, 독서나 운동을 하거나 그냥 휴식을 취할 수 있다. 가정용 소프트웨어와 전화기와 컴퓨터에 관한 문제를 해결하는 방법도 배워야만 한다. 날마다 어디를 둘러보아도, 우리는 10년이나 20년 전에는 맞닥뜨리지 않았을 문제와 상황들에 직면한다.

변화의 가속화와 그것을 부채질하는 세계화와 기술 혁신은 많은 글들에서 다루어졌다. 이 책에서는 자주 논의되지 않았던 것, 정신없이 빠르게 돌아가는 이 시대를 잘 헤쳐나가기 위해서 새롭게 요구되는 **생각의 방식**에 관한 이야기를 할 것이다. 급격한 변화는 우리의 업무와 전문분야와 정치와 개인적인 환경을 바꾸어놓고 있으며, 우리의 성공과 행복은 우리가 그 변화를 받아들이는 방법에 달려 있기 때문이다.

우리에게 도움이 되는 재능들이 있다. 생각의 질은 늘 중요했지만 이제는 필수적이다. 이를테면 다음과 같은 능력들이다. 편안하게 여러 가지 발상들을 풀어놓을 수 있는 능력, 모호함과 모순에 익숙해지는 능력, 틀에 박힌 사고 방식을 극복하는 능력, 풀어야 할 문제를 재구성할 수 있는 능력, 깊게 뿌리박혀 있는 고정관념을 버리고 새로운 패러다임을 향해서 마음을 여는 능력, 논리만큼이나 상상력에도 의지하여 다양하고 폭넓은 생각들을 해내고 통합하는 성향, 시도를 두려워하지 않고 실패를 견딜 수 있는 담대함이 필요하다. 온갖 다양한 재능들을 한데 묶어놓은 것 같지만, 그 이면에서 일어나는 뇌의 작용을 밝히는 심리학자들과 뇌과학자들에 따르면, 이런 재능들은 일관된 인지 방식의 다양한 측면으로 드러난다. 나는 이것을 **유연한 사고**(elastic thinking)라고 부를 것이다.

유연한 사고는 우리에게 새로운 문제를 해결할 수 있는 능력을 주며, 기존의 질서를 뛰어넘는 생각을 하는 데에 방해가 될 수도 있는 신경의 장벽과 심리적 걸림돌을 극복하게 해준다. 앞으로 이 책에서는 우리의 뇌가 어떻게 유연한 사고를 생산하고 우리가 그것을 어떻게 키워나갈 수 있는지에 대한 해석과 관련하여 과학자들이 최근에 이룬 엄청난 발전을 살펴볼 것이다.

수많은 연구들 가운데 다른 어떤 것보다 두드러지는 특징이 하나 있다. 유연한 사고는 분석적 추론과 달리 과학자들이 "상향식(bottom-up)" 과정이라고 부르는 방식을 통해서 나타난다. 뇌는 컴퓨터처럼, 가장 상위의 실행 구조에서 암산을 지시하는 하향식(top down) 처리 방식으로 암산을 할 수 있다. 그러나 생물의 뇌는 그 독특한 구조적 특성 때문에 상향식으로도 계산을 수행할 수 있다. 상향식 처리 방식에서 각각의 뉴런은 하나의 실행 명령을 받는 것이 아니라 뇌의 정서적 중심부들에서 중요한 정보를 받아들여서 복잡한 방식으로 점화한다(이에 관해서는 나중에 다룰 것이다). 이런 종류의 처리 방식은 비선형적이고, 문제와 많이 동떨어져 보이는 답을 내놓을 수도 있다. 그리고 분석적 사고의 단계적 발전 과정에서는 나타나지 않을 것이다.

컴퓨터는 유연한 사고가 불가능하고 동물에서도 거의 나타나지 않지만, 인간의 뇌에는 그런 능력이 있다. 그렇기 때문에 포켓몬 GO의 개발자들은 그들의 뇌에서 실행 기능을 진정시키고 "뻔한 것" 너머에 있는 완전히 새로운 길로 접어들 수 있었다. 우리의 마음이 만들어내는 유연한 사고와 상향식 메커니즘을 이해하면 이해할수록, 우리는 사생활과 직장에서 난관에 봉착할 때에 유연한 사고를 하는 정신 작용의 활용법을 더 잘 배울 수 있을 것이다. 이 책의 목적은 그런 정신 작용과 거기에 영향을 미치는 심리적 요인을 살펴보는 것이며, 무엇보다도 가장 중요한 목적은 우리가 그것을 익히는 데에 도움이 될 만한 실용적인 전략을 알아보는 것이다.

## 선충의 수준을 넘어서

모든 동물은 일상생활에서 발생할 수 있는 여러 상황에 대처하기 위한 도구상자와 함께, 변화에 직면했을 때를 위한 몇 가지 능력을 가지고 있다. 하등동물인 선충(nematode, 예쁜꼬마선충[C. *elegans*])을 예로 들어보자. 선충은 우리가 알고 있는 가장 원시적인 생물학적 정보처리 체계 중의 하나이다. 선충은 단 302개의 뉴런과 불과 5,000개의 화학적 연접부(시냅스[synapse])로 이루어진 신경망을 이용해서 생존 문제를 해결하거나 죽음을 맞는다.[5]

선충이 경험할 수 있는 가장 위급한 상황은 아마 먹이가 되는 미생물이 남아 있지 않을 때일 것이다. 선충 같은 생물학적 컴퓨터는 그 상황을 인식했을 때 어떻게 할까? 선충은 민달팽이의 장 속으로 기어들어가서 다음날 다른 장소에서 똥과 함께 배출되기를 기다린다.[6] 이는 그다지 매혹적인 삶은 아니다. 우리가 보기에는 이런 해결책이 기발할 수도 있고 역겨울 수도 있지만, 선충의 세계에서는 둘 다 아니다. 겨우 수백 개의 뉴런으로 이루어진 선충의 신경계는 복합적인 문제를 해결할 수도 없고 복잡한 감정을 느낄 수도 없기 때문이다. 민달팽이의 배설물을 타고 히치하이크를 하려는 계획은 선충이 마음속에서 필사적으로 만들어 낸 것이 아니다. 이것은 개체마다 내장되어 있는 양분 부족 상태에 대한 진화적인 반응일 뿐이다. 먹이의 부족은 유기체가 환경에서 자주 만나게 되는 상황이기 때문이다.

더 복잡한 동물에게서조차도, 유기체의 행동은 "각본대로" 하는 것이 많다. 미리 설정되어 있는 대로, 다시 말해서 자동적으로 그 환경에 의해서 행동이 촉발된다는 뜻이다. 알을 품는 거위를 생각해보자.[7] 정교한 뇌를 가지고 있는 어미 거위가 둥지에 앉아 있다. 어미 거위는 알이 둥지 밖으로 굴러떨어졌다는 것을 알아차리면, 둥지 밖에 있는 알에 시선을 고정시킨 채 몸을 일으켜 세운 후 목을 쭉 뻗어서 부리로 알을 살살 굴려 둥지 안으로 다시 들여놓는다. 이런 행동은 새끼를 돌보는 어미의 사려 깊은 생각에서 나온 것처럼 보이지만, 선충의 경우와 마찬가지로 각본에 따른 산물이다.

각본에 따른 행동은 자연의 지름길 중의 하나이다. 이는 대체로 성공적인 결과를 가져오는 신뢰할 만한 대처법으로, 타고난 것일 수도 있고 습관의 결과일 수도 있으며, 종종 짝짓기, 둥지 틀기, 사냥감 죽이기와 연관이 있다. 그러나 각본에 따른 행동에서 가장 중요한 것은, 통상적인 상황에서는 이런 행동이 적합할 수 있지만, 각본대로 틀에 박힌 반응만을 하게 되므로 새롭거나 변화된 상황에서는 효과가 없을 때가 자주 있다는 점이다.

가령 어미 거위가 목을 뻗기 시작했을 때, 둥지 밖으로 떨어진 알이 굴러가서 사라졌다고 해보자. 어미 거위가 상황에 맞게 행동 계획을 중단할까? 아니다. 어미 거위는 알이 계속 거기에 있다는 듯이 행동을 할 것이다. 어미 거위는 팬터마임을 하듯이 가상의 알을 둥지 쪽으로 살살 굴려올 것이다. 한술 더 떠서, 맥주 캔이나 야구 공 같은 둥근 물체가 어미 거위의 알 굴리기 행동을 유발할 수도 있다. 진화의 가르침에 따르면, 어미 거위의 자동적인 행동이 확실히 더 효율적일 것이다. 이런 자동적인 행동은 더 복잡하고 미묘한 정신 작용을 통해서 알을 구하는 것보다 거의 항상 더 알맞다.

인간도 각본을 따른다. 나는 나의 행동이 보통의 어미 거위보다 더 사려 깊다고 생각하고 싶다. 그러나 간식 통을 지날 때에는 냉큼 아몬드한 주먹을 쥐고 있는 나 자신을 발견한다. 그 순간 간식이 정말 먹고 싶은지는 생각하지도 않는다. 딸아이가 감기가 "올 것" 같다면서 학교를 쉬어도 되는지 물어보면, 그 요청을 진지하게 받아들이고 자세히 묻는 대신 자동으로 "안 돼"라고 대답할 것이다. 또 익숙한 장소로 차를 몰고 갈 때에는 무심결에 익숙한 길을 따라가고는 한다.

각본은 유용한 지름길이 되지만, 대부분의 동물은 사전에 만들어진 각본만으로는 살아가기 어려울 것이다. 이를테면, 사냥을 하는 암사자는 멀리 먹잇감이 있다는 것을 알아차린 후에는 신중하게 사냥감에 접근해야 한다. 환경과 조건과 사냥감의 행동은 무척 다양할 수 있다. 따라서 암사자의 신경계에 새겨진 어떤 **고정된** 각본도 먹잇감 구하기라는 요구를 충족하기에는 적합하지 않을 것이다. 대신 암사자는 목표의 맥락에서 상황을 평가하고, 그 목표를 달성하기 위한 행동 계획을 세우는 능력을 가져야 한다.

각본 방식의 정보처리가 개체에게 도움이 되지 않는 이런 상황에 대비해서, 진화는 우리와 다른 동물이 반응을 산출할 수 있도록 두 가지 다른 수단을 마련해두었다. 하나는 이성적, 논리적, 분석적 사고인데, 나는 간단히 **분석적 사고**(analytical thought)라고 부를 것이다. 분석적 사고는 한 유기체가 사실 관계나 근거를 토대로 하나의 생각에서 그와 연관된 다른 생각으로 옮겨가는 순차적인 접근 방식이다. 또 하나는 유연한 사고이다. 유연한 사고의 정도는 종마다 다르지만, 포유류에서 가장 발달한 것으로 추정된다. 그중에서도 특히 영장류에게서 발달했고, 영장류 중에서도 특히 인간에게서 발달했다.

분석적 사고는 현대 사회에서 가장 값지게 여겨온 생각의 형태이다. 분석적 사고는 더욱 단순한 삶의 문제를 해석하기에 가장 적합하며, 학교에서는 이런 종류의 사고 방식에 초점을 맞춘다. 우리는 IQ 테스트와 대학 입학시험을 통해서 분석적 사고 능력을 측정하고, 회사에서는 분석적 사고를 하는 직원을 찾는다. 그러나 분석적 사고는 강력하기는 하지만 각본에 의한 처리 과정처럼 선형 방식으로 진행된다. 우리의 의식이 관장하는 분석적 사고에서, 생각들은 순차적으로 떠오른다. A에서 B를 거쳐서 C로 이어지는 각각의 생각들은 고정된 규칙들에 따라서 이전 생각의 뒤를 이어 나온다. 이 규칙들은 컴퓨터에서 실행되는 것과 같은 논리 법칙이다. 그 결과, 분석적 추론은 각본에 의한 처리 과정처럼 새롭거나 변화된 난관에 부딪치면 종종 실패하기도 한다.

이런 난관이 닥쳤을 때에는 유연한 사고가 탁월한 효과를 발휘한다. 유연한 사고 과정은 A에서 B에서 C로 진행되는 방식으로는 추적할 수 없다. 대체로 무의식적으로 진행되는 유연한 사고는 비선형적 처리 방식이다. 이런 방식은 여러 가닥의 생각들을 동시에 추적할 수 있다. 수십억 개의 뉴런 연결망에서 일어나는 미세한 상호작용을 거쳐서 상향식으로 결론에 도달하는데, 이 과정은 단계별로 자세히 설명하기에 너무 복잡하다. 분석적 사고에서의 엄격한 하향식 체계가 없고 분석적 사고보다 더 정서적으로 작동되는 유연한 사고는, 다양한 정보를 통합하고 수수께끼를 풀고 어려운 문제에 대한 새로운 접근 방식을 찾기에 적합하다. 또 우리의 창의력을 자극하는 유별나거나 심지어 괴상하기까지 한 발상들도 고려할 수 있게 해준다(이런 새로운 발상들을 이해하고 탐구하기 위해서는 분석적 사고도 필요하다).

우리의 유연한 사고 기술은 수십만 년 전에 진화했다. 그래서 우리가 야생에서 살아가는 동안 마주한 어려움들을 극복할 수 있었을 것이다. 우리에게 이런 기술이 필요했던 까닭은 우리가 다른 영장류에 비해서 신체 능력이 강한 편이 아니기 때문이다. 우리의 가까운 친척인 보노보는 우리보다 두 배 더 높이 뛸 수 있다. 침팬지는 같은 체중으로 비교했을 때 우리보다 팔 힘이 두 배 더 세다. 고릴라는 뾰족한 바위를 찾아내어 거기에 앉아서 주위를 살필 것이다. 인간은 멋진 의자에 앉아서 안경을 쓰고 있다. 만약 의자가 불편하면 우리는 허리가 아프다고 투덜댄다. 우리 조상들이 오늘날 우리보다 더 강했다는 것은 의심의 여지가 없지만, 우리를 멸종으로부터 지켜준 것은 유연한 사고였다. 유연한 사고는 우리에게 사회적 협동과 혁신을 통해서 난관을 극복할 수 있는 능력을 주었다.

지난 1만2,000년 동안, 우리 인간은 정착하여 사회를 이루었고, 사회는 야생의 위험으로부터 우리를 어느 정도 보호해주었다. 수천 년을 거쳐 오면서, 우리는 우리의 일상생활을 개선하거나 강화하는 방향으로 유연한 사고 능력을 활용했다. 울새의 둥지에는 욕실이 없고, 다람쥐는 도토리를 창고에 보관하지 않는다. 그러나 우리 인간은 거의 완전히 우리의 상상대로 만든 환경 속에서 살아간다. 우리는 흔히 말하는 오두막에 그냥 살지 않는다. 우리에게는 집이 있고, 온갖 모양과 크기의 아파트가 있으며, 예술 작품으로 집을 장식한다. 우리는 단순히 걷거나 달리기만 하지 않는다. 자전거를 타고, 차를 운전하고, 배로 여행을 하고, 비행기로 하늘을 난다(가볍게 세그웨이나 호버보드 같은 것을 타기도 한다). 이런 이동 수단은 예전에는 존재하지 않았다. 이런 탈것들은 모두 그 전까지는 개념적으로 상상조차 하지 못했던 해결책이었다. 당신의 책상 위에 있는 지우개와 종이 클립, 당신이 신고 있는 신발, 당신의 욕실에 있는 칫솔도 마찬가지이다.

우리는 어디를 가든지 인간의 유연한 마음의 산물들 속에 둘러싸여 있다. 유연한 사고는 인간 종의 새로운 재능은 아니다. 그러나 오늘날 요구되는 것은 유연한 사고 능력을 이면(裏面)에서 전면(前面)으로 끌어내어, 사회생활과 사생활에서 마주치는 일상적인 문제에서도 이를 중요한 태도로 삼는 것이다. 유연한 사고 능력은 이제 더 이상 과학적인 문제를 해결하는 사람, 발명가, 예술가 같은 사람들만의 특별한 도구가 아니라, 성공을 거두고 싶은 모든 사람들에게 필요한 능력 중에서도 중요한 요소이다.

## 앞으로

심리학자들과 신경과학자들은 유연한 사고의 과학을 이제야 조금씩 이해하기 시작하고 있다. 이들이 발견한 바에 따르면, 상향식 유연한 사고를 일으키는 뇌 기능은 하향식 분석적 사고를 일으키는 뇌 기능과 사뭇 다르다. 이런 과학은 최근에 진보된 뇌 연구를 토대로 하고 있는데, 최신 연구는 독특하고 차별화된 신경망에 대한 우리의 이해를 바꾸어놓았다. 이를테면, 2016년에 미국 국립 보건원은 획기적인 최신 고해상도 영상 기술과 최첨단 컴퓨터 기술을 이용한 인간 커넥톰 계획(Human Connectome Project)을 통해서 우리가 지금까지 알고 있던 것보다 뇌의 하부구조가 훨씬 더 복잡하다는 것을 밝혀냈다. 배외측 전전두 피질 (dorsolateral prefrontal cortex)이라는 중요한 구조는 실제로는 10여 종류의 서로 다른 성분들로 구성되어 있었다. 종합하자면, 인간 커넥톰 계획에서는 97곳의 뇌 구역이 새롭게 확인되었다. 이 구역들은 구조와 기능 측면에서 모두 달랐다. 커넥톰 계획의 성과는 새로운 지평을 열었다. 게다가 물리학으로 따지면, 원자가 양성자와 중성자와 전자로 구성되어 있다는 발견에 견줄 만한 중요한 발견이었다. 앞으로 나올 장들에서, 나는 이런 최첨단 뇌과학과 심리학을 활용하여 우리 뇌에서 유연한 사고가 어떻게 일어나는지를 탐구하고자 한다. 일단 상향식 사고 과정을 이해하면, 이후에는 그것을 실행하고 조작하고 조절하고 키우는 방법을 배우게 될 것이다.

제1부에서는 우리의 생각을 변화에 적응시키는 방법과 우리의 뇌가 변화에 강한 이유를 알아볼 것이다. 제2부에서는 인간(그리고 다른 동물들)이 새로움과 변화에 혁신적으로 대처하기 위해서 정보를 어떻게 받아들이고 처리하는지를 살펴보고자 한다. 제3부에서는 뇌가 문제를 공략하여 새로운 발상과 해결책을 내놓는 방법을 다루고, 마지막으로 제4부에서는 유연한 사고 과정에서 만날 수 있는 장벽들과 그것을 극복할 수 있는 방법에 관해서 이야기할 것이다.

그 과정에서 나는 유연한 사고에서 중요한 심리적 요인들을 살피고 그런 요인들이 우리의 삶에 어떻게 드러나는지를 알아볼 것이다. 여기에는 네오필리아(neophilia, 새로운 것을 좋아하는 성향)와 조현형(schizotypy, 일반적이지 않은 생각과 신비로운 믿음을 가지는 경향을 포함하는 성격 집단) 같은 성격 특성이 포함된다. 또 유형 인식, 아이디어 창안, 확산적 사고(여러 가지 다양한 생각을 해낼 수 있는 능력), 상상력(존재하지 않는 것을 마음속에 품을 수 있는 능력), 통합적 사고(다양한 생각이나 정반대의 생각들을 함께 품으면서 균형을 유지하고 조화를 이룰 수 있는 능력) 같은 능력도 여기에 포함된다. 이런 특성에서 뇌의 역할에 관한 연구는 심리학과 뇌과학 분야 모두에서 가장 뜨겁게 떠오르는 새로운 동향 중의 하나이다.

우리의 마음은 새로움과 변화의 요구에 어떻게 반응할까? 우리는 새로운 개념과 사고 틀을 어떻게 만들고, 그 능력을 어떻게 기를 수 있을까? 우리를 낡은 생각에 묶어두는 것은 무엇일까? 어떻게 하면 우리는 의문점과 쟁점을 융통성 있는 방식으로 바라볼 수 있을까? 다행스럽게도 오늘날 우리에게는 상향식 마음 작용에 관한 새로운 과학 지식이 거대한 산처럼 쌓여 있다. 그 지식들이 이 질문에 답을 줄 수 있을 것이다. 내가 유연한 사고의 이면에 있는 상향식 사고 메커니즘의 과학을 설명하는 동안, 나는 자신의 사고 과정을 바라보는 당신의 방식에 변화가 일어나기를 바란다. 그리고 우리가 생각을 하는 방식과 생각을 더 잘 할 수 있는 방식에 관한 통찰도 얻게 되기를 바란다. 그렇게 되면 그 어느 때보다도 적응 능력이 중요해진 세상에서 우리는 성공을 거둘 수 있을 것이다.

제1부

# 변화에 직면하여

# 1
# 변화의 즐거움

## 위험과 장래성

텔레비전 방송 초창기에 방영되었던 「환상특급(The Twilight Zone)」이라는 프로그램의 한 에피소드에서, 카나미트라고 불리는 키 270센티미터의 외계인들이 지구에 도착하는 장면이 나온다.[1] 그들은 미지의 언어로 말하지만, 텔레파시를 이용해서 자신들이 지구에 온 유일한 목적은 인간을 돕기 위해서라고 국제연합을 통해서 설명한다. 그들은 자신들의 언어로 쓰인 책을 인간들에게 준다. 암호 해독가들은 그 책의 제목이 『인간을 대접하기 위하여(*To Serve Man*)』라는 것을 곧 해독해내지만, 책의 내용이 무슨 의미인지는 밝혀낼 수 없었다.

얼마 후, 카나미트의 기술로 사막이 비옥한 푸른 들판으로 바뀌었고, 지구에서 가난과 배고픔은 사라졌다. 운이 좋은 사람들은 낙원이라고 알려진 카나미트의 행성을 보러 갈 기회를 얻기도 했다. 그러던 중, 한 여성 암호 해독가가 마침내 카나미트 문자를 모두 해독해냈다. 그녀는

『인간을 대접하기 위하여』를 읽다가 갑자기 우주선을 향해서 달려가기 시작했다. 우주선이 있는 곳에서는 그녀의 상사이자 동료인 마이클 체임버스가 외계인 행성으로 출발하려는 우주선의 입구에 발을 막 들여놓으려고 하고 있었다. 그녀는 체임버스에게 이렇게 외쳤다. "타면 안 돼요! 그 책은 요리책이에요!" 그 요리책에서 다루는 주재료는 인간이었다.

암호 해독가는 외계인들이 우리를 돕기 위해서 온 것은 맞지만, 추수감사절을 앞두고 농민이 칠면조를 돌보듯이 외계인들도 인간을 돕고 있다는 것을 알아냈다. 그리고 그들만의 유머 감각을 발휘했는지, 자신들이 쓸 조리법이 담긴 책을 우리에게 준 것이었다. 체임버스는 우주선에서 내리려고 했지만, 그의 옆에는 키 270센티미터의 외계인 하나가 서 있었다. 그 외계인은 자신의 인간 스튜에 넣을 맛있는 건더기를 잃고 싶지 않았기 때문에 체임버스가 내리는 것을 막았다.

카나미트 이야기의 분명한 교훈은 당신이 점심이 되지 않는 한 공짜 점심 같은 것은 없다는 것이다. 그러나 한편으로 이 이야기는 새로움과 변화의 위험과 가능성에 관한 것이기도 하다. 위험을 무릅쓰고 새로운 영역으로 모험에 나선 동물은 새로운 먹이 공급원을 발견하게 될 수도 있고, 반대로 자신이 먹잇감이 될 수도 있을 것이다. 새로움을 찾는 유기체는 낯선 지형을 탐험하다가 부상을 입거나 포식자와 맞닥뜨리게 될지도 모른다. 그러나 어떻게 해서든지 익숙하지 않은 것을 피하려는 유기체는 충분한 먹이 공급원을 찾지 못해서 굶주리게 될지도 모른다.

환경에 변화가 없으면, 자신에게 꼭 맞는 편안한 장소를 찾은 동물은 탐험이나 혁신에 대한 간절한 욕구가 없어진다. 그러나 환경에 변화가 생기면, 먹이가 있는 새로운 장소나 탈출 경로, 숨을 곳 따위에 관한 정보를 사전에 모아둔 동물이 생존에 더 유리한 결과를 얻게 될 것이다.

생물학자들은 다양한 종들의 성격 속에 이런 성향이 있다는 것을 안다. 이를테면, 개들은 새로운 영역을 탐험하는 것을 좋아한다.[2] 개들은 고대 유랑민의 야영지 주변에서 먹이를 찾던 대담한 늑대들의 후손이기 때문이다. 숲의 가장자리처럼 복잡하고 변화가 많은 서식지에 사는 새들은 변동이 적은 환경에 사는 새들보다 탐험을 더 좋아하는 습성을 보이는 경향이 있다.

오늘날 우리 인간은 유례없이 빠른 속도로 변화하고 있는 신체적, 사회적, 지적 환경에 적응해야 한다. 이를테면 과학 지식은 기하급수적으로 성장하고 있다. 고정 금리로 투자한 돈에 복리가 붙듯이, 발표된 논문의 수가 일정 비율의 두 배씩 증가하고 있다. 전 세계적으로 볼 때, 과학적 산출물은 9년마다 두 배로 늘어난다. 이 현상은 오랫동안 계속되어 왔는데, 과거에는 이런 성장을 완전히 흡수하는 것이 가능했다. 처음부터 많은 것을 알고 시작하지 않았더라도, 당시의 두 배는 별로 대단한 증가폭을 나타내지 않았기 때문이다. 그러나 오늘날 우리 지식의 양은 하나의 중요한 이정표를 한참 지나쳐 있다. 오늘날에 지식이 9년마다 두 배로 늘어난다는 것은 인간이 따라잡을 수 없는 속도로 새로운 지식이 추가되고 있다는 의미이다. 2017년을 예로 들면, 그해에 발표된 과학 논문의 수는 300만 편이 넘었다. 이 정도로 많은 논문은 주어진 분야의 종사자들이 다 소화할 수 없을 뿐만 아니라, 기존의 과학 잡지에다 수록할 수도 없다. 그 결과, 2004년에서 2014년까지 10년 동안 출판사들은 넘쳐나는 논문들을 싣기 위해서 5,000종이 넘는 새로운 과학 잡지를 창간해야 했다.[3]

이와 비슷한 속도로 진행되는 지식 팽창으로 인해서, 업계의 많은 주요 산업은 이제는 한 사람이 결코 숙달할 수 없는 양의 전문지식에 의존하고 있다. 변압기, 연료 분사, 화장품과 모발 제품의 화학에 관한 심오한 주제들을 다루는 책들이 각각 수백 종씩 있다. 게다가 여기에는 관련 기업이 독점적으로 보유하고 있는 지식은 포함되지 않는다. 아마 당신은 "액상 실리콘 고무의 사출 성형을 위한 퍼지 논리 최적화"에 관한 복잡한 내용에 관심이 없겠지만, 2005년 퍼민 Z. 실로가 이러한 내용에 관하여 190쪽 분량의 책을 썼을 정도로 오늘날의 세계에서는 충분히 중요한 주제이다.

소셜 미디어와 인터넷의 성장은 더 급격하다. 웹사이트의 수는 2, 3년마다 두 배씩 증가하고 있다. 사회적 태도 역시 빠르게 변화하고 있다. 과거 시민권 운동과 비교하면, 오늘날 청년층의 지지를 받으며 선진 각국에서 일어나고 있는 동성애자 권리 운동에 대한 태도 변화의 속도는 대단히 빠르다.

새로운 것을 수용할지 수용하지 않을지에 관한 결정에는 언제나 위험과 가능성이 공존한다. 그러나 최근에는 변화의 속도가 빨라지면서, 새로운 것의 수용이 가져오는 장점의 계산법이 극적으로 바뀌어가고 있다. 과거와는 달리 오늘날의 사회에서는 변화에 쉽게 적응하는 사람들이 보상을 받는다. 게다가 그렇지 못하는 사람은 차별을 받을 수도 있다. 예전에는 안정적이고 안전한 지형이었던 것이 이제는 침체되고 위험한 지뢰밭이 되기도 한다.

전화의 역사를 생각해보자. 우리가 사용하는 "다이얼을 돌린다(dial a number)"라는 표현은 번호판을 돌려서 전화번호를 입력하는 방식의 옛 전화기에서 유래했다. 1963년에 벨 전화회사는 신기술인 버튼식 번호 입력 방식을 도입했다. 이 방식은 예전 방식보다 더 편했고, 자동화 전화 체계에서 반응하는 메뉴 선택 기능의 가능성을 제시했다. 그러나

이 기술은 적어도 단기적으로는 큰 투자를 받지 못했다. 사람들은 습관을 바꾸어서 새로운 기술에 적응하는 속도가 느렸고, 과거의 익숙한 전화기를 고수하는 것을 선호했기 때문이다. "버튼식" 전화기가 출시되고 20년이 지난 뒤에도, 대다수의 소비자들은 여전히 옛 방식의 "돌리는" 전화기를 가지고 있었다. 버튼식 전화기가 도입된 지 30년 후인 1990년대가 되어서야 구형 전화기가 드물어졌다.[4]

이와 대조적으로, 애플이 2007년에 최초로 실용적인 터치스크린 기술이 적용된 스마트폰을 내놓았을 때에는 자판이나 전자 펜을 이용했던 기존의 휴대전화가 애플에서 나온 스마트폰으로 대체되는 현상이 일어났다. 애플의 아이폰은 곧바로 큰 인기를 끌었고, 몇 년 안에 경쟁 기술은 거의 다 자취를 감추었다. 새로운 기술이 굼벵이 걸음처럼 더디게 적용되던 앞선 시대와 달리, 2007년을 살고 있던 사람들은 그들의 습관을 바꿀 준비가 되어 있었을 뿐만 아니라 의욕적으로 바꾸고 싶어했다. 그리고 사람들은 그 뒤 몇 년 동안 등장한 새로운 성능의 모든 후속 모델들을 열렬히 갈망했다.

20세기 중반에는 사람들이 다이얼 전화기를 사용하던 간단한 습관을 바꾸는 데에 수십 년이 걸렸다. 반면 21세기 사람들은 본질적으로 완전히 컴퓨터 시스템을 갖추고 있는 기기를 삽시간에 휴대하게 되었다. 신기술에 즉각적으로 적응하지 못한 블랙베리 같은 회사들은 빠르게 외면당했다. 이뿐만 아니라 적응은 잠재력을 끌어올리고 사회적으로 성공하고 싶은 개개인들에게도 똑같이 중요해졌다.

「환상특급」의 카나미트 외계인의 일화는 버튼식 전화기가 도입되기 딱 1년 전에 방송되었다. 마지막 장면에서, 우주선을 타고 있는 체임버스는 카메라를 쳐다보면서 시청자들에게 다음과 같이 묻는다. "당신은 어떤가요? 아직 지구에 있나요, 아니면 나와 함께 이 우주선에 타고 있나요?" 이 이야기에 담긴 의미는 새롭거나 독특한 것을 따라가면 생명이 위험할 수도 있다는 것이다. 오늘날에는 만약 외계에서 온 발상이 당신의 직업 세계나 사회적 세계에 내려앉는다면, 기회를 잡아보는 것이 더 좋을 것이다. 우주선에 올라타서 그 발상을 확인해보자.

## 변화 혐오라는 미신

당신은 카나미트 외계인의 우주선에 올라탔는가? 우리 문화에는 사람들이 새로움과 변화를 싫어한다는 미신이 널리 퍼져 있다. 변화는 직장 세계에서 종종 발생하는 문제이며, 이에 관한 경영 관련 학술 논문도 많다.[5] 『하버드 비즈니스 리뷰(*Harvard Business Review*)』의 한 논문은 "고용인들은 본능적으로 변화를 반대하는 경향이 있다"라고 주장했다. 어떤 논문은 "변화는 왜 그렇게 어려운가?"라고 묻는다. 그런데 변화는 정말로 그렇게 어려운 것일까? 만약 사람들이 일반적으로 변화를 싫어한다면 심리학자들은 그 문제를 간과하고 있는 것이 분명하다. 심리학 연구 논문을 검색해보아도, 변화 혐오에 관한 논문은 전혀 찾을 수 없기 때문이다.

인식에서 이러한 차이가 나는 이유는 따로 있다. 경영진은 변화 계획에 **구조 조정, 방향 전환, 전략적 변화**라는 이름을 붙이지만, 고용인들은 이것을 달리 인식하기 때문이다. 바로 해고이다. 변화가 일자리를 잃을 위험으로 해석되거나 새로운 것이 업무 부담을 가중시킨다면, 사람들이 이에 대해서 부정적으로 반응하는 것도 이해가 된다. 그러나 그것은 변화 혐오가 아니다. 실업 혐오나 부정적 결과에 대한 혐오이다.

상사의 사무실로 불려가서 "회사가 효율성을 더 높이기 위해서 분투하고 있으니, 월급은 그대로인 상태에서 일을 10퍼센트 더 해달라는 요청을 받게 될 것"이라는 말을 들으면, 그 직원은 분통이 터질 것이다. 그러나 "회사가 효율성을 낮추기 위해서 분투하고 있으니, 월급은 그대로인 상태에서 일을 10퍼센트 덜 해달라는 요청을 받게 될 것"이라는 말을 들으면, 쾌재를 부를 것이다. 이것은 동일한 정도의 변화에 따른 상반된 두 반응이다. 후자와 같은 요청은 결코 일어나지 않을 테지만, 만약 일어났다면 예의 『하버드 비즈니스 리뷰』 논문은 "고용인들은 본능적으로 변화를 **좋아하는** 경향이 있다"라고 말하거나 "변화는 왜 그렇게 **쉬운가?**"라는 질문을 던질 것이다.

부정적이거나 수고가 필요해서, 아니면 이 두 가지 만일의 사태 모두 일어날 위험이 있기 때문에 변화를 피하는 것은 합리적이고 타당한 반응이다. 그러나 부정적인 결과가 없다면, 우리의 타고난 본능은 그와는 반대된 것에 관심을 기울인다. 우리 인간은 새로움과 변화에 **끌리는** 경향이 있다. 심리학 문헌에는 "네오필리아"라고 불리는 이 특성을 주제로 쓰인 글들이 있다. 사실 네오필리아는 보상 의존, 위험 회피, 끈기와 함께 인간 기질의 4대 기본 요소 중의 하나로 여겨진다.

새로움과 변화에 대한 한 개인의 일반적인 태도는 본성과 양육, 즉 유전자와 환경의 영향을 모두 받는다. 환경의 영향은 시간에 따른 인간 태도의 진화에 가장 뚜렷하게 드러난다. 수세기 전, 대부분의 사람들의 삶에 나타나는 특징은 반복적인 일, 오랜 시간의 고독, 자극의 부족이었다. 새로움과 변화는 드물었다. 사람들은 새로움과 변화를 수상쩍어했고, 오늘날 우리라면 극도로 무료해했을 환경에 완벽하게 안주했다. 이 "극도로 무료하다"라는 것의 의미는 당신이 여자 친구의 성화에 못 이겨서 앨 고어의 삶에 관한 다큐멘터리를 볼 때와는 다르다. 거친 바윗덩어리를 쌓아서 구조물을 만들기 위해서 1주일에 60시간씩 돌을 쪼거나, 키가 15미터인 단풍나무를 손도끼로 찍어서 다듬거나, 뉴욕에서 오하이오 주로 가기 위해서 비좁은 역마차에 앉아서 1주일을 보낸다는 뜻이다.

무료함(tedium)이 일반적인 기준이었기 때문에, "지겹다(boring)"라는 개념은 적어도 영어에서는 18세기 후반 산업혁명이 일어나기 전까지는 등장조차 하지 않았다.[6] 산업혁명 이후부터는 자극을 점점 더 쉽게 얻을 수 있었고, 자극에 대한 갈망도 점점 더 커졌다. 특히 20세기에는 전기, 라디오, 텔레비전, 영화, 새로운 이동 방식이 나타났다. 이런 발달은 우리의 생활 방식에 변화를 가져왔을 뿐만 아니라, 다른 생활 방식에 우리를 노출시키기도 했다. 이동성이 엄청나게 증가하면서, 우리가 마주치는 새로운 사람들과 장소도 많아졌다. 우리는 여행과 대중매체를 통해서 우리의 마을과 도시뿐만 아니라 전 세계를 탐험할 수 있게 되었다.

20세기에 들어서서 우리는 새로움과 변화를 훨씬 더 편안하게 받아들이게 되었지만, 우리 태도의 진화는 최근 20년 동안의 발전이 초래한 변화에 비하면 아무것도 아니다. 그동안 인터넷, 이메일, 문자, 소셜 미디어가 출현했고 기술 변화의 속도가 증가했다.

우리의 진화된 태도는 적응의 결과이지만, 결실이기도 하다. 우리에게는 탁월하게 조절을 할 수 있는 잠재력이 항상 있었기 때문이다. 앞으로 확인하게 될 것처럼 그 잠재력은 우리의 유전자 속에 있으며, 우리의 본질을 정의하는 특징의 하나이다. 나중에 개인차가 생기고, 유전적 특징과 경험과 나이에 따라서 다른 성향이 나타날 것이다. 그러나 전체적으로 볼 때, 업계 종사자 중에서 일터에서의 변화에 적응하기를 주저하는 사람들이 불만인 이들은, 자신들이 고양이를 새로운 시간대에 활동하게 만들거나 너구리가 먹이를 찾는 방식을 바꾸게 하지 않아도 되는 것을 다행으로 알아야 한다. 다른 종에 비하면, 인간은 새로운 것과 변화를 **사랑한다.** 막스 플랑크 진화인류학 연구소의 소장인 스반테 페보는 다음과 같이 말한다. "우리(인간)는 경계를 뛰어넘는다. 우리가 사는 곳에 자원이 있더라도 우리는 새로운 영역으로 진출한다. 다른 동물은 그렇게 하지 않는다."[7]

따라서 비록 이 시대는 우리에게 전례 없는 요구를 하고 있지만, 실제로는 우리가 쭉 지니고 있었던 자질을 활용하라고 요구하는 것뿐이다. 사실 이 책은 적응하고 탐험하고 새로운 생각을 내놓으려는 우리의 능력과 욕구에 관한 내용이 전부이다.


## 우리의 탐구 동력

초기 형태의 우리 종은 새로움을 좋아하지 않았다. 20만 년 전에 아프리카에 살던 우리의 조상은 새로운 환경의 탐구에 대한 뚜렷한 동력이 없었다. 영화 「스타 트렉(Star Trek)」 승무원들의 임무는 "기이한 새로운 세상을 탐험하고, 새로운 생명체와 새로운 문명을 찾고, 지금까지 어떤 인간도 발을 디딘 적이 없는 곳을 향해서 담대하게 나아가는 것"이었지만, 최초의 인간과 같은 태도를 지닌 승무원이라면 "그루터기에 가만히 앉아 있고, 모험은 절대 하지 않고, 다른 사람이 확인하지 않은 곳은 겁을 내며 피하는" 임무를 맡았을 가능성이 더 크다.

우리의 마음에 변화를 가져온 것은 아마도 기후 변화와 관련이 있는 거대한 재난이었을 것이다.[8] 약 13만5,000년 전에 일어난 어떤 사건으로 우리 조상들은 떼죽음을 당했다. 당시, 현재 우리가 인간이라고 부르는 아종(亞種)의 인구는 모두 합쳐서 단 600명으로 급감했다. 오늘날이라면 멸종 위기종 명단에 이름이 오를 정도로 우리의 개체 수는 적었다. 만약 그렇게 된다면, 드디어 멸종 위기종 명단에 모든 인간이 구할 가치가 있다고 동의하는 동물이 적어도 하나는 들어가게 되는 것이다. 이런 집단 죽음은 우리 조상들 중 대부분에게는 의심할 나위 없는 큰 비극이었지만, 살아남은 우리 종의 일원들에게는 축복이었다.

이제 많은 과학자들은 환경의 난타가 유전적 거름망으로 작용했다고 믿고 있다. 우리 조상들 중에서 모험을 덜 즐기는 사람들을 골라내고, 모험을 하고자 하는 대담한 욕구를 지닌 사람들이 우선적으로 살아남을 수 있게 해주었다는 것이다. 다시 말해서, 늘 똑같은 식당에 가서 스테이크와 감자만 주문하는 그런 친구들은 당시에 살았다면 사라졌을 가능성이 크고, 새로운 요리사를 찾아다니면서 삭힌 상어와 튀긴 돼지 귀 같은 요리에 열광하는 모험가(thrill-seeker)는 그 시기를 견뎌냈을 확률이 더 높다.

과학자들이 이런 결론을 도출한 이유는 인간이 수십만 년 동안 아프리카에 있는 인간의 발상지 근처에 머물러 있었기 때문이다. 그러다가 중국과 이스라엘에서 발견된 화석에 드러난 것처럼, 집단 죽음에서 힘겹게 살아남은 인류는 그로부터 수천 년 안에 "갑자기" 새로운 세상을 향해서 먼 길을 이동하고 있었다.[9] 2015년, 이 발견은 현대의 개체군과 고대의 유전 물질에 대한 분석으로 힘을 얻었다. 이런 발견들을 통해서 밝혀진 바에 따르면, 인류는 5만 년 전에 유럽 전역으로 퍼져나갔고, 1만2,000년 전에는 지구의 모든 구석구석을 차지하게 되었다. 이 이동은 일반적인 서식지 이동에 비해서 대단히 빠른 속도로 일어났으며, 이는 우리 종의 근본적인 특징에 진화가 일어났음을 암시한다. 이에 비해서, 수십 만 년 정도 생존했던 네안데르탈인은 유럽과 아시아 중부, 서부 너머로는 퍼져나가지 않았다.

만약 우리 종이 큰 재난으로 인해서 바뀌었다면, 다시 말해서 탐험을 좋아하고 위험을 감수하려는 경향이 혹독한 시기에 더 많은 사람들에게 선호를 받았다면, 변화를 대하는 자세가 우리의 유전자 구성에 반영되었어야 할 것이다. 즉, 오늘날 우리 종은 새롭고 낯선 것을 찾기 위해서 현상 유지에 불만을 일으키는 유전자를 가지고 있어야만 한다. 과학자들은 1996년에 딱 그런 유전자를 찾아냈다. $DRD_4$라고 불리는 이 유전자는 "도파민 수용체 유전자 $D_4$(Dopamine receptor gene $D_4$)"인데, 뇌가 도파민에 반응하는 방식에 영향을 준다.[10]

도파민은 신경전달물질로, 뉴런이 다른 뉴런에 신호를 전달할 때에 사용하는 몇 종류의 단백질 분자 중의 하나이다. 도파민은 뇌의 보상 체계에서 중요한 역할하며, 이에 관해서는 제3장에서 다룰 것이다. 지금은 이 보상 체계가 즐거운 감정을 일으키고, 도파민이 그 신호를 전달한다는 것만 짚고 넘어갈 것이다. 보상 체계가 없으면, "이번에는 경고만 하고 그냥 보내드리겠습니다"라고 하는 교통경찰의 말을 들었을 때나 "과학자들이 4,000번째 외행성을 지금 막 발견했습니다"라고 하는 CNN 기자의 말을 들었을 때나 같은 기분을 느낄 것이다.

$DRD_4$ 유전자에는 $DRD_4$-$_2$ R, $DRD_4$-$_3$ R 따위로 불리는 변이들이 있다. $DRD_4$ 유전자는 누구에게나 있지만, 사람마다 키나 눈 색깔이 다르듯이 새로움을 찾는 정도도 이런 변이들에 의해서 결정된다. 이 유전자에서 $DRD_4$-$_7$R 같은 변이를 가지고 있는 사람은 탐험을 하려는 경향이 특별히 더 강하다. 이 변이를 가진 사람들의 보상 체계는 도파민에 더 약하게 반응한다. 그래서 이들은 일상에 몰입하려면 다른 변이를 가

진 사람들보다 더 많은 도파민이 필요하고, 만족스러운 수준에 도달하기 위해서 더 높은 수준의 자극을 찾게 된다.

DRD4 유전자의 역할이 발견되면서 몇 가지 의문에 대한 답을 찾았지만, 다른 의문이 발생하기도 했다. 이를테면 이런 의문이다. 만약 이 유전자가 우리의 탐험 성향과 정말로 연관이 있다면, 아프리카를 벗어나서 멀리까지 떠돌아다닌 개체군은 덜 돌아다닌 개체군에 비해서 DRD4-7R의 비율이 더 높아야 할 것이다. 과연 그럴까? 새로움을 찾는 행동의 기원에 대한 우리의 생각이 옳다면, 누군가는 이런 예상을 할 것이다.

그 예상은 적중했다. 1999년에 지리적 연관성이 먼저 밝혀진 후, 결정적으로 2011년에 획기적인 논문이 발표되었다.[11] 이 논문의 제목은 "새로움을 찾는 DRD4 유전자 다형성은 중립 개체군의 유전자 구조 조절 후 인류의 탈(脫)아프리카 이동 거리와 관련이 있다"였다. 이 거창한 제목의 논문에 따르면, 아프리카의 발상지에서 더 멀리 이동한 조상일수록, 개체군 내에 DRD4-7R 변이가 더 많았다.[12] 이를테면, 그들의 발상지에서 멀리 떠나서 로마와 독일로 이주한 유대인은 에티오피아와 예멘까지 남쪽으로 짧은 거리를 이동한 유대인에 비해서 DRD4-7R 변이의 비율이 높게 나타났다.

성격 특성처럼 복잡한 무엇인가를 단 하나의 유전자 탓으로 돌리는 것은 지나친 단순화이다. 새로움과 탐험을 추구하는 경향에 기여하는 유전자는 확실히 여러 종류가 있다. 그리고 유전적 요소는 이 방정식에서 하나의 변수일 뿐이며, 개인의 생활사와 현재의 상황도 이 계산에 포함되어야 한다. 그러나 유전적 기여도는 추적이 가능하다. 현재 과학자들은 그들이 예측한 그림을 완성하기 위하여, 관련이 있을 것으로 추정되는 다른 유전자와 그 기능을 찾고 있다.

인간 사회에서의 새로움 증가와 변화의 가속화에 직면한 지금, 다행스러운 소식이 있다. 비록 변화가 평온한 일상을 방해하기는 하지만, 우리 대부분은 상당량의 네오필리아를 유전적으로 물려받았다. 13만5,000년 전에 우리를 구해준 바로 그 특징이 오늘날에도 여전히 우리에게 도움이 될 수도 있다.

우리와 우리 종을 위한 더 좋은 소식도 있다. 우리 유전자는 우리가 새로운 사회에 대처해나가는 것을 도울 뿐만 아니라, 우리 사회도 우리 유전자의 형성을 돕는다. 최첨단 유전체학(genomics) 연구에서 밝혀진 바에 따르면, 지금까지 우리가 생각했던 것과는 달리 우리의 형질은 우리 유전자를 구성하는 DNA의 단순한 결과물이 아니다. 우리의 형질은 "후생유전학(epigenetics)"에도 영향을 받는다. 후생유전학에서는 세포가 DNA와 그 DNA에 결합된 단백질을 변형시킴으로써, 외부 환경에 반응하여 유전자의 활성을 조절한다. 후생유전학의 작용 방식에 대해서는 이제 막 이해하기 시작한 단계이지만, 후생유전학적 변화는 당신의 행동이나 습성을 변화시킬 수 있으며, 어쩌면 유전이 될지도 모른다. 만약 이것이 사실로 증명된다면, 새로운 것을 더욱 잘 다루는 소질을 선호하는 사회의 변화는 결국 우리 종의 적응할 수 있는 변화를 일으킬 수 있을 것이다.

## 개인의 연구 개발과 네오필리아 척도

약 20년 전에 언론의 주목과 할리우드의 사랑을 받았던 티머시 트레드웰이라는 사람이 있었다.[13] 레오나르도 디카프리오는 그의 모금 단체에 여러 번 기부를 했고, 배우 피어슨 브로스넌과 파타고니아 같은 회사도 그에게 기부를 했다. 트레드웰은 알래스카 회색곰(grizzly bear)을 지키자고 주장하면서, 회색곰들 속에서 생활하기도 했던 유명한 탐험가이다.

심리학자들은 새로움을 찾는 다양한 경향의 극단에 있는 사람들을 "감각 추구자(sensation-seeker)"라고 부른다. 트레드웰은 감각 추구자였다. 그는 알래스카에 가기 전에 캘리포니아 주의 롱비치에 살았는데, 당시 그는 헤로인과 코카인을 섞은 "스피드볼(speedball)" 같은 약물에 중독되어 거의 목숨을 잃을 뻔했다. 어느 날 밤에 LSD(맥각[麥角]의 알칼로이드로 만든 강력한 환각제)에 취해 3층 발코니에서 몸을 던진 그는 얼굴을 땅에 박았지만, 다행히 부드러운 진흙 바닥에 떨어졌다. 그러나 알래스카에서 회색곰을 본 이후부터는 약물에 대한 탐닉에서 벗어나서 회색곰이 살고 있는 카트마이 국립공원을 탐험하기 시작했다. 그는 그곳에서 곰과 가까이 생활하고 교류하며 해마다 그곳에서 여름을 보냈다.

트레드웰은 몸무게가 450킬로그램인 곰이 "시속 56킬로미터로 달릴 수 있고, 3미터 높이까지 뛰어오를 수 있다"라면서 감탄했다. 게다가 곰은 거의 아무 소리도 내지 않고 사냥감에게 접근할 수 있고 "일격으로 당신을 죽일 수도 있다." 트레드웰은 대담하고 끈기 있게 곰의 행동을 탐구했고, 마침내 곰의 경계심을 누그러뜨리는 비결을 알아냈다고 확신했다. 그의 비결은 곰에게 노래를 불러주고 사랑한다고 말해주는 것이었다. 그는 "동물이 지배자이고, 티머시가 정복되었다"라고 말했다. "이곳에 와서 나처럼 한다면, 아마도 목숨이 위태로워질 거예요. (하지만) 나는 그들과 함께 살아가는 방법을 알아냈어요." 이 말을 하고 얼마 지나지 않은 2003년에 트레드웰과 그의 여자 친구는 둘 다 산 채로 곰에게 먹혔다.

어떤 사람은 할리 데이비슨을 타고 시속 160킬로미터가 넘는 속도로 도로를 질주하기를 좋아하고, 어떤 사람은 『접이식 철제 의자의 역사(*A History of the Metal Lawn Chair*)』를 읽으면서 조용한 오후를 보내는 쪽을 택한다. 모험과 탐험을 극단적으로 즐기는 성향은 기대 수명을 감소시키는 결과를 가져올 수도 있지만, 트레드웰처럼 그런 성향을 가지고 있는 "개척자들"로 인해서 개체군 전체의 생존 기회는 오히려 더 증가할 수도 있다. 그 개체군은 개척자들이 발견한 새로운 자원의 혜택을 보기 때문이다. 그래서 우리 종에는 겁이 많은 사람부터 두려움이 없는 것처럼 보이는 트레드웰 같은 무모한 모험가에 이르기까지, 다양한 범위의 개체들이 있다.

새로움을 찾는 인간 개척자들은 야생에서 새로운 지역을 탐험하거나, 트레드웰처럼 야생에서 사는 동물의 생활을 탐구하기도 한다. 오늘날 우리가 살아가는 방식의 맥락에서 보면, 과학이나 예술이나 사업 영역에서 독특하고 참신한 발상을 내놓는 사람들은 그런 개척자들과 같은 종류의 동력에 자극을 받아서 다른 종류의 영역에 적용한다. 그리고 그들의 노력의 결실은 야생에서 살 때와 마찬가지로 문명화된 사회에서 살고 있는 우리의 삶에 영향을 준다.

우리는 사생활에서도 모험을 한다. 가치가 있을 것 같은 활동에 시간과 돈을 들이지만, 시간과 돈만 날릴 수도 있다. 이것은 기업의 연구개발의 개인판이라고도 할 수 있다. 낯선 사람들과 어울릴 때에는 새로운 관계의 가능성을 탐험하는 것이고, 한번도 해본 적 없는 기술을 배우기 위해서 야간 강좌를 들을 때에는 새로운 취미를 탐험하는 것이다. 취업 상태임에도 면접을 보러 가는 것은 이직을 위한 탐험을 하는 것이며, 매치닷컴(Match.com) 같은 데이트 웹사이트를 둘러보는 것은 연애 지형을 탐험하고 있는 것이다.

다른 동물의 경우와 마찬가지로, 당신이 개인의 연구 개발 활동에 투자하는 자원의 양은 몇 가지 요소에 의해서 결정된다. 이 요소에는 당신의 현재 "환경"에 대한 만족도, 당신의 삶이 처한 상황, 당신이 선천적으로 가지고 있는 새로운 것을 찾으려는 성향의 정도 따위가 있다. 심리학자들은 개인의 새로움 추구 경향을 측정하기 위한 몇 가지 "검사법"을 개발해왔다. 다음은 그중의 하나로, 8개의 항목을 통해서 당신의 새로움 추구 정도를 측정할 수 있다.[14] 아래의 평가 기준을 이용하여 각각의 항목에 1부터 5까지 점수를 매기고, 합계를 구하면 된다.

1 = 매우 그렇지 않다
2 = 그렇지 않다
3 = 그럴 때도 있고 아닐 때도 있다
4 = 그렇다
5 = 매우 그렇다

항목은 다음과 같다.

1. ___ 낯선 장소를 탐험하고 싶다.
2. ___ 경로나 일정을 사전에 계획하지 않고 여행을 떠나고 싶다.
3. ___ 너무 오랫동안 집에 있으면 몸이 근질근질하다.
4. ___ 어디로 튈지 모르는 흥미로운 친구들이 더 좋다.
5. ___ 무서운 일을 하는 것을 좋아한다.

네오필리아 점수 분포

| 16% | 68% | 16% |
|---|---|---|

| 0 | 10 | 19 | 24 | 29 | 40 |
|---|---|---|---|---|---|

| 네오필리아 성향 낮음 | 평균 | 네오필리아 성향 높음 |
|---|---|---|

6. ___ 번지점프를 하고 싶다.

7. ___ 광란의 파티를 좋아한다.

8. ___ 불법이라도 새롭고 짜릿한 경험을 하는 것이 좋다.

합계 : ___

위의 그래프처럼, 합계가 24점이면 네오필리아 척도에서 전체의 중간에 해당한다. 전체의 약 3분의 2는 24점을 중심으로 위아래로 5점 이내인 19점에서 29점 사이이다. 점수가 특히 높은 사람은 타고난 탐험가이다. 점수가 낮은 사람은 현실 직시와 안정과 위험성 평가에 재능이 있는 사람이다. 또 이런 사람들은 더 현실적일 것이다. 나의 점수는 37점이었는데, 나의 어머니는 그럴 줄 알았다고 말씀하셨다. 나는 열두 살 때에 그냥 어떤 기분이 드는지 궁금해서 학교 지붕에서 뛰어내린 적이 있다(몇 주일 후에는 기분이 한결 좋아졌고, 다시 걸을 수 있게 되었을 때도 그랬다).

만약 내가 이 네오필리아 검사를 열두 살 때에 했다면, 아마 점수가 더 높았을 것이다.[15] 42쪽의 그래프에서 알 수 있듯이, 새롭고 감각적인 것에 끌리는 정도는 나이에 따라서 다르기 때문이다. 18세에서 26세까

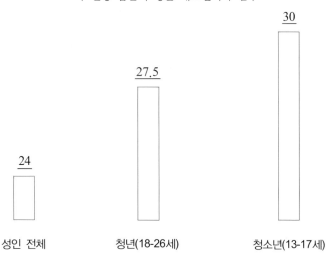

각 연령 집단의 평균 네오필리아 점수

30

27.5

24

성인 전체          청년(18-26세)          청소년(13-17세)

지 청년층을 대상으로 한 연구에서, 청년층의 평균 점수는 성인의 평균
보다 몇 점 더 높은 27.5점이었다. 13세에서 17세까지의 청소년에 대한
연구에서는 평균 점수가 30점으로 나왔다. 이 점수는 바로 앞에서 인용
한 검사에서 극단적으로 새로움을 추구하는 성인의 하한 점수인 29점보
다 1점 더 높다.

확실히, 젊은 사람들이 더 높은 네오필리아를 나타내는 것은 그들이
자라나고 있는 세상이 급격하게 변해온 탓도 어느 정도는 있다. 그러나
새로움의 추구는 위험을 수반하기 때문에, 뇌에서 이성적으로 위험을
회피하는 부분이 약 25세 전까지는 완전히 발달하지 않는다는 사실도
이런 연령 분포와 어느 정도 연관이 있다는 것에는 의심의 여지가 없다.

네오필리아 점수는 새로움과 변화에 직면한 당신의 마음을 나타내는
중요한 지표이다. 그러나 그런 상황으로 인해서 발생한 난관에 직면했
을 때, 결론을 이끌어내고 결정을 내리고 문제를 해결하는 접근 방식을

결정하는 것은 당신의 인지 방식이다. 아마 당신의 인지 방식은 완전히 분석적이거나 완전히 유연한 것이 아니라, 두 요소를 모두 지니고 있을 것이다. 그리고 개인에 따라서 다른 범위 안에서, 당신은 상황과 당신의 기분과 다른 요인에 맞게 두 요소의 비율을 결정할 것이다. 가장 중요한 것은, 당신의 마음이 적용하는 접근법은 당신의 노력에 의해서 바뀔 수도 있다는 점이다. 이렇게 당신의 생각을 관리하는 방법을 배우는 첫 단계는 생각한다는 것의 의미가 무엇인지, 유연한 사고가 분석적 사고나 프로그래밍된 과정과 어떻게 다른지, 우리의 사고 과정을 일으키는 것은 무엇인지, 우리의 뇌가 정보를 어떻게 처리하는지를 이해하는 것이다. 이것이 제2부에서 우리가 다루게 될 주제이다.

제2부

# 우리는 어떻게 생각하는가

# 2
# 생각이란 무엇인가

## 두개골 내부 엿보기

1650년의 어느 춥고 비오는 날, "살집이 있는 통통한 여자" 앤 그린은 호위를 받으며 잉글랜드 옥스퍼드의 교수대로 향했다.[1] 그녀는 여전히 자신의 결백을 주장하고 있었다. 의사들이 그녀의 주장을 뒷받침해주었다. 그녀는 고의로 아기를 죽였다는 의심을 받고 기소되었지만, 의사들은 그녀의 아기가 너무 작게 태어났기 때문에 살기 힘들었을 것이라고 확신했다. 그러나 그녀를 영아 살해 혐의로 고발한 아기의 아버지는 그 지역에서 막강한 힘을 가진 신사의 손자였고, 판사는 그녀에게 교수형을 선고했다. 그녀는 사다리에 올랐다. 찬송가 소리가 울렸다. 그녀의 목에 올가미가 씌워지자, 그녀는 사다리를 힘껏 밀었다.

앤 그린은 광장에 모인 군중 앞에서 30분 동안 교수대에 매달려 있다가 사망 선고를 받고 마침내 바닥으로 내려졌다. 그녀를 누일 관을 준비한 사람은 토머스 윌리스와 윌리엄 페티라는 의사들이었다. 그들은 찰스 1세의 허가를 받아 의학 연구를 위해서 사형수의 시신을 해부했다. 그린의 관은 부검을 위해서 페티의 집에 있는 해부실로 옮겨졌다. 그러나 그들이 시신을 해부하기 위해서 관을 열었을 때, 페티는 그린의 목구멍에서 그르렁거리는 소리가 나는 것을 들었다.

페티는 수년간 죽은 사람들을 해부했지만, 시체에서 저항감을 느끼기는 처음이었다. 그가 그린의 목에 손을 대자 미세한 맥박이 느껴졌다. 두 의사는 그녀를 지켜보면서 15분 동안 그녀의 손발을 주물렀다. 그들은 그녀의 목에 생긴 상처에 테레빈 유를 바르고, 깃털로 그녀의 목구멍 안쪽을 간질였다. 예능 프로그램인 「새터데이 나이트 라이브(Saturday Night Live)」에 나오는 촌극처럼 들리지만, 효과가 있었다. 그녀는 기침을 했다. 다음날 아침, 앤 그린은 다시 살아 있음을 느꼈다. 그녀는 맥주 한 잔을 부탁했다. 며칠 뒤에는 침대에서 일어나서 "닭 날개를 먹었다."

당국에서는 그녀를 다시 교수형에 처하기로 결정함으로써, 그들의 자비심이 볼드모트와 요제프 멩겔레 사이의 어디쯤엔가 있다는 것을 스스로 드러냈다. 그러나 윌리스와 페티는 앤 그린이 다시 살아난 것은 그녀의 결백을 보여주는 신의 섭리라고 주장했고, 마침내 그린은 자유를 찾았다. 그후 그녀는 결혼을 했고, 몇 명의 아이를 더 낳았다.

페티의 집을 나오기 전, 그린은 다시 관으로 들어가 약간의 돈을 벌 수 있었다. 사람들은 죽음의 문턱에서 돌아온 여자가 관에 누워 있는 모습을 줄지어 지나가며 보기 위해서 돈을 지불했다. 이 사건으로 토머스 윌리스도 명성을 얻었다. "그녀를 죽음에서 살려낸 의사"인 그를 모르는 이가 없었다. 시인들은 그를 칭송하는 시를 썼고, 그는 당대에 가장 유명한 의사 중의 한 명이 되었다.

윌리스는 해부를 하면서 뇌에 초점을 맞추었다. 그는 살아 있는 동안 계속 치료를 받았던 환자를 부검하여, 뇌 손상과 비정상적인 행동 사이의 연관성을 연구할 수 있었다. 이로써 그는 비정상적인 행동과 뇌 구조의 특정한 변화를 연결시킨 최초의 인물이 되었다. 또 신경학(neurology)이라는 용어를 만들고, 오늘날까지 우리가 연구하고 있는 뇌의 여러 부위를 확인하고 이름을 붙였다. 그는 새로 얻은 명성을 활용하여 자신의 연구와 생각을 발표하고 홍보했다. 건축가인 크리스토퍼 렌의 도움을 받아서 인간의 뇌를 그리기도 했는데, 이 그림들은 향후 2세기 동안 뇌를 가장 정확하게 표현한 그림이 되었다.

윌리스가 사망한 지 300년이 지난 지금, 우리는 사람들의 머릿속을 보기 위해서 더 이상 그들이 죽을 때까지 기다리지 않아도 된다. 기술의 진보는 살아 있는 사람의 뇌를 연구할 수 있는 도구를 제공했고, 인지신경과학(cognitive neuroscience)이라는 새로운 분야의 탄생을 도왔다. 인지신경과학에서는 우리가 어떻게 생각하고, 그 생각이 뇌에서 어떻게 만들어지는지를 연구한다.

인지신경과학의 기본 원리 중의 하나는 생각의 구조와 형태가 특정한 생각의 내용에 의존하지 않는다는 것이다. 다시 말해서, 새로운 사업이나 샴푸나 음식을 만드는 과정에 필요한 정신 작용은 새로운 과학 이론이나 그림이나 교향곡을 만들기 위한 정신 작용과 본질적으로 같다는 것이다. 따라서 유연한 사고에 대한 탐구를 시작할 때, 우리는 더 일반적으로 생각 자체의 특성에 대해서 먼저 고찰해볼 수 있다.


## 생각의 조건

동물의 뇌는 왜 진화했을까? 철학자 칼 포퍼는 "모든 생명은 문제를 해결하고 있다(All life is problem solving)"라는 제목의 글에서 이 문제를 우회적으로 설명했다.[2] 그의 글은 동물을 생존과 번식을 추구하는 생물학적 기계로 보는 진화생물학적 시각을 반영한다. 이 시각에서 보는 동물은 도전에서 도전으로 나아가는 복잡한 기계 장치이다. 그렇다면 동물 뇌의 진화는 발전이라고 할 수 있다. 아주 오랜 시간에 걸쳐서 문제 해결을 점점 더 잘하는 기계가 되어가는 것이다. 당신이 발걸음을 앞으로 옮기는 것은 이곳을 벗어나서 저곳으로 가려는 문제를 해결하기 위한 것이고, 시를 쓰거나 그림을 그리는 것도 어떤 주제나 기분을 표현하고자 하는 문제를 해결하기 위한 것이다. 이것이 다수의 뇌과학자와 심리학자들이 가지고 있는 생각에 대한 인식이다.

모든 생명이 문제를 해결하고 있는지는 모르지만, 적어도 동물계에 대해서는 반박을 하기 어렵다. 실제로 대부분의 동물들이 그렇게 하고 있기 때문이다. 언덕 기슭에 있는 바위는 타고난 운명을 바꾸기 위해서 노력하지 않는다. 식물은 생명이 있기는 하지만, 바위와 별반 다르지 않다. 동물에 비해서 한곳에 가만히 머무르는 식물은 변화에 직면할 일이 적지만, 능력 또한 적다. 식물은 뿌리를 내리는 것으로 어느 정도 그들의 환경을 결정하고, 그에 수반된 것에 대처한다. 그렇게 하지 못하면 죽는다. 반면 동물은 위협적인 환경이나 상황에서 벗어나서 조건이 더 좋은 곳으로 이동하여 그들이 처한 상황을 변화시킨다. 이것은 유용한 능력이다. 그러나 동물의 생명은 운동과 연관이 있기 때문에, 동물은 그들이 마주치는 다양한 문제와 수수께끼를 해결하기 위해서 끊임없이 행동을 해야 한다. 이를 위해서 동물은 감각을 통해서 자료를 수집하거나 다른 수단을 이용하여 주위에서 무슨 일이 벌어지고 있는지를 감지하고, 뇌 또는 뇌와 비슷한 구조에서 그 감각 정보를 처리한다. 그 결과,

동물은 역동적인 상황을 해석해서 적절한 행동을 선택할 수 있다.

그러나 진화는 경제적이어서, 스쿠터로 충분한 곳에 마세라티 같은 호화로운 차를 창조하지는 않는다. 그래서 동물은 그들의 문제를 해결하기 위해서 점점 더 정교해지는 세 가지 정보처리 방식을 가지게 되었다. 앞에서 내가 언급했던 각본 방식, 분석적 방식, 유연한 방식이 바로 그것이다. 단순하고 일상적인 문제에는 각본 방식이 어울리고, 그밖의 다른 문제에는 분석적 방식과 유연한 방식이 적합하다.

이것들은 흥미로운 의문점을 내포하고 있다. 만약 한 유기체가 정보를 처리하고 있다면, 그것이 생각을 하고 있다는 의미일까? 아메바처럼 생긴 하등동물인 점균류(slime mold)는 미로에 놓이게 되면 먹이가 있는 쪽으로 나아가는 법을 알아낸다. 그리고 만약 먹이가 미로 안의 다른 두 장소에 있다면, 2개의 먹이를 모두 에워쌀 수 있도록 몸의 형태를 변화시킨다.[3] 가능한 한 가장 효율적인 방식으로, 두 장소에 동시에 닿을 수 있는 가장 간단한 형태로 변형을 일으키는 것이다. 점균류는 이런 식으로 문제를 해결하고 있다. 이것은 생각을 통해서일까? 만약 우리가 이것을 생각이라고 부를 수 없다면, 무엇이 부족하기 때문일까? 생각은 무엇을 기준으로 나뉘는 것일까?

사전에 따르면, 생각한다는 것은 "주어진 상황을 평가하거나 처리하기 위해서 합리적이고 객관적으로 마음을 이용하는 것, 가능한 행동이나 선택 따위를 위해서 무엇인가를 고려하는 것, 무엇인가를 고안하거나 마음속에 품는 것"이다.[4] 신경과학 교과서에서는 좀더 전문적으로 설명한다. "생각은 자극에 주의를 기울이고 그 자극을 확인하여 의미 있는 반응을 만드는 행동이며……, 여러 가지 새로운 발상들을 떠올리는 능력을 특징으로 한다."[5]

이런 정의들을 요약하면, 생각은 상황을 **평가하고 발상을 함으로써** 의미 있는 반응을 만드는 것이다. 그러면 점균류가 하는 것과 같은 각본에 따른 정보처리는 "생각"으로서의 자격이 없다는 뜻이 된다. 점균류는 상황을 평가하는 것이 아니라 환경의 자극에 반응을 하는 것이다. 어미 거위가 둥지에 있는 자신의 알을 보호하는 행위도 마찬가지이다.

그렇기는 해도, 유기체(또는 컴퓨터)에 설정된 각본이 완전 자동으로 실행되는 것을 **생각**의 정의에서 제외하는 것은 하나의 관례이며, 우리가 고른 임의의 기준일 뿐이다. 주어진 정의에서 우리가 인식해야 할 중요한 것은, 우리가 생각이라고 부르는 것이 동물의 생존에 그다지 필수적이지 않다는 점이다. 동물의 세계에서 생각은 원칙이 아니라 예외이다. 대부분의 동물은 대체로 표준 규격의 삶을 살기 때문이다. 동물은 대개의 시간을 자동인형처럼 행동하면서 잘 살아가고 있다. 우리 인간은 어떨까? 우리의 반응은 생각의 결과일까? 아니면 우리 역시 생의 상당 부분을 생각 없이 각본에 의한 습관대로 살아가고 있을까?


## 마음 챙기기

1970년대 후반, 심리학자 엘런 랭어는 두 명의 동료와 함께 획기적인 논문을 내놓았다.[6] 이 논문에서 던진 질문은 "완전한 자각 없이 할 수 있는 행동은 얼마나 될까?"였다. 그들은 많다는 결론을 내렸고, 이 결과를 반영한 논문의 제목은 "표면적으로는 사려 깊은 행동의 무심함(The Mindlessness of Ostensibly Thoughtful Action)"이었다.

우리는 때때로 우리 자신이 "자동 운항 방식"으로 행동을 수행한다는 것을 알고 있다. 그러나 랭어의 논문에서 충격적인 점은, 우리는 "복잡한 사회적 상호작용"을 할 때에도 일반적으로 이런 각본에 따른 행동을 한다는 것이다. 랭어가 뜻하는 "복잡하다"라는 것은 연극이나 교활한 권모술수(權謀術數) 같은 것이 아니었다. 그녀가 의미한 것은 사소한 것이라도 무엇인가의 성패가 달려 있는 상호작용이었다. 그런 종류의 익숙한 상황에 처하면 우리는 생각을 하지 않고 행동을 하는 경향이 있다는 것이 랭어와 동료 연구진의 결론이었다. 프로그래밍된 유형에 따르면서 자신이 당면한 상황의 세부적인 항목에 대해서 약간의 조절만 한다는 것이다.

이 논문에 소개된 한 실험에서, 연구자는 복사기가 보이는 탁자에 앉아 있다가 복사를 하러 오는 사람들에게 다가가서 다음과 같이 말했다. "실례합니다. 제가 다섯 장을 복사해야 하는데, 먼저 해도 될까요?" 그러자 60퍼센트의 사람이 양보를 해주었다. 그런데 다른 실험에서 연구자는 다음과 같이 말했다. "실례합니다. 제가 다섯 장을 복사해야 하는데, 먼저 해도 될까요? 제가 조금 급해서요." 이렇게 부탁을 받았을 때에는 94퍼센트의 사람들이 부탁을 들어주었다.

어미 거위의 경우와 마찬가지로, 이것도 생각을 하고 하는 행동처럼 보인다. 마치 첫 번째 요청에서는 부탁을 거절한 40퍼센트의 사람이 "급한" 다른 사람의 절박한 상황을 자신의 상황과 비교한 후 자신에게 정당한 사유가 생기자 다르게 반응을 한 것 같다.

그러나 세 번째 실험에서 연구자는 다음과 같이 물었다. "실례합니다. 제가 다섯 장을 복사해야 하는데, 먼저 해도 될까요? 제가 복사를 좀 해야 해서요." 이 실험에서의 부탁은 성공적인 부탁과 동일하게 서술, 요청, 정당성의 구조를 나타낸다. 그러나 내용 면에서는 다르다. 이번에는 "정당성"이 없다. "복사를 좀 해야 한다"라는 말에는 앞선 실험에서

했던 "다섯 장을 복사해야 한다"라는 말에 대한 어떤 추가적인 정보도 없다.

만약 복사를 하러 온 사람들이 어떤 반응을 보일지를 정말로 요청의 가치를 기반으로 결정한다면, 마지막 실험의 성공률은 아무 이유 없이 부탁을 했을 때와 같은 60퍼센트를 나타내야 할 것이다. 그러나 만약 그들이 "요청자가 이유를 대면 (그 이유가 얼마나 무의미한지에 관계없이) 요청에 응하라"라는 각본을 따르고 있다면, 부탁을 하는 이유를 밝힌 다른 실험과 마찬가지로 성공률이 94퍼센트와 가까울 것이라고 예상할 수 있다. 그리고 정확히 그런 결과가 나왔다. 실속 없는 이유를 대면서 부탁했을 때의 성공률은 93퍼센트였다. 실속 없는 이유에 동요된 사람들은 확실히 무심하게 각본을 따르고 있었던 것이다.

당신은 자신이 사회적 상호작용에서 각본을 따르는 일이 드물 것이라고 생각할지 모르지만, 이 연구는 우리 대부분이 꽤 자주 그렇게 하고 있다는 것을 암시한다. 사실, 통제된 실험실 연구 세계의 바깥에서 일하는 임상 심리학자들은 각본적 행동을 항상 보고 있다. 이런 행동은 관계 역학(dynamics of relationships)에서 특히 잘 드러난다. 이를테면, 관계를 연구하는 연구자들은 "요구/철회(demand/withdraw)"라고 불리는 행동 유형을 확인해왔다.[7] 해로운 행동 유형임에도, 일부 커플은 정기적으로 이런 행동을 보인다. 먼저 커플 중에서 주로 여자 쪽이 상대의 변화나 대인 관계에 관한 문제를 찾아낸다. 이것이 "요구"이다. 이 요구는 그 논의를 피하려는 많은 남자에게 자동적으로 위축 반응을 일으킨다. 만약 상대가 위축 반응을 일으키면, 이번에는 여자의 요청이 증폭되면서 충돌이 고조되는 결과를 가져올 수 있다.

이와 유사하게, 한쪽 파트너가 상대방의 정서적 "약점"을 건드리는 행동을 하는 경우도 있다. 이 행동은 상대방의 분노를 일으키지만, 이것은 예상할 수 있는 반응이다. 그러나 처음 감정을 자극한 쪽은 안타깝게도 이 분노를 각본에 의해서 자동으로 일어나는 무심한 반응으로 보는 것이 아니라 자신을 향한 사적인 분노로 받아들인다. 이번에도 그 결과가 증폭되면서 충돌과 논쟁의 반복으로 나타난다.

이런 반복에서 벗어나게 하기 위하여 치료 전문가가 환자들에게 알려주는 방법은, 그런 일이 일어났다는 것을 인식하게 하고 각본을 중단하기 위해서 함께 노력하는 법을 배우는 것이다. 복사기에 앞에 서 있던 사람들이 그렇게 할 수 있었다면, 그들도 자신들의 반응에서 자동적 특성을 깨달았을 것이다. 이런 단순한 통제와 비슷한 활동은 당신에게도 일어날 수 있다. 이를테면, 차를 몰고 출근하는 동안 구급차의 사이렌 소리를 듣거나 다른 이례적인 상황을 만나면 일상적으로 작동하고 있던 자동 운항 방식을 벗어나게 된다.

더 일반적으로, 분석적 사고나 유연한 사고를 기르는 첫 단계는 일반적으로 **사고**(thinking)를 기르는 것이다. 그러면 자동적인 각본을 이용할 때에 더 의식을 하게 되고, 그 각본이 당신에게 별로 도움이 되지 않을 때에는 폐기할 수 있을 것이다. 자동적인 각본이 적절하지 않을 때에 중단을 할 수 있으려면, 당신이 그것을 자각하고 있어야만 하기 때문이다. 랭어는 이것을 자기 인식 **각성**(self-awareness wakefulness)이라고 불렀다. 오늘날, 심리학자들은 이것을 **마음 챙김**(mindfulness)이라고 부른다. 마음 챙김은 불교의 명상이 뿌리를 두고 있는 개념을 기반으로 한다.

윌리엄 제임스는 이렇게 말했다.[8] "우리는 깨어 있어야 하는 것에 비해서 절반만 깨어 있다." 마음 챙김 상태는 이와 정반대이다. 마음 챙김을 하고 있으면, 당신은 현재 당신의 지각과 감각과 감정과 사고 과정을 모두 온전하게 인식하고, 멀리서 바라보는 것처럼 평온하게 받아들인다. 마음의 감시는 어려운 것을 필요로 하지는 않지만, 자세 교정처럼 지속적인 노력이 필요하다. 운 좋게도, 간단한 정신 훈련을 통해서 마음 챙김을 하는 능력을 기를 수 있다는 것이 최근 여러 연구들을 통해서 밝혀졌다.[9] 시도해보기를 원하는 사람들을 위해서, 잘 알려진 훈련 중의 몇 가지를 아래에서 설명하고자 한다.

### 1. 온몸 훑기(Body Scan)

편안한 자세로 앉거나 눕는다. 이 활동은 10-20분 동안 해야 한다. 몸을 압박하는 것을 모두 풀어놓고 눈을 감는다. 심호흡을 몇 번 하고 몸 전체에 집중한다. 바닥이나 의자에 가해지는 몸의 무게와 그 접촉을 느낀다. 그다음, 발에서부터 시작하여 당신의 몸 각 부분이 어떤 느낌인지를 인식한다. 당신의 발은 따뜻한가, 차가운가? 긴장되어 있는가, 편안한가? 이상한 감각이나 불편함, 통증은 없는가? 집중하는 부위를 발목, 종아리, 허벅지, 엉덩이로 천천히 이동시키다가 몸통으로 올라간다. 그다음에는 손가락에서 팔을 거쳐서 어깨에 집중하다가 마지막으로 목과 얼굴과 머리와 두피까지 올라간다. 이 과정이 끝나면, 순서를 바꾸어서 다시 아래로 온몸을 훑어 내려간다.

### 2. 생각의 마음 챙김(Mindfulness of Thoughts)

온몸 훑기와 마찬가지로, 이 훈련도 20분 정도 소요될 수 있으며, 눈을 감고 심호흡을 하면서 시작한다. 마음이 고요해질 때까지 호흡에 집중한다. 그런 다음 집중을 풀고 자유롭게 생각에 빠져든다. 초연하게, 판단이나 관여를 하지 않고 각각의 생각에 주의를 집중한다. 떠오르는 생각이 감정인가, 심상인가, 내적 대화인가? 그냥 사라지는가, 아니면 다른 생각을 불러오는가? 만약 이 훈련을 하다가 괴로운 생각과 마주치면, 그 생각 역시 받아들이고 관찰한다.

### 3. 마음 챙기며 먹기(Mindful Eating)

이 훈련은 소요 시간이 더 짧고 즐겁다. 5분이면 되며, 무엇이든 당신이 좋아하는 음식으로 할 수 있다. 건포도로 하는 경우가 많지만, 나는 이 훈련을 핑계 삼아 초콜릿 한 조각을 먹는다. 내가 어떻게 하는지 설명하겠다. 다른 훈련처럼, 처음에는 몇 번 심호흡을 하고 마음을 깨끗이 하면서 시작한다. 그다음, 초콜릿 한 조각을 집어 들고 그것에 집중한다. 포장이 되어 있다면, 포장지를 만져본다. 손가락을 움직이면서 그 질감을 느낀다. 이제 포장지를 벗기고 초콜릿을 살핀다. 그 생김새에 주목한다. 코로 가져가서 냄새를 맡는다. 몸이 그 냄새에 어떻게 반응하는지를 주목한다. 이제 천천히 입으로 가져가서 부드럽게 입안에 넣는다. 그러나 씹거나 삼키지는 않는다. 눈을 감고 초콜릿 위로 혀를 움직인다. 그 느낌에 집중한다. 초콜릿을 입안에서 굴린다. 삼키고 싶은 욕구가 든다면, 그것을 의식한다. 초콜릿이 녹으면, 그 감각을 의식하면서 천천히 삼킨다.

이외에도 마음 챙김을 위한 훈련은 많이 있으며, 인터넷에서 쉽게 찾을 수 있다. 훈련의 종류는 상관없다. 연구에 따르면, 선택한 훈련을 1주일에 3-6회씩 수행하면 한 달 뒤에는 자동적인 반응을 피하는 능력이 눈에 띄게 개선된다. 이와 함께, 한 가지 일에서 다른 일로 주의력을 전환하는 능력과 집중력 같은 뇌의 "실행 기능들"(제4장을 보라)도 향상된다. 이런 기량들은 마음의 작동 방식을 더 잘 통제할 수 있게 해주며, 살아가면서 생기는 문제들을 균형 잡힌 시각에서 볼 수 있게 해줄 것이다.

## 생각의 법칙

일단 정해진 각본을 넘어서면, 그다음 생각의 범주는 분석적 사고이다. 우리는 분석적 사고를 높이 사는 경향이 있다. 객관적이고, 인간의 감정 왜곡에 물들지 않아서 정확한 편이라고 생각한다. 그러나 분석적 사고는 정서와 분리되어 있다는 이유로 많은 이들의 찬사를 받기도 하지만, 또다른 이들에게는 유연한 사고와 달리 정서에서 **영감**을 받지 않는다는 비판을 받기도 한다.

분석적 사고에 정서적 요소가 상대적으로 부족한 것은, 분석적 사고가 유연한 사고에 비해서 더 단순하고 분석이 더 쉽게 느껴지는 이유 중의 하나이다. 그 특성에 대한 최초의 근대적 통찰은 무려 150년 전에 나왔다. 1851년, 아일랜드 북서부에 위치한 왕립 코크 대학의 학장은 개강을 맞아서 연례 연설을 했다. 이 연설에서 그는 다음과 같이 말했다.[10]

> 과학을 구성하기 위해서 필수적인 것과 같은 그런 일반적인 법칙이 우리의 정신 능력과 관련해서도 존재하는지에 관하여……나는 그것이 가능하며, (그 이성적 법칙이) 수학의 진정한 토대를 구성한다고 답하겠습니다. 여기서 내가 말하는 수학은 수량만을 다루는 수학이 아니라 기호의 형태로 표현되는 보편적 추론으로서의 수학입니다. 나는 이것이 더 폭넓고 더 진정한 의미의 수학이라고 확신합니다.

이 학장은 수학자 조지 불이었다. 그는 3년 후에 『사고의 법칙(*The Laws of Thought*)』이라는 제목의 책에서 더 정교한 분석을 내놓았다.

불의 발상은 논리적 추론을 대수법칙(大數法則)과 비슷한 하나의 법칙으로 간소화하는 것이었다. 그는 책 제목에서 한 약속을 완전히 구현하지는 못했지만, 수식처럼 더하고 곱하는 것과 비슷한 방식으로 단순한 생각이나 서술을 결합시키고 계산할 수 있게 해주는 표현법을 만들었다.

불이 죽고 100년이 흐르는 동안, 그의 연구는 컴퓨터의 발명과 함께 점점 더 중요해졌다. 발명 초기에 컴퓨터는 "생각하는 기계"라고 불렸다. 오늘날의 컴퓨터는 본질적으로 반도체를 통해서 불의 대수학을 구현하는 장치이다. 반도체에 들어 있는 "게이트(gate)"라는 회로소자(回路素子)는 이런 논리 연산을 매초마다 수십억 개씩 연결할 수 있다.

불의 선견지명은 수학에만 국한되지 않았다. 그는 1830년대에 업무 시간의 합리적 상한선에 대한 법률 지정을 지지하는 단체의 직책을 맡기도 했고, 형편이 좋지 않은 여성의 사회 복귀를 위한 시설을 공동 설립하기도 했다. 그는 1864년 늦가을에 사망했다. 그는 억수같이 퍼붓는 비를 맞으면서 한참을 걸은 뒤에, 머리부터 발끝까지 흠뻑 젖은 상태에서 강연을 하고 다시 빗속을 걸어서 집으로 돌아왔다. 집에 돌아온 그는 고열로 몸져누웠다. 그의 아내는 동종요법(homeopathy, 질병과 비슷한 증상을 유발시켜서 치료하는 방법/옮긴이)에 따라서 그에게 계속 찬물을 들이부었다.[11] 그로부터 2주일 후, 그는 폐렴으로 사망했다.

불이 생각의 수학을 고안하고 있을 무렵, 그의 동료인 잉글랜드의 수학자 찰스 배비지는 생각을 실현하는 기계를 만드는 시도를 하고 있었다. 수천 개의 실린더로 만들어진 배비지의 기계는 복잡하게 맞물린 톱니바퀴를 통해서 복잡한 방식으로 작동했다. 이 "해석 기관(Analytical Engine)"에 대한 그의 연구는 1830년대 후반부터 수십 년간 계속되었지만, 복잡성과 자금 부족으로 인해서 완성되지는 못했다. 그는 쓰디쓴 낙담 속에서 1871년에 사망했다.

배비지가 구상한 해석 기관은 크게 네 가지 요소로 구성된다. 먼저 **입력(input)**은 천공 카드를 통해서 자료와 함께 그 자료를 어떻게 조작할지에 관한 명령을 공급하는 메커니즘으로, 오늘날에는 이것을 컴퓨터 프로그램이라고 부른다. 배비지가 해석 기관의 기억 장치라고 부른 **저장(store)**은 컴퓨터의 하드 드라이브와 비슷했다. **밀(mill)**은 입력된 명령에 따라서 자료를 처리하는 부분으로, 말하자면 중앙 처리 장치(central processing unit)였다. 밀에는 곧바로 이용되는 자료를 유지할 정도의 작은 기억 장치도 있었는데, 오늘날 우리가 임의 접근 기억 장치(random-access memory) 또는 RAM이라고 부르는 것에 해당한다. 마지막으로, 답을 찍어내는 장치인 **출력(output)**이 있었다.

배비지의 해석 기관에는 현대 디지털 컴퓨터의 중요한 원리가 거의 다 담겨 있다. 게다가 표면적으로 보았을 때, 우리 마음이 어떻게 작용하는지를 이해하기 위한 새로운 사고 틀을 제공한다. 우리 뇌에도 자료 입력 모듈(감각)과, 그 자료를 "생각하거나" 작동하기 위한 처리 단위(대뇌 피질[cerebral cortex]), 현재 고려해야 하는 생각이나 단어를 붙잡아두는 단기 기억과 지식, 반복되는 절차들을 기억하는 장기 기억이 있다.

배비지의 친구인 수학자 에이다 러브레이스 부인은 바이런 경과 그의 아내 앤 이사벨라 노엘의 딸이었다.[12] 그녀는 배비지의 해석 기관에 대해서, "자카르 직조기가 꽃과 나뭇잎 무늬를 직조하듯이 해석 기관이 대수학의 무늬를 직조한다"라는 글을 썼다. 딱 맞는 비유였지만, 배비지가 아직 기계를 만들지 않았던 시기였기 때문에 조금 성급한 글이었다. 그래도 러브레이스 부인은 그가 시도한 것의 진가를 어쩌면 배비지 자신보다도 더 잘 알고 있었을지도 모른다.[13] 배비지는 자신의 기계가 체스를 두는 모습을 상상한 반면, 러브레이스 부인은 그것을 기계화된 지능으로 보고 언젠가는 "어느 정도 복잡한 음악 작품을 정교하고 과학적으로 작곡"할 수 있을지도 모르는 장치로 생각했다.

당시에는 처음부터 끝까지 체스 한 판을 두는 것과 백지를 채워가면서 새로운 교향곡을 작곡하는 것이 크게 다르다고 생각한 사람은 아무도 없었다. 그러나 오늘날의 관점에서 보면, 두 능력 사이의 격차는 어마어마하다. 체스 두기는 불의 사고 법칙인 논리와 규칙을 선형(線形)으로 적용하여 성취할 수 있다. 작곡은 더 뛰어난 능력, 다시 말해서 참신하고 독창적인 생각을 만드는 능력이 필요하다. 전자는 알고리즘으로 표현될 수 있지만, (앞으로 확인하게 될 것처럼) 후자를 알고리즘으로 표현하려고 시도하면 완전히 실패한다. 전통적인 컴퓨터는 전자와 같은 일을 어떤 사람보다도 뛰어나게 해낼 수 있지만, 후자와 같은 일은 전혀 그렇게 하지 못한다. 그 격차 사이에 분석적 사고와 더 뛰어난 능력을 지닌 유연한 사고의 차이를 이해할 수 있는 실마리가 있다. 그렇다. 이성의 시대라고 불리던 18세기 이래로 서구 사회에서 떠받들어온 분석적 접근법은 지위가 낮은 신이고, 유연한 사고는 인간 사고의 최고신이다. 요컨대, 논리적 사고로는 집에서 식료품점까지 가는 가장 효율적인 운전 방법을 결정할 수 있지만, 식료품점에 타고 갈 자동차를 우리에게 준 것은 결국 유연한 사고라는 것이다.

## 비알고리즘적인 유연한 뇌

1950년대의 많은 정보과학 선구자들은 최고의 전문가들이 의기투합하면, 인간의 사고 능력에 필적할 만한 "인공" 지능을 가진 컴퓨터를 만들 수 있을 것이라고 믿었다. 그들도 러브레이스 부인과 마찬가지로 분석적 사고와 유연한 사고를 구별하지 않았고, 우리 뇌를 그들의 새로운 기계 장치의 생체 버전쯤으로 생각했다. 그들은 1956년에 다트머스 하계 인공지능 연구 계획(Dartmouth Summer Research Project on Artificial Intelligence)이라는 학회를 위한 기금을 받았지만, 그들의 약속을 구현하지 못했다.

당시 가장 유명하고 영향력이 있었던 프로그램은 범용 문제 해결사(General Problem Solver)였다. 이름만 봐서는 심야의 텔레비전 광고에 나오는 9가지 기능이 있는 믹서, 파스타 조리 도구를 겸용할 수 있는 캔 따개, 손톱 다듬는 줄(nail file)을 겸하는 칼 따위와 비슷할 것 같다. 짐짓 거창해 보이는 범용 문제 해결사라는 이 이름은 오만함보다는 프로그램의 잠재력에 대한 무지에서 비롯되었다.

"범용 문제 해결사"가 하지 못할 것이 무엇이 있겠는가? 컴퓨터는 기호 조작기이다. 이 기호들은 세상에 관한 사실들을 나타내기 위해서 이용될 수 있다. 또 그 사실들 사이의 관계를 묘사하는 규칙을 나타낼 수도 있다. 그리고 컴퓨터는 모든 기호들의 조작 방식을 관장하는 규칙들을 나타낼 수 있다. 그런 식으로, 초기 선구자들은 컴퓨터가 생각을 하도록 프로그래밍을 할 수 있을 것이라고 추론했다. 컴퓨터 기술은 불과 배비지 이래로 발전을 거듭해왔지만, 개념 면에서는 그렇지 못했다.

이런 순진한 관점에서는, 만약 제인이 복숭아 파이를 사랑하고 밥이 복숭아 파이를 굽는다면, 컴퓨터는 밥이 굽는 복숭아 파이에 대한 제인의 사랑을 계산할 수 있다. 더 나아가, 어쩌면 밥에 대한 제인의 사랑까지도 2의 제곱근을 구하듯이 쉽게 계산할 수 있을지도 모른다. 그러나 이런 접근법의 한계는 곧 분명하게 드러났다. 범용 문제 해결사는 결코 만능 천재가 아니었다. 이 프로그램은 막대 기둥에 꽂혀 있는 원반들을 다른 기둥으로 이동시키는 "하노이 탑" 문제처럼 명확하게 정의할 수 있는 구체적인 수수께끼는 풀 수 있지만, 현실 세계의 문제가 가지고 있는 특성인 모호함은 처리하지 못했다.

현실 세계의 상황에서 마주치는 온갖 새로운 것과 변화하는 것을 처리하려면 복잡한 세계에 대한 깊은 이해와 유연한 사고가 필요할 것이다. 그러나 초기 컴퓨터들은 점균류의 단순한 각본과 아주 기초적인 분석적 추론의 중간 수준에 머물러 있었다.

유연한 사고를 할 수 있는 컴퓨터를 만들기 위한 노력은 그때 이래로 그다지 큰 진전을 보지 못했다. 오늘날 우리는 불과 배비지뿐만 아니라 초기 컴퓨터 개척자들도 눈이 휘둥그레질 만한 세상에 살고 있다. 배비지의 해석 기관을 닮은 수십억 개의 미세한 장치가 집적된 작은 실리콘 칩들을 이용해서 매순간마다 셀 수 없이 많은 불의 계산을 수행한다. 그러나 늘 다음 모퉁이만 돌아가면 해결될 것 같은 암의 완치나 값싼 핵융합 에너지 개발처럼, 범용 문제 해결사가 약속했던 기능을 수행할 수 있는 컴퓨터 개발은 아직 실현되지 않고 있다.

구글 부사장직을 사직하고, 컴퓨터 과학으로 유명한 카네기 멜론 대학으로 자리를 옮긴 앤드루 무어는 오늘날 가장 정교한 컴퓨터조차도 "특정 문제를 풀 수 있는 아주 똑똑한 계산기"일 뿐이라고 말한다.[14] 이를테면, 컴퓨터는 난해한 물리 방정식을 풀어서 블랙홀이 충돌할 때에 일어나는 일을 계산할 수는 있지만, 그 전에 먼저 인간이 문제를 "설정해주어야" 한다. 더 일반적인 이론에서 특별한 계산을 하기 위한 방정식을 도출하는 것은 인간의 일이며, 어떤 컴퓨터도 스스로 이론을 만들어낼 수 없다.

러브레이스 부인의 꿈이었던 해석 기관을 이용한 작곡을 생각해보자. 복잡한 음악 작품을 작곡하는 컴퓨터는 있으며, 그 음악도 꽤 들을 만하다. 모차르트나 스트라빈스키 스타일의 클래식 작품도 있고, 찰리 파커가 만들었음직한 재즈 곡도 있다.[15] 심지어 아이튠즈에 있는 블룸(Bloom)이라는 앱은 새롭고 독특한 브라이언 이노의 작곡 방식으로 각자의 요구에 맞춰서 무한하게 반복되는 연주곡을 만들기도 한다. 브라이언 이노는 앞으로 이런 "생성 음악(generative music)" 기술이 도래하면 언젠가 우리 손자들이 "우리를 보면서 '그럼 완전히 똑같은 음악을 계속 듣고 또 들었다는 말이에요?' 하고 신기하다는 듯이 묻게" 될지도 모른다고 내다보았다.[16]

이런 컴퓨터 음악은 유혹적이고 나름의 위치를 가지고 있지만, 새로운 음악의 창작과는 구별이 되어야 한다. 컴퓨터 작곡은 인간이 편집한 "주제(signature)" 목록을 이용하며, 그 주제에 일반적인 규칙을 적용하여 변화시키고 서로 조합한다. 주제는 인간 작곡가가 만든 선율과 화음과 그것을 꾸며주는 짧은 동기들(motif)이다. 컴퓨터는 이미 있는 표현들을 뒤섞을 뿐, 새로운 생각을 추가하지 않는다. 어떤 사람이 모차르트나 브라이언 이노를 흉내낸 음악을 작곡하거나 렘브란트를 모방한 그림을 그렸다고 해서, 그 사람을 예술적인 기교가 뛰어나다고 평가하지는 않을 것이다. 오히려 그런 사람들은 독창성이 없는 아류(亞流) 작가로 불릴 것이다.

컴퓨터가 유연한 사고를 달성하는 과정에서의 문제점은, 계산이 점점 더 빨라지고 있지만 그것이 더 **유연한** 처리로 변환되지 않는다는 점이다. 그래서 의기양양했던 초창기 이래로 수십 년이 흐르는 동안, 컴퓨터는 규칙이나 절차를 따르는 일을 명확하고 쉽게 코딩할 수 있어서 환상적으로 자동화가 가능하다는 것이 입증된 반면, 유연한 사고와 연관된 일은 대체로 그렇지 않았다.

다음 문단을 읽어보자.[17]

케임브리지 대학의 한 연구에 따르면, 단어에서 글자의 배순열서는 문제가 되지 않는다. 중요한 것은 그 단어의 첫 글자와 끝 글자가 제리자에 있는 것이다. 그밖의 다른 것들은 완전히 엉진망창이어도 여전히 별 문없제이 읽을 수 있다.

인쇄된 글을 소리 내어 읽을 수 있는 컴퓨터 프로그램은 많지만, 위 문단처럼 심각한 철자 오류가 있을 때에는 프로그램이 실행되지 않는다. 그러나 우리 인간은 이와 대조적으로 이런 글을 읽는 데에 큰 어려움이 없다.

놀라울 정도로 쉽게 이 문단을 읽을 수 있다는 것은 생각의 유연성을 입증한다. 별다른 힌트가 없어도, 우리의 마음은 무엇인가가 잘못되었다는 것을 알아차린다. 사태를 파악한 다음에는 각 단어에서 올바른 위치에 있는 첫 글자와 끝 글자에 초점을 맞추고 단어 중간에 있는 글자들을 이리저리 배열해본다. 그리고 문맥의 도움을 받아서 조금 더디지만 문단의 의미를 해독할 수 있다. 낭독을 하는 컴퓨터는 각각의 글자 배열을 사전에 있는 단어와 맞춰보려고 할 것이다. 아마 어느 정도는 일반적인 오탈자를 고려해서 프로그램을 실행하려고 하겠지만, 심각한 철자 오류와 같은 특정 임무를 수행하기 위한 맞춤 프로그램이 먼저 제공되지 않으면 결국 아무런 성과도 내지 못할 것이다.

유연한 사고가 필요한 임무를 수행하는 것은, 인간에게는 아무리 사소한 일일지라도 오늘날의 컴퓨터가 수행하기에는 극히 까다로운 일이 될 수 있다.[18] 유형 인식을 생각해보자. MIT의 경제학자인 데이비드 오토는 의자를 시각적으로 확인하는 문제의 어려움을 이야기한다. 학교에 다닐 정도의 나이가 된 아이라면 누구나 할 수 있는 일이지만, 이것을 컴퓨터가 해야 한다면 어떻게 프로그래밍을 해야 이 일을 수행할 수 있을까? 수평면, 등받이, 다리 같은 핵심적인 특징들을 지정할 수도 있을 것이다. 그러나 안타깝게도, 의자 이외에 다리 달린 난로나 싱크대에 설치된 물 튐 방지판 같은 사물도 이런 특징들을 가지고 있다. 반대로, 다리가 없는 의자는 이 정의에 포함되지 않는다.

논리적이고 규칙을 기반으로 하는 설명으로는 의자를 정의하기 어렵다. 전형적인 의자뿐만 아니라 매우 참신한 모양의 다양한 의자들까지도 그 정의에 포함되어야 하기 때문이다. 그런데 초등학교 3학년생은 어떻게 의자를 알아보는 것일까? 뇌의 유연한 사고는 비(非)알고리즘적이다. 즉, 우리가 어떤 생각이나 해결책을 내놓을 때에 필요한 단계들에 대한 명확한 정의가 없어도 거기에 도달할 수 있다는 뜻이다(이것은 일부에서 생각하는 것처럼 튜링 기계[Turing Machine]로 뇌를 모의 실험하는 것이 가능한지 여부와는 관계가 없다는 것을 분명히 밝힌다). 우리의 무의식 속에 있는 신경망은 충분히 숙고하여 쉽게 규정된 의자의 정의에 의존하기보다는, 몇 년에 걸쳐서 관찰한 실례들을 토대로 복잡한 사물의 특징들을 비교, 검토하는 법을 배우는데, 우리는 그 방식을 자각조차 하지 못한다.

구글의 매우 우수하고 미래 지향적인 일부 컴퓨터 과학자들은 이제 우리 뇌의 신경망을 모방하는 방법들을 모색함으로써 평범한 컴퓨터의 개선을 시도하고 있다. 그들이 만든 컴퓨터는, 고양이처럼, 우리가 알고 있는 시각적 유형을 인간의 지휘 감독 없이 컴퓨터 스스로 인식하는 법을 터득했다.[19] 이 위업을 달성하기 위해서 그들은 서로 연결망이 형성되어 있는 1,000대의 컴퓨터가 필요했다. 반면 어린아이는 바나나를 오물거리고 벽에 땅콩 버터를 문지르고 다닐 나이인 세 살이 되면 이 일을 할 수 있다.

이것은 뇌와 디지털 컴퓨터 사이의 몇 가지 핵심적인 차이와 우리 자신에 대한 중요한 사실을 알려준다. 우리의 뇌와 달리, 컴퓨터는 회로와 논리도(logic diagram)를 통해서 이해될 수 있는 연결 스위치들로 이루어져 있다. 그리고 명확하게 정의된 일련의 단계(프로그램 또는 알고리즘)를 따라서 선형 방식으로 분석을 실행하며, 프로그래머는 당장 할 일에 맞춰서 그 단계들을 지정한다. 구글의 과학자들은 1,000대의 컴퓨터를 하나의 신경망으로 연결하여 인상적인 위업을 달성했고, 그들의 접근법은 조짐이 좋았다. 그러나 우리 뇌는 수십억 개의 세포로 이루어진 신경망으로 훨씬 더 인상적인 일을 수행한다. 세포들은 저마다 수천 개의 다른 세포들과 연결되는데, 그런 신경망들이 모여서 상위 구조를 이루고, 다시 그 신경망들이 모여서 더 상위 구조를 이루는 식으로 복잡한 층위 구조를 형성한다. 이제 과학자들은 그 층위 구조를 겨우 이해하기 시작하고 있다.

내가 앞에서 언급했던 것처럼, 이런 생물학적 뇌는 전통적인 컴퓨터가 하듯이 하향식으로도 정보를 처리할 수 있고, 유연한 사고에서 중요한 방식인 상향식으로도 정보처리가 가능하며, 두 방식을 섞어서도 할수 있다. 제4장에서 확인하게 될 것처럼, 상향식 처리는 뉴런 수백만개의 복잡하고 비교적 "자율적인" 상호작용에 의해서 일어나며, 엉뚱하고 독창적인 직관을 일으킬 수 있다. 이와 대조적으로 하향식 처리는 뇌실행부의 지휘를 받으며, 단계적 방식의 분석적 사고가 일어나게 한다.

우리의 실행하는 뇌는 불합리한 생각을 파기하는 데에 능숙하다. 그러나 만약 우리가 문제를 해결하다가 우연히 잘못된 방향, 즉 따라가서는 안 되는 불합리한 추론을 따라서 꾸준히 나아가고 있다면, 바로 이런기능이 필요하다. 유명 변호사인 샌퍼드 펄리스는 로스쿨에서 들은 사례에 관한 이야기를 들려준다.[20] 한 피고가 아내를 살해한 혐의로 재판을 받고 있었다. 정황 증거는 강력했지만, 경찰은 시신을 찾지 못했다. 최종 변론을 준비할 때, 그의 변호사는 먼저 평범한 접근법을 시도했다. 배심원단이 합리적 의심을 하도록 설득하기 위해서 증거를 요약한 것이다. 그러나 그의 논리는 효과가 없었다. 변호사는 배심원을 한 명도 설득하지 못할지도 모른다는 두려움에 사로잡혔다. 그러다가 "뜻밖의" 생각이 떠올랐다.

마침내 변론을 하기 위해서 배심원단 앞에 섰을 때, 변호사는 극적인발표를 했다. 살해되었다고 추정된, 이른바 희생자의 위치가 파악되었으며, 그녀가 그곳, 법원 건물 안에 있다는 것이었다. 그는 배심원들에게 법정의 뒤편을 봐달라고 부탁했다. 바로 그 순간에 그녀가 문으로걸어 들어와서 자신의 의뢰인의 결백을 증명해줄 것이라고 말했다. 배심원들은 기대감을 가지고 뒤를 돌아보았다. 몇 초가 지났지만, 아무도들어오지 않았다. 그러자 변호사는 과장된 몸짓과 함께, 안타깝게도 배심원들은 그녀를 찾아내지는 **못했으나** 만약 고개를 돌렸다면 내심 합리적 의심을 품고 있었던 것이므로 무죄를 인정해야 한다고 말했다. 이 이야기는 한 변호사가 평범한 단계적 접근법을 버리고 새로운 접근법을 생각해낸 멋진 사례이다. 그러나 불행히도, 변호사는 자신의 의뢰인인 피고에게 그 계략에 대해서 귀띔을 해주지 않았다. 그 결과, 자신의 아내가 죽었다는 사실에 아무런 의심도 **없었던** 피고는 뒤를 돌아보지 않았다. 검사는 반론에서 그 점을 지적했고, 피고는 유죄를 선고 받았다.

우리는 수수께끼를 풀 때 단계적인 선형 접근법을 이용하지 않는다. J. K. 롤링이 해리 포터 속의 세계를 만든 방식도, 체스터 칼슨이 복사기의 발상을 한 방식도 마찬가지였다. 우리가 그런 성취를 할 수 있도록 예상치 못한 통찰과 상황을 바라보는 새로운 시각을 주는 것은 우리의 자율적인 상향식 사고이다.

제4장에서 우리는 하향식 처리법과 상향식 처리법 사이의 차이, 컴퓨터와 뇌 사이의 차이에 대한 이야기로 다시 돌아갈 것이다. 그리고 인간의 뇌는 할 수 있지만 컴퓨터는 할 수 없는 유연한 사고를 함에 있어서 그런 차이들이 어떤 역할을 하는지를 좀더 자세히 살펴볼 것이다. 그러나 그에 앞서, 뇌는 왜 생각하기를 싫어하는지에 관한 질문을 던질 것이다. 컴퓨터가 계산을 하는 것은 누군가가 컴퓨터를 켜고 마우스를 클릭하기 때문이다. 우리의 뇌를 켜는 것은 무엇일까?

# 3
# 우리는 왜 생각을 하는가

## 욕구와 강박

팻 다시*는 마흔한 살이던 1994년에 오른쪽 팔에 이상한 통증이 느껴진다는 것을 알았다.[1] 통증은 가벼운 떨림으로 발전했고, 단순한 만성 근육통이 아니라는 것이 점점 더 분명해졌다. 그녀는 파킨슨 병 진단을 받았다. 파킨슨 병은 뇌에서 몸의 움직임을 조절하는 부분의 뉴런들이 죽으면서 발생한다. 뉴런이 죽는 이유는 아무도 모르지만, 죽은 뉴런에는 특정 단백질이 축적되는 것으로 보인다. 살충제에 노출되면 파킨슨 병이 발병할 위험이 증가하고, 아이러니하게도 흡연을 하면 발병 위험이 감소한다.

파킨슨 병에 걸린 환자는 팔이나 다리를 움직이고 싶지만 몸이 생각대로 반응을 하지 않는다는 것을 알게 된다. 말이 어눌해질 수도 있고,

---

\* 가명이다.

몸의 균형을 잡지 못하게 될 수도 있으며, 팔다리가 마비되고, 아프거나 감각이 없어질 수도 있다. 또 경련이 일어날지도 모른다. 우리는 죽은 뉴런들을 되살리거나 몸에서 새로운 뉴런을 자라게 할 방법을 알지 못한다.

죽은 뉴런들은 "도파민 뉴런"이다. 이 뉴런은 신경전달물질인 도파민을 만들고, 그 신호를 다른 신경세포로 보내는 신경세포 공장이다. 이 도파민 뉴런은 척주(spinal column)의 상단에 있는 뇌 줄기(brain stem), 그중에서도 원시적인 중뇌(midbrain)의 일부인 흑질(substantia nigra) 속에 들어 있다. 흑질은 신체적 행동을 선택하는 일과 연관이 있는 곳으로, 이를테면 어떤 상황에 반응하여 운동을 시작하게 한다. 흑질을 뜻하는 라틴어 용어인 substantia nigra는 꽤 위협적으로 들린다. 아마 라틴어로 쓴다면 "직원은 반드시 손을 씻으시오" 같은 문장도 위협적으로 들릴 것이다. 비록 듣기에는 부활절 미사에서 교황이 하는 말처럼 느껴지지만, 의미는 평범하다. "흑질", 즉 검은 물질이라는 뜻의 그 이름 속에는 1791년 이 이름이 명명될 당시와 이후 150년 동안 우리가 알고 있던 모든 것이 꽤 많이 함축되어 있다. 흑질은 멜라닌이 풍부하여 어두운 색을 띠는데, 이 멜라닌은 파킨슨 병을 일으키는 바로 그 도파민 뉴런 속에 들어 있다. 팻 다시가 자신의 증세를 느꼈을 무렵에는 이 뉴런의 대다수가 아마 이미 못쓰게 되었을 것이다.

도파민 뉴런은 뇌의 비교적 적은 영역에서 발견되지만, 흑질에는 풍부하게 있다. 다시의 담당 의사는 그녀의 증상을 완화하기 위해서, 뇌에서 도파민 수치가 증가한 것처럼 보이게 만드는 약물인 도파민 작용제를 투여했다. 파킨슨 병에 대한 우리의 지식이 빈약한 상태에서, 현대 의학이 할 수 있는 최선은 이 정도이다. 이 시도는 죽은 뉴런의 활동을 보완함으로써 살아 있는 뉴런이 신호를 더 효과적으로 전달할 수 있도록 도와주려는 것이다. 다시의 증상은 개선되었다.

몇 년 동안 다시의 생활은 더 나아졌다. 그러자 그녀는 생활 방식을 바꾸기 시작했다. 그녀는 그림 그리기를 언제나 좋아했지만, 이제는 강박적으로 그림을 그리기 시작했다. 그녀는 "집을 화실로 개조하고, 사방에 탁자와 캔버스를 놓았어요"라고 말했다. 그녀는 그림 그리기에 사로잡혀서 아침부터 밤까지 그림을 그렸고, 종종 밤을 새기도 했다. 셀 수 없이 많은 붓과 스펀지를 썼고, 칼과 포크로도 그림을 그렸다. 그녀는 더 이상 즐거움을 얻기 위해서 그림을 그리지 않았다. 이제는 마치 약물 중독자가 약을 찾듯이, 그림에 대해서 억누를 수 없는 **욕구**를 느꼈다. 그녀는 이렇게 말했다. "나는 벽과 가구, 심지어 세탁기에도 그림을 그리기 시작했어요. 평평한 표면을 보기만 하면 그림을 그리려고 했고요. '그림 그리는 벽'도 있었는데, 매일 밤 몽롱한 상태에서 그 벽에 그림을 그리고 덧그리는 것을 멈출 수 없었어요."

나는 한때 약물 중독자 한 명을 알고 있었다. 그녀는 영양실조에 걸린 사람 같았고 나이보다 늙어 보였다. 퀭한 눈으로 약을 한 번만이라도 투약할 수 있다면 무엇이든 하겠다고 말했다. 그에 비하면 자신의 세탁기에 백합을 그린 팻 다시의 경우는 아무것도 아닌 일 같지만, 중독의 비극은 평생토록 이어지며, 삶을 파멸로 몰아갈 수도 있다. 다시는 "통제할 수 없는 나의 창작열이 파괴적인 무엇인가로 변해가고 있어요"라고 말했다.

커트 보니것의 글에 따르면, 우리 인간은 "끊임없이 절벽에서 뛰어내려야 하며, 떨어지는 동안 우리의 날개를 개발해야 한다."[2] 우리는 스스로를 위해서 도전에 나서기를 좋아하며, 그 도전을 이겨내는 방법을 찾는다. 팻 다시의 감수성은 그녀가 미술에 도전하도록 이끌었지만, 도파민 치료를 받으면서 그녀의 자연스러운 욕구는 억제할 수 없는 충동으로 증폭되었다.

어떻게 된 것일까? 앞에서 설명한 것처럼, 흑질 속의 도파민은 운동을 시작하게 하는 것과 연관이 있다(그래서 도파민의 부족이 파킨슨 병환자의 운동 능력에 영향을 미친다). 그러나 그외에도 도파민은 뇌에서 복잡한 방식으로 함께 작용하여, 보상 체계라는 것을 이루는 여러 뇌구조 사이의 소통에서 중요한 역할을 한다.

파킨슨 병 환자에게는 안타까운 일이지만, 아직 우리에게는 도파민 요법을 정밀한 방식으로 이용하여 특정 구조에만 도파민이 효과를 일으키도록 할 수 있는 기술이 없다. 그로 인해서 다시의 약물은 기능이 저하된 그녀의 흑질에만 작용하지 않았다. 도파민에 의존하는 뇌의 모든 영역에 과도하게 공급되었고, 그중에는 그녀의 보상 체계도 있었다. 이것이 그녀에게 강박 현상을 일으킨 것이다.

진화는 보상 체계라는 방식을 통해서 우리가 물과 양분을 섭취하도록 장려하고, 자손을 만들도록 부추긴다. 보상 체계는 우리에게 욕구와 기쁨의 감정을 느끼게 하고, 결국에는 싫증을 일으킨다. 보상 체계가 없으면, 우리는 감미로운 초콜릿 한 조각이나 물 한 모금, 또는 오르가슴에 아무런 기쁨도 느끼지 못할 것이다. 한편, 보상 체계는 사람들이 **생각**을 하게 만들기도 한다. 우리가 그 생각에 따라서 행동하여 목표를 추구하도록 장려한다.

나의 아들 알렉세이가 고등학교 2학년이었을 때, 나는 아들에게 만약 하루에 30분씩만 더 공부하면 B가 아니라 A를 맞을 수 있을 것이라고 말했다. 알렉세이는 "내가 왜 그래야 하죠?"라고 말했고, 나에게 왜 치료사가 필요했는지 그 이유를 이제야 알았다는 듯한 눈빛으로 나를 쳐다보았다. 당시 알렉세이의 마음은 나의 어린 시절에 우리 집에 있던 잔디깎이를 떠오르게 했다. 그 잔디깎이는 시동 거는 줄을 힘껏 잡아당기면 작동을 하기 시작하여 풀을 조금 깎다가 이내 털털거리면서 멈추었다. 나는 언제든지 알렉세이의 줄을 잡아당길 수 있었지만, 내면에서만 나올 수 있는 강력한 동기가 없었던 알렉세이의 뇌는 생각하기를 거부했다.

컴퓨터가 정보를 처리하게 하기는 쉽다. 전원을 켜기만 하면 된다. 그러나 인간 뇌의 "전원" 스위치는 내부에 있다. 생각을 시작하거나 생각의 흐름을 계속 이어가는 동기를 제공하는 것은 당신의 보상 체계이다. 보상 체계는 당신의 정보처리 능력을 학교에서 내준 숙제를 해야 하는 문제나 쇼핑하기나 신문 읽기나 직소 퍼즐(jigsaw puzzle)로 바꾸어주고, 당신의 뇌가 추론할 문제를 선택하는 과정에서 길잡이가 되어주고, 그 추론이 도달하려는 종착점을 정하는 일을 돕는다. 어느 신경과학자의 말처럼, "좋은 생각이 떠오르는 것보다 나의 삶에서 더 큰 기쁨은 없다.[3] 그런 생각이 머릿속에 문득 떠오르는 순간에는 대단히 깊은 만족감과 보람을 느낀다……. 나의 [보상 체계는] 그런 일이 일어나면 아마 광란에 빠져 있을 것이다."

팻 다시의 보상 체계는 그녀가 유연한 사고를 하도록 고취시켰고, 그녀의 경우에는 그것이 예술적이고 창조적인 시도와 연관이 있었다. 그러나 도파민 요법에 따른 증폭으로 예술 창작에 대한 그녀의 관심은 과열 상태에 이르렀고, 그것을 중단할 능력을 그녀에게서 박탈했다.

다시의 의사는 약물이 그녀의 행동에 미친 영향 때문에 결국 투여량을 줄였다. 안타깝게도, 그후 그녀는 파킨슨 병 증세가 악화되어 수술을 받았다. 이 수술에서 그녀는 두피에 작은 구멍을 뚫고 소식자(消息子)를 삽입했다. 이 소식자에는 뇌의 한 부위를 정확히 파괴하기 위한 액체 질소가 순환하고 있었다. 이런 수술이 도움이 된다는 것은 반(反)직관적으로 보일 수 있다. 파킨슨 병의 원인은 도파민을 생산하는 세포의 죽음이기 때문이다. 그러나 이 수술은 병의 원인을 직접적으로 다루지 않았다. 정상적으로는 도파민에 의해서 활동이 **억제되는데**, 활동 과잉 상태가 된 조직을 파괴하여 증상을 치료했다. 다시의 경우는 증상이 어느 정도 통제되었고, 그녀의 예술적 충동은 명상을 통해서 더 안정되고 체계화되었다. 그녀는 "그림 그리기는 또다시 나에게 즐거움이 되었고, 아무도 나를 화나게 하지 않았어요"라고 말했다.

## 생각이 보상을 받지 못할 때

만약 보상 체계가 생각의 동기가 되는 것이라면, 보상 체계가 주는 즐거움을 경험할 수 없는 사람은 어떻게 될까? 우리는 어느 불행한 사람 덕분에 이 의문에 대한 통찰을 어느 정도 얻을 수 있었는데, 신경과학 문헌에서는 그를 환자 EVR이라고 불렀다.[4]

농장에서 자란 EVR은 뛰어난 학생이었다. 그는 고등학교를 졸업한 직후 결혼을 했고, 스물아홉 살에는 안정적인 주택관리 회사의 관리자가 되었다. 그리고 나서 서른다섯 살 때에 뇌에서 양성 종양이 발견되어 수술로 종양을 제거했다. 뇌 수술을 했지만, 의사들은 "중요한 기능 장애는 없을" 것이라고 예상했다. EVR은 단 3개월 만에 건강을 회복했지만, 얼마 지나지 않아 그의 사고에 중대한 결함이 생겼다는 것이 확실해졌다.

EVR은 일상생활에서 결정을 내릴 수 없었다. 이를테면, 직장에서 문서 분류 같은 업무가 주어지면 자료를 토대로 분류를 할 것인지, 아니면 문서의 길이나 관련성을 토대로 할 것인지를 두고 온종일 자기 자신과 찬반 논쟁을 벌였다. 물건을 사러 가면, 여러 제조사의 시시콜콜한 모든 특징을 깊이 생각하면서 황당할 정도로 오랫동안 물건을 골랐다. 그를 담당한 의사 중의 한 사람은 다음과 같이 썼다. "어디에서 식사를 할지를 결정하는 데에도 몇 시간이 걸렸다. 각각의 식당에서의 자리 배치, 구체적인 메뉴, 분위기와 서비스를 모두 검토했다. 그는 각각의 식당에 차를 몰고 가서 얼마나 붐비는지를 직접 보았지만, 그렇게 하고도 결국 어디로 갈지 결정하지 못했다."

EVR을 담당한 의사들은 그에게 몇 가지 검사를 시행했지만, 별다른 이상은 발견되지 않았다. 그의 지능지수는 120 정도였다. 미네소타 다면 인성 검사(Minnesota Multiphasic Personality Inventory)라는 표준 인성 검사 결과는 정상이었다. 표준 도덕적 판단력 검사(Standard Issue Moral Judgment Interview)라고 불리는 다른 검사에서는 윤리적 이해가 건강한 것으로 나타났고, 사회적 상황의 미묘한 차이를 파악하는 데에도 문제가 없었다. 그는 국외 사정과 경제와 재정 문제에 관해서도 해박했다. 그렇다면 무엇이 잘못된 것일까? 그는 왜 결정을 할 수 없게 되었을까?

EVR을 담당한 의사들은 그의 몸에 아무런 이상이 없다고 믿었다. 의사들은 그의 "문제가 기질적 문제나 신경학적 장애에서 온 것이 아니"라고 말했다. 일종의 거부 반응, 방어 반응이었다. 만약 의사가 코끝에 난 무사마귀를 제거해주었더니 환자가 그것 때문에 비강에 통증이 생겼다고 한다면, 그런 반응을 예상할 수 있다. 사실 오늘날과 비교하면, 1980

년대 당시의 뇌에 대한 이해와 검사 기술은 만화영화 「고인돌 가족 플린스톤」의 한 장면처럼 보인다. 그래도 환자의 뇌에서 무엇인가를 잘라내고 행동에 문제가 나타났다면, 우리는 의사를 의심하는 경향이 있다.

EVR을 담당한 의사들은 이 문제가 그의 "강박적 성격"에서 기인한 것이므로, "이 문제를 해결하는 방법은 심리요법"뿐이라고 주장했다. 의사들에게 아무런 도움을 받지 못하자 EVR은 결국 그들에 대한 기대를 접었다.

이제 와서 보면, EVR을 진단했을 때의 문제점은 모든 검사가 그의 분석적 사고 능력에만 초점이 맞춰져 있었다는 것이다. 검사에서 이상이 나타나지 않은 이유는 그의 지식과 논리적 추론 능력에는 전혀 손상이 없었기 때문이다. 만약 유연한 사고 능력에 대한 검사를 했다면, 이를테면 그가 브라우니를 먹는 모습을 관찰하거나 그의 정강이를 발로 차거나 그밖의 다른 방법으로 그의 정서를 조사했다면, 그의 이상이 더 명확하게 드러났을 것이다. 훗날 연구자들이 EVR을 찾아내어 그에 대해서 통제된 실험을 수행했을 때, 그는 확실히 정상이 아니었다는 것이 밝혀졌다.

EVR은 감정의 수용 능력이 아주 작았다. 아마 수많은 사람들이 자신의 배우자에게도 같은 문제가 있다고 주장할 것이다. 그러나 상대가 당신의 감정을 어루만져주지 않은 것과 감정이 전혀 없는 것은 다르다. "기분은 좀 어때?"라고 물었을 때 대답 대신 어깨를 으쓱하고 마는 그를 보면 당신은 그렇게 생각할 수도 있겠지만, 텔레비전으로 축구 경기를 볼 때 그가 지르는 함성 소리를 생각하면 그는 무엇인가를 느낄 수 있는 사람이다.

오늘날 우리가 알고 있는 뇌에 관한 지식만으로도, 수술로 인한 EVR

의 신체적 손상과 그의 정신적 장애를 충분히 연결시킬 수 있다. 우리에게 중요한 것은 EVR의 담당 의사가 제거한 조직 중에 안와전두 피질(orbitofrontal cortex)이라고 불리는 전두엽(frontal lobe) 구조의 대부분이 포함되어 있었다는 점이다. 그 부분이 바로 뇌의 보상 체계의 일부이다. 그 부위가 없어진 EVR은 의식적인 즐거움을 경험할 수 없었다.[5] 그에게는 결정을 하거나 목표 달성을 위해서 계획을 세우고 시도를 할 어떤 동기도 남아 있지 않았다. 어디서 식사를 할 것인지와 같은 일을 결정하는 것이 그에게 왜 그렇게 어려웠는지는 이것으로 설명이 된다. 우리는 음식점을 고를 때 맛있는 음식을 먹거나 좋은 분위기를 즐기자는 목표를 토대로 결정을 내리는데, 그에게는 목표가 없었다.

EVR은 의사들이 실시한 지능 검사와 지식 검사를 완수할 수 있었지만, 실생활에서는 결정을 내릴 수 없었다. 이 극명한 대조에 관해서 생각해보자. 그의 의사들은 사회적 규범, 경제, 재정 문제 같은 주제에 대한 그의 지식과 이해력을 검사했다. 그런 검사는 외적인 판단 기준이 정해져 있다. 그는 **정확한** 답만 찾으면 되었다. 그런 검사들은 분석적이지만 유연하지는 않은 사고를 요구했다. 그가 마주친 실생활은 상황이 달랐다. 판단 기준의 제약이 없기 때문에 정확한 답은 없고 적당한 답만 있는 것이었다. 이것은 "파리는 어디에 있는가?"라는 질문과 "휴가는 어디에서 보내고 싶은가?"라는 질문의 차이와 같다. 후자의 질문에 답을 하려면 먼저 선택을 결정할 기준을 **고안하고** 세세하게 **지정해야** 한다. 이것이 유연한 사고이다.

진화는 우리에게 기쁨과 공포 같은 정서를 주었고, 우리는 그런 정서를 통해서 어떤 상황과 사건의 긍정적 또는 부정적인 의미를 평가할 것이다. 선택의 동력이 되어줄 정서적 보상이 없었던 EVR은 일상에서 결정을 내리는 능력이 마비되었다. 더 나아가 결정을 내리는 과정의 완수가 어떤 보상 가치와도 연결되지 않으면서, 그는 다양한 선택권의 장단점에 대한 분석을 멈출 동기를 얻지 못했다. 그래서 그는 사실에 관한 시험에서는 정답을 골라낼 수 있었지만, 실세계에서의 선택과 마주할 때에는 계속 제자리를 맴돌게 되었다. 안타깝게도 EVR은 정상적인 직장생활을 계속할 수 없었고, 결국 해고되었다. 이후 그는 사업적으로 잘못된 행보를 몇 번 하다가 파산했다. 마지막으로 아내가 떠났고, 그는 부모의 집으로 들어가서 함께 살았다.

우리는 새로움과 변화에 능숙하게 맞선다. 목표를 달성하는 과정에서 익숙하지 않은 난관을 만나면, 정서를 기반으로 하는 우리의 보상 체계가 우리를 유연한 사고로 인도하기 때문이다. 유연한 사고는 우리가 대안들을 생각해내고 그중에서 하나를 가려낼 방법을 고안하도록 자극한다. 이 체계가 작동하지 않으면, 우리는 선택을 하지 못한다. EVR의 사례에서 우리는 정서, 그중에서도 특히 기쁨이 우리의 생활을 단순히 풍요롭게 해주는 것이 아니라는 사실을 배웠다. 정서는 우리가 환경의 어려움에 맞설 수 있는 능력의 필수적인 성분이다. 아마 인공지능이 성공을 거두기 위해서 해결해야 하는 요소들 중에서 규정하기 가장 어려운 것은, 문제를 푸는 것이 즐겁기 때문에 문제를 푸는 컴퓨터를 만드는 일일 것이다.

## 선택 과잉

EVR의 이야기는 우리 모두에게 교훈을 준다. 우리는 EVR이 경험한 기질적 결정 장애를 가지고 있지는 않다. 그러나 우리도 선택할 것이 많은 오늘날의 환경에서, 정서에 뿌리를 두고 있는 유연한 사고를 반복해야 하는 상황에 지쳐 있을지도 모른다. 연구자들의 주장에 따르면, 우리는 너무 많은 선택을 해야 하는 상황에 직면하거나 너무 많은 결정을 내려야 할 때에는 "선택 과잉(choice overload)"을 경험한다.[6] 선택 과잉은 현시대에 대단히 유명한 "정보 과잉(information overload)"과 비슷하다. 두 종류의 과잉은 우리 뇌에서 생사의 갈림길에 놓였을 때에 공포에 반응하는 원시적인 부분을 자극하여 정신적 자원을 소모하게 만들고, 스트레스를 일으키고, 자제력을 약화한다.

윌리엄 제임스는 100년 전보다 지나치게 많은 선택을 해야 하는 위험에 대해서 다음과 같이 표현했다.[7] "누구보다도 불쌍한 사람은······피우려는 시가 한 대, 마시려는 음료 한 잔, 매일 일어나고 잠자리에 드는 시간, 자잘한 업무의 착수 하나하나가 모두 진지한 고심의 대상이 되는 사람이다." 불행하게도, 오늘날의 사회에서 우리는 유례없는 선택의 홍수와 마주하고 있다. 스워스모어 대학의 심리학자인 배리 슈워츠는 동네 슈퍼 한 곳만 가도 당혹감을 느낄 수 있다고 기록했다.[8] 이를테면, 그의 집 근처에 있는 중간 크기의 슈퍼에는 85종의 크래커, 285종의 쿠키, 61종의 선탠 로션, 150종의 립스틱, 175종의 샐러드 드레싱, 20종의 골드피시 크래커가 있다. 그렇다. 우리는 불과 수천 년 만에, 덜 익은 비버 고기를 뜯으면서 행복해하던 사람들에서 오리지널 치즈 맛 크래커를 먹을지 퀘소 피에스타 맛 크래커를 먹을지를 놓고 고민하는 개체들로 진화했다.

다행스럽게도, 선택 과잉에도 해결책이 있다. 결정을 내릴 때 최고로 만족스러운 대상을 계속 찾기보다는, 처음 만족한 것을 선택하는 전략을 쓰는 것이다. 심리학자들은 최고를 선택하려는 사람을 "최대자(maximizer)"

라고 불렀고, 후자의 전략을 쓰는 사람을 "만족자(satisficer)"라고 불렀다. 만족자를 뜻하는 satisficer는 만족한다는 뜻의 satisfy와 충분하다는 뜻의 suffice의 조합에서 유래했다. 이 용어는 노벨상을 수상한 경제학자 허버트 사이먼이 1956년에 만들었다. 이 용어는 최적의 선택을 하기에 충분한 정보나 계산 능력이 없을 때, 한계를 해결하기 위해서 애쓰기보다는 그럼에도 불구하고 선택을 함으로써 시간과 노력을 절약하기로 결정하는 의사 결정자의 행동을 설명하기 위해서 만들어졌다. 그의 개념은 경제학뿐만 아니라 심리학에서도 매우 효과적으로 적용되었다.

비디오나 텔레비전 프로그램이나 영화를 고를 때, 당신은 빠르게 하나를 골라서 감상을 시작하기보다는 선택지들을 전부 훑어보는가? 옷을 사러 가면, 마음에 쏙 드는 옷 한 벌을 찾기가 어려워서 한없이 둘러보기만 하는가? 가전제품을 알아볼 때는 구매하기 전에 『소비자 리포트(*Consumer Reports*)』, 아마존닷컴의 후기, 수많은 다른 웹사이트를 샅샅이 뒤져서 산더미 같은 정보를 수집하는가? 만약 그렇다면, 심리학자들은 당신에게 최대자의 경향이 있다고 말할 것이다.

우리는 모두 선택을 잘하고 싶어하지만, 역설적이게도 연구 결과는 철저한 분석을 하는 것이 더 높은 만족을 불러 오지는 않는 것으로 나타났다. 그런 경우에는 오히려 후회와 뒤늦은 비판을 하는 경향이 나타났다. 최고의 선택을 하겠다는 생각을 내려놓는 것은 정신적인 에너지를 지켜주고, 훗날 더 나은 선택권이 있었다는 것을 알게 되어도 기분이 상하지 않게 하는 데에 도움이 된다. 이 방법은 신발이나 새 차를 고르거나 휴가 계획을 짤 때에는 효과가 있지만, 진료를 받고 싶은 의사나 일생을 함께 하고 싶은 동반자를 선택할 때에는 만족스럽지 않을 수도 있다. 그러나 대부분의 상황에서는 적당히 좋은 선택지를 받아들인 사람이 최고의 선택을 강요받은 사람에 비해서 그들의 선택에 더 만족하고 더 행복해하며 스트레스를 덜 받는 편이었다.

## 좋은 기분은 어떻게 생기는가

우리 뇌에 보상 중추가 있다는 것을 발견한 사람은 맥길 대학교의 박사후 연구원 피터 밀너였다. 그는 잠의 조절을 연구하고 있었다. 보상 체계와 잠의 조절은 관련이 없어 보이며, 실제로도 그렇다. 그러나 연구는 종종 예기치 못한 방향으로 흘러가는데, 특히 경력 초기에는 더욱 그렇다. 마치 월마트에 계산원으로 취직했는데, 실제 업무는 개 목욕시키는 일인 것과 같다. 밀너에게도 그런 일이 일어났다.

지금은 상상하기 어렵지만, 한때는 우리 행동이 처벌의 회피만으로 설명될 수 있다는 학설이 지배적이었다. 1954년의 상황도 그랬다. 당시 밀너는 쥐의 뇌에서 뇌가 점점 좁아지면서 뇌간(腦幹)을 형성하기 시작하는 부분 근처의 구조에 전극을 삽입했고, 기다란 전선으로 전극과 연결된 전기 자극기는 전극이 꽂힌 뇌 영역을 활성화했다.

어느 날, 밀너는 지도교수이자 저명한 심리학자인 도널드 헵으로부터 제임스 올즈라는 새로운 박사후 연구원을 소개받았다.[9] 올즈는 아직 일에 서툴렀기 때문에, 헵은 밀너에게 요령을 가르쳐주라고 했다. 이 신참 박사후 연구원은 곧 스스로 전극을 삽입했다. 그가 전극을 삽입한 쥐는 각각의 모서리에 A, B, C, D라고 표시된 큰 상자 속에 들어가는 실험에 이용되었다. 실험 계획서에 따라서, 올즈는 쥐가 A 모서리에 갈 때마다 버튼을 눌러서 가벼운 전기 자극을 주었다.

올즈는 쥐가 몇 번의 전기 자극을 받은 후에는 습관적으로 A 모서리를 다시 찾는다는 것을 관찰하고 크게 놀랐다. 그가 또 주목한 것은, B 모서리에 갔을 때 쥐의 뇌를 자극하기 시작하면 이번에는 B 모서리를 찾아간다는 점이었다.

실험의 의도는 수면이나 각성과 연관된 뇌의 부위를 자극하는 것이었지만, 그들은 본의 아니게 로봇 쥐를 만들고 말았다. 우표에 얼굴이 담기게 될 정도의 놀라운 진전일 것 같아 보이지는 않았지만, 올즈와 밀너는 호기심이 생겼다. 밀너는 다른 쥐들로 같은 실험을 해보았지만, 동일한 결과가 나오지 않았다.

어떻게 된 일일까? 두 사람은 X-선 촬영기가 있는 근처의 다른 연구실로 가서 쥐의 머리를 찍어달라고 부탁했다. X-선 사진을 보고, 그들은 올즈가 전극을 잘못 꽂았다는 것을 알게 되었다. 빗나간 그의 전극은 뇌 깊숙한 곳에 위치한 잘 알려지지 않은 구조인 "중격의지핵(nucleus accumbens septi)"에 삽입되어 있었다. 간단히 측핵(nucleus accumbens)이라고도 불리는 이 구조 역시 흑질처럼 이름은 거창하지만 의미는 평범한데, "중격(septum)에 인접한 핵(nucleus)"이라는 뜻이다.[10]

올즈와 밀너는 쥐를 더 구해서 그 위치에 전극을 삽입하기 시작했다. 또 상자에 레버를 설치하여 쥐가 스스로 전극을 자극할 수 있게 했다. 그러자 정말 이상한 일이 벌어졌다. 쥐들은 일단 그들의 측핵이 전기 자극을 받기만 하면, 계속 그 자리에 서서 끊임없이 레버를 눌러댔다. 어떤 쥐는 1분에 100번을 누르기도 했다.

수십 년 후에 팻 다시가 그랬던 것처럼, 쥐들은 강박에 사로잡혔다. 수컷 쥐는 발정 난 암컷을 거들떠보지 않았고, 암컷 쥐는 갓 낳은 새끼들을 내팽개쳤다. 그렇게 계속 레버만 눌렀다. 완전히 넋이 빠진 쥐들은 다른 모든 활동을 중단했고, 심지어 먹이와 물도 먹지 않았다. 올즈와 밀너는 쥐가 배고픔과 갈증으로 죽는 것을 막기 위해서 전극을 제거해야 했다.

오늘날 우리는 그 이유를 안다. 평범한 상황에서는 목표를 달성하려면 오랜 시간을 들여서 노력해야 한다. 그 결과, 우리의 보상 체계는 우리가 목표에 도달할 때에만 기쁨을 주는 것이 아니라, 우리가 하고 있는 일의 결과를 계속 예측하게 하고 모든 단계마다 보상을 하도록 진화해왔다.

배가 고플 때, 당신은 라자냐를 다 먹은 뒤에만 만족을 느끼지 않는다. 먹는 동안의 한입 한입이 즐겁다. 술을 마실 때에도 한 모금을 넘길 때마다 즐겁다. 어떤 문제를 생각할 때에도 올바른 방향으로 향하고 있다는 생각이 들면, 우리 뇌도 마찬가지로 우리가 생각을 계속할 수 있도록 지속적인 되먹임(feedback)으로 용기를 불어넣는다. 앞으로 나아가고 있다는 느낌, 자신감, 성공이 임박했다는 기대감과 같은 미묘한 긍정적인 감정을 주는 것이다.

목표를 달성하면, 우리 몸에서는 활동을 지속시키는 보상 가치를 줄이는 되먹임이 일어난다. 활동을 처음 시작했을 때에 느꼈던 기쁨은 점차 사그라지고, 머지않아 「왈가닥 루시(I Love Lucy)」의 재방송을 보고 있는 듯한 기분이 든다. 그러면 그 행동을 중단하게 된다. 우리가 무엇인가를 먹을 때에도 이런 일이 일어난다. 우리 몸은 음식을 충분히 섭취했다고 느끼면, 음식을 한 입씩 더 먹을 때마다 뇌 활동의 감퇴가 일어난다. 섹스 같은 다른 즐거움에서도 이와 같은 쾌락 반응과 포만감 되먹임과 비슷한 일이 일어난다.

올즈가 의도하지 않게 자극했던 측핵은 이런 과정과 관련된 보상 체계 구조로, 음식의 섭취나 성 접촉 같은 기본적인 욕구에 관여한다.

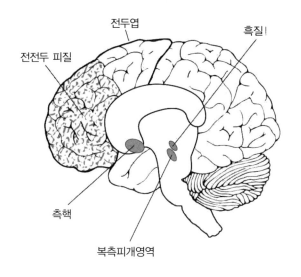

흑질, 측핵, 복측피개영역

전두엽

흑질!

전전두 피질

측핵

복측피개영역

측핵이 행동에 나서게 만드는 신호는 복측피개영역(ventral tegmental area, 이하 VTA)이라고 불리는 다른 보상 체계 구조에서 나온다. 두 구조 사이의 상호작용은 복잡하게 이루어지며, 전전두 피질 같은 다른 구조가 관련되기도 한다. 그러나 간단히 설명하면 이렇다. 충분히 먹었다는 것을 우리 몸이 감지하면 그것이 VTA에 전달되고, VTA는 측핵으로 가는 신호를 줄이거나 중단한다. 이를테면 목이 말라서 물을 마신다고 가정해보자. VTA는 측핵에 신호를 보내고, 우리는 즐거움을 느낀다. 그러나 물을 한 모금씩 더 마실 때마다 신호는 지속적으로 줄어들게 되고, 결국 우리는 계속 물을 마시고자 하는 동기를 잃게 된다.

쥐들은 레버를 누름으로써 VTA의 작용을 무시하고 그들의 측핵을 **직접** 자극했다. 쥐들은 레버를 누를 때마다 목이 탈 때 물을 마시는 기분, 배고픔을 달래줄 음식을 입안 가득 넣는 기분, 심지어 오르가슴을 느꼈을지도 모른다. 게다가 아무리 반복해도 보상이 줄어들지 않았다.

포만감이 없는 욕구와 보상은 브레이크가 없는 차를 전속력으로 모는 것과 같다. 팻 다시의 뇌에 도파민 작용제가 마구 밀려들었을 때에 그녀에게 일어났던 일도 사실 이와 비슷했다.

환자 EVR은 그의 생각과 행동에 대한 보상 가치에 무감각했고, 팻 다시는 그 보상의 노예가 되었다. 건강한 사람들은 그 사이의 어딘가에 속해 있다. 당신은 얼마나 "보상에 의존할까?" 심리학자들은 보상 가능성이 어느 정도까지 동기를 유발하는지를 평가하기 위해서 13가지 항목으로 구성된 설문지를 만들었다. 검사를 하기 위해서는 아래의 평가 기준에 따라서 각각의 항목에 1부터 4까지 점수를 매기면 된다.

1 = 매우 그렇지 않다

2 = 그렇지 않다

3 = 그렇다

4 = 매우 그렇다

다음은 검사 항목이다.

1. ___ 원하는 무엇인가를 얻으면 신이 나고 힘이 솟는다.

2. ___ 원하는 무엇인가가 있으면, 그것을 얻기 위해서 전력을 다한다.

3. ___ 별다른 이유 없이 그냥 재미있을 것 같아서 무엇인가를 할 때가 많다.

4. ___ 무엇인가를 잘하고 있으면, 그것을 계속하는 것을 좋아한다.

5. ___ 원하는 것을 얻기 위해서 무엇이든지 한다.

6. ___ 흥분과 새로운 감각을 열망한다.

보상 민감도 점수 분포

| 16% | 68% | 16% |
|---|---|---|

| 13 | 37 | 41 | 45 | 52 |

| 보상에 둔감 | 평균 | 보상에 민감 |
|---|---|---|

7. ___ 좋은 일이 생기면, 그 일에 강하게 영향을 받는다.

8. ___ 원하는 무엇인가를 얻을 기회를 포착하면, 곧바로 움직인다.

9. ___ 새로운 무엇인가가 있을 때, 그것이 재미있을 것 같으면 항상 하려고 한다.

10. ___ 경쟁에서 이기면 굉장히 신이 날 것 같다.

11. ___ 무엇인가를 추구할 때에는 "모든 수단을 동원하는" 접근법을 쓴다.

12. ___ 종종 충동적으로 행동한다.

13. ___ 좋아하는 무엇인가를 할 기회가 생기면, 곧바로 신이 난다.


합계   ___


이 평가의 평균 점수는 41점이며, 검사를 받은 사람의 약 3분의 2가 37–45점을 받았다(최고점은 52점이다). 만약 점수가 낮다면, 당신은 평균적인 사람들보다 보상에 영향을 덜 받으며, 목적지보다는 여정에 더 집중하는 편이다. 또 삶의 균형을 찾기 위한 준비가 잘 되어 있을 가능성이 크다. 반면에, 높은 점수는 목표를 향해서 전진을 시작하거나 더욱 발전하기 위한 강력한 동력을 가지고 있음을 나타낼 것이다. 당신의 삶은 성취에서 나오는 보상을 중심으로 형성되어 있을지도 모른다. 당신이 성취를 하도록 이끈다는 측면에서는 좋지만, 실직이나 은퇴 상태에 있거나 (나의 경우에는) 프로젝트와 프로젝트 사이에 있을 때에는 극심한 공허감을 경험할 수도 있다. 때로 당신은 충동적이거나 위험 부담이 있는 행동을 하기도 한다. 또 생각이나 결정을 할 때, 사회적 인정이나 지지, 성적 즐거움, 금전적 이득에 지나치게 영향을 받는 경향이 있을 수도 있다.

흔들림 없이 목표를 향해서 나아가는 것은 개인적 또는 직업적 성공에서 중요한 요소 중의 하나이며, 심리학자들은 이것을 그릿(grit, '투지'라는 뜻이 있으며, 성장[Growth], 회복력[Resilience], 내재적 동기[Intrinsic Motivation], 끈기[Tenacity]의 첫 글자를 따서 만든 단어이기도 하다/옮긴이)이라고 부른다. 그릿은 제대로 된 작품이 나올 때까지 작업에 몰두하게 해주고, 곤경에 빠졌을 때에 우리의 유연한 뇌가 문제 해결의 실마리가 되어줄 생각을 떠올릴 때까지 끝까지 노력하게 해준다. 그러나 충동은 우리를 곤경에 빠지게 할 수도 있고, 위험을 감수하는 행동은 양날의 칼이 될 수 있다. 또 사회적 인정이나 성적 행위, 금전적 보상에 지나치게 초점을 맞추면 불행해질 수도 있다. 이러한 경향은 일단 자각을 하면 스스로 제어할 수 있는데, 앞에서 나온 설문지가 그런 자각에 도움이 된다.

## 예술에 대한 보상

초등 수학을 가르칠 때에 많은 학교에서 적용하는 암기식 "반복 훈련 (drill or kill)"으로 문제를 푸는 것을 좋아하는 사람은 거의 없다. 우리는 그런 일을 "아무 생각 없이 하는" 작업이라고 부르는데, 진정한 사고는 필요 없고, 고정된 알고리즘 중에서 어떤 것을 적용할지만 선택하면 되기 때문이다. 그러나 우리 대부분은 생각하는 기술에 대한 일종의 도전을 즐긴다. 그래서 카드 게임, 체스, 십자 말풀이, 직소 퍼즐, 수수께끼, 수도쿠, 자동차 수리 같은 활동을 한다. 이런 활동들은 모두 어느 정도는 문제를 해결하는 활동이지만, 암기식 수학 문제와 달리 아이디어 창출을 비롯한 유연한 사고의 다른 측면들이 요구된다.

내가 언급했듯이, 유연한 사고는 우리 종에게 유용하다. 그래서 당신의 뇌는 유연한 사고를 권장하기 위해서 공을 들인다. 문제를 해결하기 위한 단계를 밟는 동안, 당신이 진전을 하는 것처럼 보일 때 만들어지는 미묘한 보상의 흐름을 통해서 당신의 정서적 뇌는 당신이 계속 집중력을 유지하게 한다. 우리 모두는 생각이 올바른 방향으로 가고 있다는 직감을 의식적으로 느껴본 경험이 있다. 하지만 생각하지도 않고 있던 것이 생각의 방향을 이끌어서 무의식적으로 문제를 해결한 경험도 있다.

우리가 왜 문제 해결에 만족을 느끼도록 진화했는지를 이해하기는 쉽다. 그러나 팻 다시의 사례에서 알 수 있듯이, 우리 뇌는 우리가 예술에 관여할 때 우리를 행복하게 해주기 위해서 진화하기도 했다. 예술적 기교의 발휘는 우리 종의 진화보다도 먼저 일어났다. 140만 년 전, 우리의 조상인 호모 에렉투스(*Homo erectus*)는 대칭을 이루는 손도끼를 만들었는데, 이것은 우리가 알고 있는 한 미적 감각을 발휘한 최초의 인공물이었다.[11] 그 손도끼들은 아주 매력적으로 보이며, 분명히 의도적으로 대칭으로 만들었을 것이다. 당시의 도구로 뼈나 순록 뿔이나 돌을 다듬어서 대칭으로 만들려면 대단히 많은 시간과 노력을 투자해야 했지만, 유용성 측면에서는 그다지 도움이 되지 않았기 때문이다. 오늘날 감각적인 힙스터들은 복고풍 반지나 귀걸이로 자신을 꾸미지만, 진정한 복고풍을 원한다면 대칭 손도끼를 들고 다녀야 한다.

아이디어 창안, 유형 인식, 확산적 사고, 상상력 같은 유연한 사고 기술을 사용하는 것은 본질적으로 보람이 있다. 그렇기 때문에 사람들은 물질적인 보상이 (대체로) 적어도 예술에 열정을 쏟는다. 사실 물질적인 보상은 그런 활동을 했을 때에 느껴지는 기쁨에 방해가 되기도 한다. 일례로 러시아의 대문호인 표도르 도스토옙스키가 한 러시아 출판사로부터 꽤 많은 선금을 받고 소설을 의뢰받았을 때, 그가 보인 반응을 생각해보자.[12] 창작과 관련해서 그에게 엄격한 지침이 주어지지는 **않았다**는 점에 주목해야 한다. 그는 단순히 돈을 받는 대가로 무엇인가를 써달라는 요청을 받았을 뿐이었다. 그럼에도 도스토옙스키는 친구에게 보낸 편지에 이렇게 썼다. "당신은 주문을 받고 장황하게 글을 쓴 적이 결코 없었다고 믿고 있습니다. 이런 지옥 같은 고문은 처음입니다." 그가 지옥 같은 고문이라고 말한 것은 이 위대한 소설가가 유난스럽기 때문만은 아니었다. 자신의 작품에 대해서 돈을 받는다는 것이 도스토옙스키에게는 창작의 걸림돌로 작용한 것이다.

이것은 도스토옙스키만의 문제가 아니었다. 최근 여러 사회심리학 연구에서는 창조적 산물을 금전적으로 평가하는 것이 혁신에 이르는 과정을 방해한다고 주장하고 있다.[13] 이런 주장은 전통적인 심리학에서의 개념과는 상반된다. 용기를 북돋아주거나 심지어 사람의 행동을 조절하기도 하는 보상의 중요성에 관한 논문은 수없이 많다. 그러나 **본질적으로** 즐거움을 느낄 수 있는 행동에 외적인 보상을 제공하는 것은 오히려 역효과를 초래할 수도 있다. 심리학자인 테레사 아마빌의 말에

따르면, 독창적인 사고는 "부적절한 이유에서 시도할" 때에는 잘 나오지 않는다.[14]

우리 뇌는 독창적이고 예술적인 사고에 보상을 한다. 그런 기술은 변화와 예측할 수 없는 상황에 반응하는 동물의 능력에서 중요하기 때문이다. 그러면 많은 동물들이 짝짓기 상대를 구하기 위해서 자신을 알리려고 할 때에 예술적 특성을 뽐내는 것도 이해가 된다. 공작은 몸치장을 하고, 꾀꼬리는 노래를 한다. 어린 수컷 금화조(zebra finch)는 성숙한 수컷의 노랫소리를 흉내내다가, 다 자라면 그들 고유의 다양하고 새로운 노랫소리를 만들어낸다.[15] 이런 예술적 재능이 인간의 짝짓기에서도 비슷한 역할을 할 가능성이 있을까?[16] 어쩌면 예술적 재능은 짝짓기 상대가 생존에 중요한 역할을 할 수도 있는 유전자를 가지고 있다는 것을 본질적이고 무의식적인 수준에서 드러내는 것이 아닐까?

진화심리학자인 마티 하셀턴과 제프리 밀러는 남성에 대한 여성의 취향이 배란 주기의 단계마다 어떻게 변하는지에 관한 연구에서 나온 가설을 실험했다.[17] 하셀턴과 밀러가 알아낸 바에 따르면 여성은 남성의 매력을 판단할 때, 생식력이 가장 높을 때인 배란 직전에는 평소보다 무의식적으로 상체 근육, 수염의 양, 턱의 크기 같은 진화적 장점의 지표들을 더 중요하게 여긴다. 헬스장에서 근육을 단련하는 덩치 큰 사내들은 여자들의 호감을 사기도 하지만, 그들에 대한 호감도가 여자들의 배란 주기에 의해서 결정된다는 것을 아는 사람은 별로 없다. 하셀턴과 밀러는 만약 상상력도 짝짓기 적합도의 신호라면, 예술적 재능 역시 멋진 복근처럼 여자들의 생식 주기에 따라서 미치는 영향이 달라질 것이라고 추론했다.

이 가설이 맞는지를 알아내기 위해서, 하셀턴과 밀러는 20대 여성 41

명을 모아서 그들의 월경 주기에 대한 자료를 기록했다. 그런 다음, 그들 각자에게 두 청년을 자세히 설명한 글을 보여주었다. 그 글에 나와 있는 두 청년은, 한 사람은 예술적이지만 가난한 반면 다른 한 사람은 보통의 창의적 지능을 가지고 있지만 부자인 점을 제외하고는 다른 자질은 비슷하게 설계되도록 설계되었다. 여성들이 그런 특징에 호감을 느끼는 정도는 개인적인 취향에 따라서 다르지만, 문제는 그들의 월경 주기에서 번식을 위한 준비가 된 시기에는 창의적인 자손을 얻을 가능성이 더욱 높은 남자를 선택하는 경향이 더 강해지는지 여부였다. 만약 그렇다면, 이 실험 결과는 예술적 능력이 우리의 생식 적합도를 알리는 방법 중의 하나라는 가설을 뒷받침하게 되는 것이다.

여성들은 두 남성의 소개글을 읽은 후, 각각의 남성에 대한 호감도를 1-9의 점수로 나타내고, "단기적인 성적 관계에서 누구에게 더 끌린다고 생각합니까?"라고 쓰인 질문에 답했다.

결과는 고무적이었다. 만약 당신이 가난한 남자 예술가라면 특히 더 그럴 것이다. 창의적이지만 가난한 남자의 매력 점수는 여성들의 생식력과 밀접한 연관이 있는 반면, 상상력은 부족하지만 부자인 남자의 점수에는 영향이 없었다. 단기 연애를 위해서 누구를 선택할 것인지에 대한 질문에서는 생식 주기의 영향이 놀라울 정도로 컸다. 배란기에는 92퍼센트의 여성이 부보다는 예술적 능력을 선택했지만, 생식 가능성이 낮은 시기에는 55퍼센트만이 예술적 능력을 선택했다. 예술가적 성향의 사람들이 성별이 다른 사람들과 쉽게 어울린다는 것은 진부한 이야기이지만, 그 어울림의 뿌리에 상상력의 진화적인 중요성이 있다는 것을 알게 되니 무척 기쁘다.

## 주의력 결핍, 유연성 과잉

1990년대 초반, 교육심리학 분야의 젊은 개척자인 조지아 대학교의 보니 크레몬드는 서서히 증가하고 있는 주의력 결핍 과잉 행동 장애 (attention-deficit/hyperactivity disorder, 이하 ADHD)와 관련된 논문들에서 보이는 이상한 점에 주목했다. ADHD 연구에 묘사된 아동들은 영재에 관한 연구에서 묘사된 아동들과 여러 가지 측면에서 공통된 특징을 나타내는 것처럼 보였다.[18] 이를테면, ADHD가 있는 아동과 영재 아동은 둘 다 주의가 산만할 수 있고, 활동에 대한 욕구가 엄청나게 높다는 것이 특징이 있었다.

이런 특징들은 부정적인 것처럼 들린다. 사실, ADHD가 처음 설명된 시기인 20세기 초의 의사들은 ADHD의 원인이 일종의 가벼운 뇌손상이라고 생각했다.[19] 1990년대가 되자 그런 생각은 폐기되었지만, 여전히 ADHD 진단을 받는 것은 큰 낙인이 되었다. 크레몬드는 그 점이 거슬렸다. 더 나아가 그녀는 ADHD가 실제로는 생각에 유익할 수도 있다는 의심을 가지고 있었다. ADHD의 특징들을 큰 포부, 생산성, 생각을 빠르게 내놓는 능력과 같은 긍정적인 특성들과 연결시킬 수는 없을까?

크레몬드는 ADHD 진단을 받은 아동들에게는 본질적으로 유연한 사고를 알아보는 검사를 받게 하고, "영재 교육 과정"에 있는 아동 집단에게는 ADHD 검사를 받게 하기로 결심했다. 이 검사를 통해서, 그녀는 두 집단이 놀라울 정도로 공통점을 보인다는 것을 발견했다. ADHD 아동 집단의 3분의 1은 최우수 영재 집단에 속하는 높은 점수를 받은 반면, 영재 교육을 받는 아동의 4분의 1은 ADHD 진단을 받았다. 이는 일반적인 집단에 비해서 4-5배 더 높은 ADHD 발생률이었다. 영재 아동에 대한 크레몬드의 오랜 연구 경력은 바로 이 연구에서 시작되었다.

오늘날 ADHD에 따라붙는 오명은 거의 없으며, 때로는 자녀들의 자연스럽고 건강하며 활발한 상태에 대한 "치료법"을 찾는 부모들을 만족시키기 위해서 아이들이 ADHD로 오진을 받기도 한다. 최근 ADHD에 대한 우리의 이해는 엄청난 진전을 이루었기 때문에, 이런 오진 문제는 아이러니하다. 이제 우리는 크레몬드의 결과를 신경의 수준에서 설명할 수 있다. 여기서 우리는 새로운 생각과 새로운 장소를 탐험하려는 사람들에게 동기를 부여하는 뇌의 보상 체계와 그 역할을 다시 만난다.

ADHD의 모든 특징이 하나의 뇌 구조나 체계가 원인이 되어 나타나는 것은 아니다. 그러나 가장 결정적인 특징들은 올즈가 우연히 발견한 보상 체계인 복측피개영역-측핵 회로로 인해서 나타날 수 있다.[20] ADHD 상태에서는 이들 구조에 있는 도파민 수용체가 손상되어 뇌의 보상 경로가 약해진다. 그 결과, 다른 이들의 경우 목표한 바를 향해서 꾸준히 나아가게 하는 기분 좋은 강화 작용이, ADHD가 있는 이들에게서는 줄어드는 것이다.

ADHD가 있는 사람들에게 나타나는 한 가지 증상은 일상에서 반복적으로 수행하는 일을 어려워하는 것이다. 그러나 이런 장애는 정반대의 효과를 일으킬 수도 있다. 일상을 반복적이고 지루하다고 느끼기 때문에 이들의 뇌는 더 자극적인 것을 찾아서 보상을 하려고 한다. 따라서 ADHD를 가진 사람의 뇌는 정말로 흥미를 느낄 만한 일을 찾으면, 다시 말해서 보상 회로를 활발하게 자극하는 일을 찾으면, 그것에 사로잡혀서 과집중(hyperfocus) 상태가 된다.

ADHD의 가장 잘 알려진 특징은 크레몬드가 관심을 두었던 것이다. 그 특징은 주의력이 이탈하는 것을 충분히 막지 못할 정도로 보상 회로가 약화될 때 나타난다. ADHD가 있는 사람은 당면한 문제에 집중하지 못하고 환경의 자극이나 그의 뇌 속 어딘가에서 떠오르는 생각에 마음을 빼앗긴다. 그 결과, 너그러운 담임교사가 있는 교실의 학생들처럼, ADHD가 있는 사람의 신경 회로는 집중이나 검열을 거의 하지 않고 자신의 생각들을 크게 외친다.

이렇게 중간에 끼어든 생각들은 하나의 목표를 달성하기도 전에 목표를 바꾸게 함으로써 그 사람을 궤도에서 벗어나게 할 수 있다. 그러나 더러는 샛길로 빠진 그런 생각들이 가치가 있는 것으로 증명될 때도 있다. 그럴 때, 그들은 "평범한" 사람들은 생각해낼 수 없는 유별나지만 건설적인 연결과 연상을 해낸다. ADHD가 있는 사람들이 아이디어 창안과 확산적인 사고 면에서 더 뛰어난 기량을 발휘하는 것이다. 좋을 때와 나쁠 때 모두, ADHD가 있는 사람의 생각은 제약이 적고 더 유연하다. 그래서 많은 이들이 ADHD를 장애로 보지만, 어떤 사람들은 사납게 요동치며 변화하는 오늘날의 환경에 딱 맞는 성향으로 보기도 한다. 크레몬드가 내다본 것처럼, 어쩌면 ADHD는 우리의 현 진화 단계에서 장점이 될지도 모른다.

이런 관점을 지지하는 흥미로운 새로운 학설이 있다. 우리가 수렵 채집을 하면서 유랑 생활을 하던 시절에, 변화 요구에 적응하기 위해서 우리 스스로 ADHD를 진화시켰다는 것이다. 그들이 살았던 환경은 어떤 측면에서 보면 오늘날 우리의 문명사회와 흡사하다. 계속 변화하고, 예측하기 어려운 위협이 가득했다. 그런 맥락에서 보면, 유연한 사고, 융통성 있는 주의력, 모험, 그중에서도 특히 탐험에 대한 갈망은 그 시대에 유용했을 수도 있을 것이다.

이 학설은 케냐의 유목 민족인 아리알 부족에 대한 연구를 통해서 조사되었다.[21] 항상 가축을 이끌고 떠돌아다니면서 생활하던 아리알 부족은 체지방이 적고 만성적인 영양 결핍 상태였다. 그러다가 약 40년 전, 일부 유목민이 원래 부족에서 갈라져 나와서 한곳에 정착하고 농사를 짓기 시작했다. 최근 워싱턴 대학교의 한 인류학자는 두 집단에서 ADHD와 관련된 유전자 변이의 빈도를 연구했다. 그가 알아낸 바에 따르면, 지속적인 변화에 맞서야 하는 유목민 집단에서는 ADHD 유전자를 지닌 사람들의 영양 상태가 그렇지 않은 사람들의 것보다 더 좋았다. 그러나 정착민 집단에서는 ADHD 유전자를 보유한 사람들의 영양 상태가 상당히 좋지 않았다.

ADHD가 있는 유목민 아리알 부족은 폭풍처럼 변화무쌍한 그들의 환경에서 번성하기 위한 준비를 확실히 더 잘 갖추고 있었다. 반면 ADHD가 있는 정착민 아리알 부족은 지속적인 집중이 필요한 농경의 여러 가지 활동에서 불리한 처지에 놓여 있었다. 여기에 우리를 위한 교훈이 있다. 불과 20년 전만 해도, 우리 사회는 정착민 아리알 부족과 닮아 있었고 ADHD는 방해물로 작용했을 것이다. 그러나 오늘날처럼 소용돌이치는 시대를 사는 우리는 유목민 아리알 부족과 더 비슷하다. 그러므로 ADHD는 우리에게 자산이 될 수도 있다.

일반적으로 ADHD는 뇌가 미성숙한 상태이며, 아이들이 성장하는 동안 대개 사라진다. 그러나 ADHD가 있는지 여부와 관계없이, 우리 모두는 탐험을 하거나 기존의 것을 활용하려는 성향, 방랑을 하거나 집중을 하려는 성향을 어느 정도 가지고 있다. 시대를 앞선 직업 연구 이론가인 마이클 커턴은 1970년대에 "적응가들과 혁신가들(adaptors and innovators)"이라는 그의 인지 양식 이론에서 같은 종류의 차이를 포착했다.[22]

커턴은 집중력이 있지만 융통성이 없고, "무엇인가를 할 때 유효성이 입증된 방법을 동원하여 일을 하는 것을 더 좋아하는" 사람을 "적응가"라고 묘사했다. 적응가는 신중하고 주도면밀한 편이며, 지루함에 별로 영향을 받지 않는 것처럼 보인다. 커턴은 그들이 "고지식하고 진취성이 떨어지며, 제도와 규칙에 집착하는" 경향을 나타낼 수 있다고 썼다. 반면 "혁신가"는 유연한 사고를 하는 사람으로, 문제에 대한 새로운 접근법 찾기를 좋아한다. 그들은 종종 주의 산만하게 행동하고 시간 관리를 잘하지 못하며, 다소 익숙하지 않거나 때로는 용인하기 어려운 해결책을 내놓아 업계에서 종종 저항에 부딪히기도 한다. 커턴은 그들이 서로를 불쾌하게 여길 수도 있다고도 썼다.

우리는 두 가지 사고 유형 중의 어느 한쪽을 선호할 수 있겠지만, 기업에서는 두 유형이 모두 필요하다. 그리고 두 유형이 적당한 균형을 이루지 못하면, 커턴은 문제가 생긴다고 주장했다. 이는 우리의 사적인 관계에서도 마찬가지일 수 있다. 커턴의 스펙트럼에서 한쪽 극단에 있는 사람은 종종 반대쪽 극단에 있는 사람과 잘 맞는다. 서로의 차이를 포용함으로써 규칙을 따르는 사람과 규칙을 파괴하는 사람이 서로 균형을 이루고 각자의 개성으로부터 혜택을 보는 한 쌍이 만들어질 수 있으며, 이것이 굳이 결점이 되지는 않는 것이다.

## 발견의 즐거움

다음 시나리오를 따라서, 수백만 년 전에 일어났던 일을 상상해보자. 호모 에렉투스의 조상인 호모 하빌리스(*Homo habilis*)는 작은 동물을 잡기 위해서 씨름하던 중 뾰족한 바위 위로 굴러서 피부가 찢어진다. 사냥감을 제압하고 자신의 이빨로 그 질긴 살을 뜯으려는 순간, 그의 마음속에서 연상 작용이 일어난다. **뾰족한 바위에 나의 살이 찢겨졌다. 나는 이 동물의 살을 뜯고 싶다. 뾰족한 바위를 쓰면 되겠다.** 호모 하빌리스가 존속했던 수백만 년 동안, 투박한 돌 자르개는 그들이 가진 유일한 독창적 창조물이었다.

이제 150만 년 앞으로 가보자. 1990년대 초반, 닛산의 캘리포니아 설계 스튜디오 소장인 제리 허시버그는 닛산의 새로운 미니밴 닛산 퀘스트의 설계를 놓고 고심하고 있었다. 어느 날 그는 도로를 달리다가, 갓길에서 경쟁사의 미니밴에 소파를 실을 공간을 만들기 위해서 뒷좌석을 빼내려고 낑낑대며 애쓰고 있는 한 커플을 보았다. 순간 허시버그의 마음속에 생각 하나가 퍼뜩 떠올랐다. 운전자가 뒷좌석을 접고 앞으로 밀어서 여유 공간을 만들 수 있는 트랙을 설치하자는 것이었다. 닛산 퀘스트의 설계에서 가장 인기 있는 특징은 그렇게 탄생했다.[23]

두 발명품 모두, 아무런 관계가 없어 보이는 생각들이 누군가의 머릿속에서 연상(association)을 일으켜서 만들어진 결과물이다. 시대와 종은 달라도 발견으로 이어지는 경로는 같다. 자연에서는 서로 다른 원자들이 충돌하여 결합하면, 구성 원자들과는 다른 성질을 지닌 새로운 분자가 만들어진다. 우리의 마음속에서, 우리 뇌에 있는 신경망들은 서로 겹쳐지고 다른 신경망을 활성화한다. 그리고 우리는 그런 방식으로 다양한 개념과 관찰을 조합하여 새로운 것을 만든다. 예술, 과학, 사업, 사생활에서 나오는 독창적인 생각들은 그 목표와 맥락이 서로 다르지만, 신경망의 수준에서 보면 이러한 생각 방식들은 모두 뇌 속에 있는 서로 다른 개념들의 연합을 통해서 나온다.

사업상의 문제를 해결하기 위해서, 또는 사생활에서 상황 변화에 적응하기 위해서 우리가 이용하는 정신 능력은, 새로운 예술 작품을 만들고 과학 이론을 탐구할 때에 이용하는 정신 능력과 같다. 예술과 과학의 위대한 걸작이라고 일컬어지는 것들을 창조할 때에 활용하는 사고 과정은 우리가 실패했을 때에 활용한 사고 과정과 본질적으로 다르지 않다.

이런 사고 과정의 한 가지 특징은 각 사고 과정이 받는 고유한 보상의 양이다. 이 보상은 우리가 생각을 만들 때에 우리 뇌가 경험하는 즐거움의 신호에서 기인한다. 그렇기 때문에 중요한 것은 종착점이 아니라 여정 자체라는 말이 명언인 것이다. 사실, 우리는 종종 어떤 창작 행위의 종착점이 사회에서 어느 정도의 가치를 지니는지 알지 못하다가, 오랜 시간이 흘러서야 그 진가를 알게 되고는 한다. 빈센트 반 고흐를 생각해보자. 그는 평생토록 몇 점의 작품밖에 팔지 못했다. 코페르니쿠스의 태양 중심설도 마찬가지였다. 70년 후에 갈릴레이가 이 이론을 적용하기 전까지는 아무도 그의 학설을 인정해주지 않았다. 이 책에서 언급했던 복사기의 발명자 체스터 칼슨도 그렇다. 그는 1938년에 복사기를 발명했지만, 그의 복사기는 팔리지 않았다. IBM, 제너럴 일렉트릭을 포함한 회사들이 그의 복사기를 정신 나간 생각으로 치부했기 때문이다. 먹지를 쓰면 되는 시대에 도대체 누가 복잡한 복사기를 사용하려고 하겠는가?

운 좋게도 나는 여러 해 전에 "시시한 생각" 또는 실패한 시도로 끝난 사고 과정이라도 가치가 있다는 것을 배울 기회가 있었다. 나에게 이것을 가르쳐준 사람은 위대한 물리학자이자 노벨상 수상자인 리처드 파인먼이었다. 파인먼은 대학원생이던 1940년대에 양자 이론의 아버지라고 불리는 사람 중의 한 명인 폴 디랙의 견해를 우연히 접하고 "뾰족한 바위" 같은 생각이 살짝 스쳐갔다. 파인먼은 디랙의 견해와 자신이 이미 품고 있던 몇 가지 생각을 연관시켰다. 몇 년 동안 열심히 연구한 후, 그는 양자 이론을 바라보는 완전히 새롭고 색다른 방법과 그에 어울리는 새로운 수학적 형식인 파인먼 도형(Feynman diagram)을 고안하게 되었다.

호모 하빌리스의 석기처럼, 파인먼 도형은 오늘날 많은 중요한 과학 연구의 토대가 되어 물리학에서 어디에나 등장한다. 그러나 만약 파인먼의 계획이 실패했다면, 다시 말해서 그의 수학에 결국 작은 오류가 있다는 것이 증명되었다면, 그의 생각은 상상으로 끝났을 것이다. 사실, 가끔 파인먼은 때로 자신이 떠올리고 연구했지만 아무런 성과를 얻지 못한 생각들을 나에게 설명하면서 무척 즐거워했다. 과학자들은 작동하는 이론만 정당하게 높이 평가하겠지만, 우리는 제안된 이론이 결과적으로 성공을 거두었든지 거두지 못했든지와 관계없이 그것에서 어느 정도의 지적인 아름다움을 느낄 수 있다.

파인먼의 경우를 예로 들면, 그는 자신이 이루어낸 가장 유명하고 획기적인 성과를 특별하게 여기지 않았고, 오랜 연구 경력을 이어오는 동안 해결한 다른 수많은 크고 작은 문제들을 우리가 일상에서 마주치는 평범한 퍼즐들과 똑같이 보았다. 자신의 분야에서 기념비적이고 혁명적인 업적을 세운 사람이 그보다 훨씬 덜 중요한 문제들을 풀면서 똑같이 즐거움을 느낄 수 있다는 것은 유연한 사고 훈련이 그 자체로 보상이 된다는 사실을 증명한다. 1966년 파인먼이 그의 예전 박사과정 학생에게 쓴 편지에는 그 점이 특히 잘 강조되어 있다. 졸업하고 몇 년이 지난 후에 그 학생이 파인먼에게 쓴 편지에는 충분히 중요하지 않은 연구를 한 것에 대한 사과가 담겨 있었다. 파인먼은 이에 대해서 다음과 같이 답했다.

코이치에게

네 소식을 들으니, 그리고 연구소에서 네가 그 정도 위치에 있다니 매우 기쁘구나.

안타깝게도, 네가 정말로 슬퍼 보여서 네 편지를 받고 마음이 무거웠다. 무엇이 가치 있는 문제인지에 대해서 네가 그릇된 생각을 가지게 된 것은 네 선생의 영향인 것 같다……. 과학에서 어떤 문제가 풀리지 않은 채 우리 앞에 놓여 있다면, 그리고 그 문제를 파고들 수 있을 것 같은 길이 우리에게 보인다면, 그것은 아주 멋진 문제이다. 나는 더 소박한 문제, 네 말처럼 더 변변치 않은 문제라도 도전해볼 것을 권하고 싶다…….

네가 날 만났을 당시에 나는 나의 경력의 정점에 있었고, 마치 신에게 다가가는 문제를 푸는 사람처럼 보였던 것 같다. 그러나 당시 내가 지도하던 다른 박사과정 학생(앨버트 힙스*)의 연구 주제는 바다의 수면에 부는 바람이 파도를 형성하는 방식[이라는 평범한 주제]에 관한 것이었다. 내가 그를 제자로 받아들인 이유는 자신이 풀고 싶은 문제를 가지고 왔기 때문이었다…….

우리가 진심으로 대하기만 한다면, 사소하거나 하찮은 문제는 없다.

너는 네가 이름 없는 사람이라고 하지만, 너의 아내와 아이들에게는 그렇지 않다. 너의 동료들에게도 머지않아 그렇게 될 것이다. 그들이 네 사무실로 들어와서 간단한 질문을 던질 때 네가 답을 할 수 있게 된다면 말이다. 넌 나에게도 이름 없는 사람이 아니다. 스스로 이름 없는 사람으로 남지 마라. 그건 너무 서글픈 길이다. 세상에 너의 자리가 있다는 것

* 2003년에 사망한 힙스는 캘리포니아 주 패서디나에 위치한 제트 추진 연구소에서 유명한 과학자였다.

을 알고, 자신을 정당하게 평가하기를 바란다. 청춘의 순진한 이상을 기준으로 삼지도 말고, 네가 잘못 상상한 네 선생의 이상을 기준으로 삼아서도 안 된다.

네게 행운과 행복이 함께 하기를 빈다.[†]

진심을 담아서,

리처드 파인먼

---

† 이 편지는 리처드 파인먼의 『*Perfectly Reasonable Deviations from the Beaten Track*』에서 발췌했다.

# 4
# 당신의 두뇌 속 세상

## 뇌는 세상을 어떻게 표현하는가

어떤 단어나 개념이 생각의 대상이 되려면, 그 단어나 개념이 우리 뇌 속에서 신경망에 표현되어야 한다. 2,000년 전에 아리스토텔레스도 이와 비슷한 주장을 내놓았다. 그는 신경망에 관해서는 전혀 몰랐지만, 인간의 생각은 세상에 대한 내적 표현을 기반으로 한다고 주장했고, 눈에 닿는 상(像)과 우리가 생각하는 그 상에 대한 간접적인 인식은 다르다고 보았다.[1] 그는 여자는 남자가 기형으로 만들어진 모습이며, 남자보다 치아의 수가 적다고도 믿었다. 아리스토텔레스가 한 말들 중에는 틀린 것도 많았다. 그러나 그는 인간의 생각에 관해서는 정확하고 중요한 것을 깨닫고 있었다. 우리 뇌 속에는 망막에 포착된 시각적 자료를 그대로 보여주는 비디오 스크린 같은 것이 없기 때문에 우리 뇌는 시각적 자료를 번역하고 암호화해야 한다는 것이다. 그리고 이런 과정은 편견과 사고의 제약을 모두 가져올 수 있다.

뇌는 감각을 통해서 들어온 자료만 암호화하는 것이 아니다. 얼음이 녹으면 물이 된다는 사실에서부터 개에게 사탄이라는 이름은 좋지 않다는 결론에 이르기까지, 모두 암호화되어야 할 자료이다. 그리고 감각 자료의 암호화가 그렇듯이, 지식과 생각과 그외 다른 정보가 표현되는 방식도 우리가 그 정보를 생각하는 방식에 지대한 영향을 미친다.

예를 들면 전화번호를 암기한다고 해보자. 전화번호 같은 정보를 저장하는 확실한 방법은 종이에 적어놓는 것처럼 하나의 그림으로 숫자열을 기억하는 것이다. 그러나 당신의 뇌는 전화번호를 그런 식으로 저장하지 않는다. 정말 그런지 확인해보고 싶다면, 전화번호를 거꾸로 말해보자. 전화번호를 종이에 적어놓았다면 쉽겠지만, 기억 속에서 끄집어내어 읽으려면 꽤 어렵다. 이런 제약은 우리 뇌가 전화번호를 표현하는 방식 때문에 생긴다.

"무엇에 관한 생각"을 어떻게 표현할지에 대한 문제는 모든 정보처리 체계가 반드시 풀어야 할 문제이다. 이를테면 1997년에 IBM은 딥 블루(Deep Blue)라는 컴퓨터로 화제를 모았다.[2] 딥 블루는 당시 체스 챔피언인 가리 카스파로프와 여섯 번의 체스 대결을 벌여서 승리를 거두었다. 딥 블루를 설계한 IBM 연구팀이 당면한 첫 번째 과제는 이 프로그램이 컴퓨터 안에서 체스 게임을 어떤 식으로 표현할지를 결정하는 것이었다. 그들은 가능한 말의 이동, 이에 대한 대응, 주어진 말의 배치에 대한 만족도("값")를 평가하기 위한 일련의 규칙을 트리(tree)로 만들기로 했다. 이런 표현은 딥 블루가 수를 "고심할" 때 무엇을 할지를 결정했다. 즉, 딥 블루는 체스 판에서 말들의 위치에 대한 트리를 분석했다.

카스파로프의 뇌가 체스를 두는 문제를 표현하는 방식은 트리보다 훨씬 더 강력했다. 바로 의미 있는 유형들을 수집하는 방식이었다. 그는 한 덩어리를 이루어서 서로를 보호하거나 서로를 공격하거나 특정 구역에서 우세한 위치에 있는 말들의 소집단을 하나의 단위로 보았다. 신경과학자들의 추정에 따르면, 카스파로프는 이런 말들의 덩어리로 이루어진 판의 배치를 10만 개 정도 인식할 수 있었다.

체스 게임을 말들의 유형으로 표현하는 것은 인간의 뇌를 구성하는 상향식 신경망에서는 자연스러운 일이다. 반면 IBM 프로그래머들이 활용한 가능성의 트리(tree-of-possibilities) 방식은 전통적인 하향식 컴퓨터에서 자료를 표현하는 방식이다. 뇌의 접근법은 유연한 사고에 적합하다. 전체적인 전략과 원칙이라는 측면에서 쉽게 분석할 수 있게 해주며, 그 분석 능력은 학습을 통해서 향상될 수 있다. 트리 탐색 접근법은 컴퓨터에 적용되는 단계적인 논리적 분석에 적합하다. 이 방식은 각각의 수 결정을 하나의 거대한 수학적 계산으로 바꾸어서 답을 내놓기는 하지만, 개념적인 이해는 전혀 하지 못한다. 따라서 학습 잠재력은 훨씬 더 떨어진다.

시간이 무제한으로 주어지면, 트리 탐색은 원칙적으로 항상 최적의 수를 찾아낼 수 있다. 그러나 실질적으로는 시간이 무제한으로 주어지지 않기 때문에, 컴퓨터가 선택하는 수의 질은 그 하드웨어의 속도를 반영한다. 딥 블루는 카스파로프보다 체스 판의 형세를 읽는 속도가 훨씬 더 빨랐다.[3] 카스파로프가 하나의 수를 평가할 시간에 딥 블루는 무려 10억 개의 수를 평가할 수 있었다. 이런 속도의 열세에도 불구하고, 카스파로프가 딥 블루와 접전을 벌였다는 것은 인간의 뇌가 문제를 설정하고 분석할 때 활용할 수 있는 유연한 사고가 지닌 잠재력을 잘 보여준다.

지난 10년 동안, 다른 종류의 게임을 하는 기계들을 설계해온 프로그래머들 역시 인상적인 결과들을 내놓았다. 이를테면, 4테라바이트의 디스크 저장 용량으로 2억 쪽의 자료에 접속할 수 있는 IBM 컴퓨터 왓슨(Watson)은 2011년에 텔레비전 퀴즈쇼인 「제퍼디!(Jeopardy!)」에서 인간 우승자들을 물리쳤다. 한편으로는 컴퓨터의 처리장치(processor)가 대단히 빨라져서, 이제는 100달러짜리 체스 컴퓨터도 인간 체스 챔피언을 쉽게 이길 수 있다.[4]

최근 컴퓨터 업계에서는 생물체가 정보를 처리하는 방식의 우월성을 깨닫기 시작했다. 내가 앞에서 언급했던 것처럼, 이제 그들은 생물체의 방식을 따라 하기 위해서 우리 뇌의 상향식 신경망을 흉내낸 소프트웨어의 설계를 시도하고 있다. 이 노력은 인공지능에서 재능의 "군비 경쟁"이라고 불려온 것에서부터 출발했다. 고양이를 인식하는 방법을 배우는 프로그램을 만들면서 이 분야에 발을 들여놓은 구글은 종래와는 다른 접근법을 적용하는 방식에 앞장서고 있다(제2장을 보라). 이제 페이스북, 애플, 마이크로소프트, 아마존도 이 같은 유행에 뛰어들었다.

그 노력은 이미 결실을 맺기 시작해서, 바둑에서 고수를 이길 수 있는 프로그램과 크게 개선된 버전의 구글 번역기가 등장했다. 그러나 전통적 접근법이 개선된 오늘날의 신경망 체계의 내적 표현은 그것이 쓰이게 될 응용 프로그램에 특별히 맞춰져 있기 때문에, 할 일이 바뀌면 그 신경망 체계의 처리 방식은 적용하지 못한다. 하물며 그 정보가 넓은 범위의 다양한 분야에 적용될 수는 더더욱 없다. 한 AI 전문가의 말에 따르면, 신경망 체계는 "고도로 구조화된 상황"에서는 뛰어난 학습 능력을 보이지만 아직은 "진짜 인간과 같은 수준의 이해를 하는 것은 아니다."[5]

그 결과, 오늘날 가장 발전된 컴퓨터조차도 인공지능 개발 초기에 꿈꾸었던 범용 문제 해결사 같은 것은 전혀 아니다.

컴퓨터 과학자들은 바둑을 둘 수 있는 기계를 따로 만들고, 언어 번역을 할 수 있는 기계를 따로 만들어야 했다. 인간의 뇌는 하나로 그 두 가지 일을 모두 할 수 있으며, 이와 동시에 한 발로 서서 균형을 잡을 수도 있다. 동물의 뇌는 확실히 이런 유연함이 필요하다. 우리는 살아가면서 여러 가지 상황들을 접하게 되는데 각각의 상황을 위해서 뇌를 분리할 수는 없기 때문이다. 복잡한 생명체가 마주칠 수 있는 예기치 못한 문제들을 해결하기 위해서, 우리 동물은 외부의 개입 없이 자발적으로 표현을 만들어낼 수 있는 유연한 마음을 진화시켜왔다. 이것은 끊임없이 변화하는 세상에서 살아남기 위해서 꼭 필요한 기술이며, 생물학적 정보처리의 경이로운 산물이다. 따라서 만약 오늘날 범용 문제 해결사를 만들고 싶다면, 아직까지는 짝을 찾아서 새로운 인간을 만드는 것이 최고의 방법이다.

## 뇌는 어떻게 의미를 만드는가

초인종의 작동 같은 단순한 사건이 일어날 때에 무슨 일이 벌어지는지 생각해보자. 우리는 초인종 소리를 감지하는 우리의 지각이 초인종 소리처럼 물리적 실재라고 믿기 쉽지만, 사실 지각은 물리적 실재가 아니다. 초인종의 작동에서 물리적 실재는 파동처럼 전달되는 공기 분자의 교란이다.

마이크에 포착된 초인종 소리는 전기 신호로 변조되어 그 신호를 읽고 재생할 수 있는, 이를테면 스피커 같은 것으로 전달될 수 있다. 무선 송신기는 같은 물리적 현상을 전자기파로 변조하여 표현할 것이다. 컴퓨터는 같은 소리를 전기 회로망의 양자 상태 속에 암호화된 0과 1의 연속으로 표현할 것이다. 만약 당신의 집에 뱀이 있다면, 그 뱀은 공기의 진동을 통해서 초인종의 작동을 감지할 것이다. 턱이 닿아 있는 바닥이 공기의 진동으로 미세하게 떨리면, 그 감각을 통해서 나름대로 사건을 이해하는 것이다.

우리 뇌에서 물리적인 초인종 소리는 귀를 통해서 전달되고, 측두엽(temporal lobe)의 청각 피질(auditory cortex)에 있는 뉴런 연결망의 상태에 의해서 표현된다. 우리는 그것을 종소리로 경험한다. 그러나 그 표현이 내가 앞에서 언급한 다른 네 가지 표현보다 더 진짜인 것은 아니다. 이는 우리가 정보를 처리하고 적절한 반응을 계산할 수 있도록 해주는 가짜일 뿐이다.

공감각(synesthesia)이라는 능력을 지닌 일부 사람들은 초인종의 활동을 소리뿐만 아니라 색깔로도 감지한다. 일부 사람들의 뇌가 공기 분자의 진동을 색깔로 인식해서 번역한다는 것이 이상하게 보일 수도 있다. 그러나 물리학의 관점에서 보면, 우리가 소리라고 부르는 감각으로 초인종의 울림이 표현되는 것은, 우리가 색이라고 부르는 감각으로 초인종의 울림이 인식되는 것보다 특별히 더 자연스럽지는 않다. 사실, 뱀이나 박쥐나 벌이 초인종을 인식할 때에 무엇을 **경험하는지**는 아무도 모른다. 또 지적인 외계인이 이것을 어떻게 경험하는지도 알 길이 없다. 그들도 우리와 같은 감각을 경험할 것이라고 믿을 이유는 전혀 없기 때문이다.

유기체가 물리적 소리를 어떤 방식으로 표현하든지, 그것은 시작에 불과하다. 모든 종은 살아남기 위해서라도 환경의 중요한 자극을 처리하고 반응해야 한다. 그렇기 때문에 입력되는 감각에 의미를 부여해야 하는 것이다.

포유류를 구별하는 중요한 특징 중의 하나는 뇌이다. 포유류의 뇌는 다른 어떤 종류의 동물보다 훨씬 더 정교한 방식으로 여러 단계의 의미를 부여한다. 우리는 초인종을 종소리로 경험하지만, 이것이 방해(외판원이 또 찾아왔다)나 사회적 관계(밖에 친구가 와 있다)나 기쁨(내가 주문한 울 스웨터를 택배 기사가 가져왔다)을 의미하는 연상을 일으킬 수도 있다. 단일한 공기 분자의 교란이 물리적, 사회적, 감정적으로 연관된 의미들을 연쇄적으로 촉발하는 것이다. 학교에서 우리는 포유류를 정의하는 특징에는 털, 새끼를 낳는 것, 젖을 먹여 새끼를 키우는 것이 있다고 배웠지만, 포유류의 독특한 **생각** 방식도 그에 못지않게 중요하다.

포유류의 뇌가 의미를 만드는 방법 중의 하나는 다양한 요소들을 하나의 복합적인 단위로 묶고, 그 복합적인 단위들을 더 상위의 단위로 묶는 방식으로 계속 올라가는 것이다. 이렇게 층위적(層位的)으로 표현된 생각과 생각의 집단을 과학자들은 적당하게 **개념**(concept)이라고 부른다. 이를테면, "나의 할머니"라는 개념은 주름살, 흰머리, "그릇에 담긴 틀니" 같은 특징을 포함할 수 있다. 당신의 할머니에게는 어떤 특징들이 포함되어 있는지 모르지만, 그 개념도 "일반적인 할머니"라는 더 큰 개념에 포함되고, 일반적인 할머니는 다시 "노인"이라는 상위 개념에 포함된다.[6]

예상치 못한 상황에서 할머니를 보았다고 상상해보자. 우리는 눈으로 들어온 자료를 어떻게 처리할까? 할머니의 피부색, 눈, 머리 등 시각적 자료는 시각 피질(visual cortex)이라고 불리는 우리의 뇌 속 영역으로 빠르게 전달되고, 우리는 수 밀리초 만에 그 자료에 의미를 부여한다. 그런데 만약 우리가 하와이에서 휴가를 즐기고 있는 동안, 그곳에서 뜬금없이 할머니를 보았다고 해보자. 할머니가 있을 것이라고는 전혀 생각하지도 못한 곳에서 금빛 선글라스를 끼고 플라스틱 바나나와 배로 장식된 모자를 쓰고 있는 할머니를 본다면, 몇 초 후에야 할머니의 존재를 알아채고 무엇인가 헛것을 본 것처럼 느낄 것이다. 이런 지연은 우리의 뇌 속에서 어떤 처리 과정이 일어나고 있다는 것을 암시한다. 그렇다면 그것은 어떤 종류의 연산일까?

우리는 그 처리 과정을 아직 완전히 이해하지는 못한다. 그러나 확실한 것은, 우리 뇌는 눈으로 본 그 여성의 모든 부분 하나하나를 마치 컴퓨터처럼 시각 자료로 기록하지 않는다는 것이다. 컴퓨터는 시각 자료를 픽셀 단위로 기록한 다음, 데이터베이스를 탐색하여 마침내 그 자료가 데이터베이스에 저장된 나의 할머니의 모습과 일치한다는 것을 알아낸다. 이것은 대단히 수고로운 작업이다. 우리는 할머니를 때로는 밝은 곳에서 보기도 하고, 어두운 곳에서 보기도 하고, 정면이나 옆모습이나 뒷모습을 보기도 하고, 과일 장식이 있는 큼직한 모자를 쓰고 있거나 그렇지 않은 모습으로 보기도 하고, 웃거나 찌푸린 얼굴을 보기도 하기 때문이다. 그 다양함은 실로 무한하다. 만약 우리 뇌가 할머니를 알아보기 위해서 나의 할머니의 모습에 관한 데이터베이스를 탐색해야 한다면, 할머니의 모습을 나타내는 모든 상들을 저장해놓거나 어떤 표준적인 시각에서 그런 상들을 만들어내는 알고리즘이 필요할 것이다. 놀라운 속도를 자랑하는 딥 블루 같은 컴퓨터는 그런 방식으로 정보처리가 가능하지만, 인간의 뇌는 그렇게 하지 못한다.

오히려 우리 뇌는 픽셀 덩어리들보다 더 고차원적인 것을 처리한다. 바로 특징이다. 카스파로프의 경우에는 체스 말들의 덩어리가 의미 있는 단위를 형성했던 것처럼, 우리에게는 (성격 같은 무형의 것을 포함한) 특징의 모음이 나의 할머니라는 표현을 형성한다. 우리가 이것을 아는 이유는 우리가 할머니를 볼 때마다 우리 뇌 속에서 점화하는(fire)

뉴런들이 있기 때문인데, 이 뉴런들은 종이에 적힌 할머니의 이름을 그냥 보기만 하거나, 할머니의 이름을 소리 내어 읽는 것을 듣거나, 할머니의 모습을 떠올릴 때에도 똑같이 점화한다.

신경과학자들은 개념을 나타내며 망을 이루는 뉴런들을 "개념 세포(concept cell)" 또는 "개념 뉴런(concept neuron)"이라고 부른다.[7] 우리는 사람, 장소, 사물뿐만 아니라, 승리와 패배 같은 생각에 대해서도 개념 세포의 망을 가지고 있다. 내가 개념 세포의 개념을 설명하면서 할머니에 대한 심상을 예로 든 까닭은 개념 세포가 이전에는 할머니 세포(grandmother cell)라고 불렸기 때문이다. 이 용어가 만들어졌을 때 신경학자들은 그런 세포가 존재하지 않는다고 생각했다. 그래서 할머니 세포라는 용어에는 "정말로 뇌 속에 할머니만을 생각하기 위한 세포망이 존재한다고 믿는 것은 아니겠지?"라는 의미의 조롱과 냉소가 담겨 있었다. 그러나 2005년에 실제로 그런 세포들이 발견되자 과학자들은 생각이 바뀌었고, 용어도 이에 따라서 바뀌었다.

최초의 실험에서 과학자들이 활용한 것은 중증 간질을 치료하기 위해서 환자의 뇌 속 깊숙이 삽입된 전극이었다. 연구자들은 전극을 통해서 피험자들의 뇌 속에 있는 개개의 뉴런들이 에펠탑이나 시드니 오페라 하우스 같은 장소, 제니퍼 애니스턴이나 핼리 베리 같은 여배우의 사진을 보았을 때 어떻게 반응하는지를 관찰할 수 있었다. 연구자들은 서로 다른 각도에서 본 핼리 베리의 모습과 심지어 그녀가 영화 속에서 캣우먼 가면을 쓰고 있는 모습에도 동일한 신경망이 반응했다는 사실을 알아내고 크게 놀랐다. 오늘날 연구자들은 인간이 이런 면에서 다른 포유류보다 훨씬 더 뛰어난 능력을 가지고 있다고 확신한다. 인간은 뉴런 속에 수만 개의 서로 다른 개념을 암호화할 수 있으며, 각각의 개념은 약 100만 개의 개념 뉴런으로 이루어져 있다. 개념 하나가 말벌 한 마리의 뇌 전체에 있는 뉴런의 수와 비슷하게 구성되어 있는 것이다.[8]

개념 연결망은 우리의 사고 과정의 구성단위이다. 각각의 연결망에 독립적으로 접근이 가능하다. 서로 다른 개념 연결망 사이에 공통적으로 포함되는 뉴런이 있다는 사실은 우리가 서로 다른 개념 간에 연상을 일으키는 근본 원인으로 추측된다.[9] 공통적으로 있는 뉴런이 한 신경망에서 활성화된 것을 다른 신경망으로 전달하기 때문인 것이다. 우리는 문제에 직면하거나 새로운 정보를 접하면, 개념들을 작동시킨다. 아마 개념들을 연합하거나 분리하여, 연상을 토대로 새로운 개념과 연결시킬 것이다. 우리는 이렇게 생각을 서로 이어줌으로써 결론에 이르게 된다. 지금까지 우리가 품은 모든 생각은 개념의 연결망 속에서 뉴런들이 별자리처럼 펼쳐져 있는 물리적 형태를 취한다. 하드웨어 속에서 우리의 생각을 실현하는 것은 뉴런이다.

우리의 정보처리 과정은 컴퓨터나 곤충의 뇌, 다른 포유류의 뇌에서 일어나는 것보다 훨씬 더 복잡하다. 그 덕분에 우리는 놀라운 개념 분석 능력으로 무장하고 세상과 마주할 수 있다. 그래서 이제 우리 인간은 야생에서의 실존적 투쟁을 대부분 뒤로 하고, 자연 세계에서는 볼 수 없는 것을 추구하기 위해서 우리의 능력을 쓸 수 있게 되었다. 우리는 벨크로, 양자 이론, 추상 미술, 베이컨 메이플 도넛을 창조할 수 있다. 우리 사고의 유연성은 우리가 감각하는 실제 세계를 초월하여 **새로운** 개념을 발명할 수 있게 해주기 때문이다. 그 결과 다른 동물들이 광활한 들판에서 먹이를 쫓아다니는 동안, 우리는 러닝머신을 뛰고 냉동 건강식품 한 팩을 전자레인지에 넣는다. 그런 다음, 자가분해 효모와 말토덱스트린과 알루미늄 인산나트륨과 그외 70가지 다른 재료를 섞어서 생산자가 "참깨 치킨"이라고 이름 붙인 혼합물을 포식한다.

## 개미의 상향식 지혜

일단 정보가 뇌 속에 표현되면, 그다음에는 무슨 일이 벌어질까? 뇌는 그 정보를 어떻게 처리할까? 우리 뇌 속에 있는 뉴런은 어떤 의미에서 보면 단순하다. 각각의 뉴런은 연결된 다른 뉴런으로부터 초당 수천 번의 전기 신호를 받는다. 마치 디지털 컴퓨터의 언어를 구성하는 0과 1처럼, 이 전기 신호도 흥분(excitatory)과 억제(inhibitory)라는 두 가지 유형으로 전달된다. 뉴런은 아무런 지적 능력도 없이 이런 입력 신호를 평가한다. 단순히 흥분 신호는 더하기를 하고 억제 신호는 빼기를 한다. 만약 짧은 주기 동안 순 입력 신호가 충분히 크면 뉴런이 점화하여, 연결되어 있는 다른 뉴런에 신호(흥분 신호일 수도 있고 억제 신호일 수도 있다)를 보낸다.[10] 각각의 뉴런은 단순히 점화를 할 것인지, 말 것인지를 결정한다. 이런 원시적인 의사 결정 솜씨에서 어떻게 모든 동물의 사고와 지능이 나오는 것일까?

어미 거위의 행동이 생각 없이 자동적으로 일어나는 행동의 좋은 사례라면, 곤충의 세계는 단순한 규칙을 따르는 다수의 구성원이 어떻게 지적인 정보처리가 가능한지를 보여주는 강력한 예시를 제공한다. 도전을 요하거나 자주 바뀌는 환경을 접하면 사전에 설정된 단순한 능력으로는 그 상황을 극복하는 것이 어렵기 때문에, 어떤 곤충은 독창적인 집단 처리 방법을 진화시켰다. 우리 뉴런처럼 지적 능력이 없는 구성단위의 집단에서 지적 반응을 이끌어낸 것인데, 그 구성단위는 바로 개개의 곤충이다.

이렇게 할 수 있는 곤충에는 사회성 곤충(social insect)이라고 불리는 개미, 꿀벌, 말벌, 흰개미가 포함된다. 진화의 관점에서 보면, 사회성 곤충은 모든 곤충 중에서 가장 성공을 거두었다. 사회성 곤충은 전 세계 곤충 종의 2퍼센트에 불과하지만, 개체 수가 매우 많아서 지구상에 있는 곤충 생물량(biomass)의 절반을 넘게 차지할 정도로 번성했다. 개미 한 마리의 크기는 인간의 100만 분의 1에 불과하지만, 만약 전 세계의 모든 개미를 하나의 저울 위에 올려놓고 무게를 잴 수 있다면 그 무게는 전 세계 모든 인간의 무게를 합친 것과 맞먹을 것이다.

**사회성 곤충**이라는 용어는 어떤 의미에서 보면 잘못 붙여진 이름이다. 이 곤충들은 그들의 집단에 대해서 눈곱만큼도 관심이 없다. 개미는 친구가 없다. 개미들이 카페 주위를 어슬렁거리는 것은 당신이 떨어뜨린 음식 부스러기를 먹기 위해서이지, 친구를 만나기 위해서가 아니다. 내가 말하고자 하는 요점은 이것이다. 사회성 곤충의 일원들은 아무 생각이 없는 자동인형이나 마찬가지이다. 저마다 미리 설정된 단순한 각본에 따라서 환경에 반응하는 것이다. 그러나 수백만 년에 걸쳐서 진화가 일어나는 동안, 사회성 곤충을 차별화한 것은 그런 아무런 생각 없는 각본들이었다. 그 각본들이 서로 통합되는 방향으로 발달하면서, 이들은 새로운 방식으로 정보를 처리할 수 있게 된 것이다. 개체의 수준에서 보면 각본에 따라서 경직된 방식으로 정보를 처리하지만, 집단의 수준에서 보면 정보를 처리하는 방식이 유연하다. 따라서 개체가 아닌 하나의 집단으로서, 복잡하고 새로운 상황을 평가하여 의미 있는 행동을 취할 수 있다. 이들이 가지고 있는 집단 지성을 수학의 복잡성 이론에서는 "창발 현상(emergent phenomenon)"이라고 부른다.

그 집단 지성이 어떻게 작동하는지를 보기 위해서, 개미들이 이용할 수 있는 영역의 물리적 범위가 줄어들거나 늘어날 때 그들이 먹이 탐색 방식을 어떻게 조절하는지 알아보자. 개미들에게는 책임자가 없기 때문에, 중심 계획도 없다. 그러나 만약 사방이 3미터 길이인 공간에 개미들을 놓아두고 갑자기 각 변의 길이를 두 배로 늘이면, 개미들은 그 정보를 처리하여 더 커진 공간을 효과적으로 탐색하기 위해서 탐색 방식을 바꿀 것이다. 무엇이 바뀌었는지를 충분히 이해하는 개미는 한 마리도 없지만, 개미는 집단적으로 그 변화를 인식하고 반응한다. 집단 수준에서는 지적인 행동으로 보이지만, 개체의 수준에서는 단순한 알고리즘일 뿐이다. 각각의 개미는 다른 개미를 만나면 더듬이로 그들을 감지하고, 다른 개미를 만나는 빈도에 따라서 정해진 방식을 이용하여 탐험 경로를 조절하는 것이다.

이것은 단순한 예이지만, 개미들은 이와 같은 종류의 자율적인 추론을 통해서 집단적으로 여러 지적 위업을 달성했다. 군대개미(army ant)는 약 20만 마리의 일개미로 구성된 사냥대를 조직한다.[11] 베짜기개미(weaver ant)의 일개미들은 자신들의 몸을 이어서 사슬을 만든 후, 넓은 간격을 좁히고 나뭇잎 끝을 잡아당겨서 둥지를 짓는다. 가위개미(leaf-cutter ants)는 곰팡이를 기르기 위해서 식물에서 나뭇잎을 잘라낸다. 애리조나에서 발견되는 수확개미(harvester ant)는 일개미를 내보내어 먹이를 찾지만, 만약 비가 내려서 둥지가 망가지면 먹이 담당 개미들은 임무를 바꾸어 둥지를 치우는 유지 보수 업무에 동원된다. 이 모든 일은 집단의 관심이나 추론이나 계획이나 행동을 조율하는 어떤 "관리직" 개미 없이 이루어진다.

전체적으로, 사회성 곤충의 콜로니(colony)는 대단히 응집력이 강한 집단 지성을 나타낸다. 그래서 일부 과학자들은 개미 개체보다는 이 콜로니를 하나의 유기체로 생각하고 싶어한다. 스탠퍼드 대학교의 과학자인 데버라 고든에 따르면, 그런 관점은 생식에까지 적용된다. 그녀는 "개미가 더 많은 개미를 만드는 것이 아니라, 콜로니가 더 많은 콜로니를 만드는 것"이라고 말한다.[12]

그 과정은 다음과 같다. 해마다 같은 날, 각각의 콜로니에서는 날개 달린 수개미와 처녀 여왕개미들을 날려 보낸다. 어떻게 콜로니가 매해 정확히 똑같은 날짜에 맞춰서 개미들을 날려 보내는지는 아무도 모르지만, 하늘로 날아 올라간 날개 달린 개미들은 짝짓기를 한다. 짝짓기가 끝나면, 수개미들은 모두 죽고 여왕개미들은 각자 새로운 장소를 찾아 날아간다. 적당한 자리를 찾은 여왕개미는 날개를 떼어버린 후, 땅을 파고 그 안으로 들어가서 알을 낳음으로써 새로운 콜로니를 만들기 시작한다. 이렇게 해서, 원래 콜로니가 생식을 하는 것이다. 콜로니는 여왕개미의 수명에 따라서 15-20년 정도 이어진다. 여왕개미는 처음 혼인 비행에서 얻은 정자를 계속 이용해서 해마다 더 많은 알을 낳아 콜로니를 보충한다(여왕개미의 자손은 생식 능력이 없는 날개 없는 일개미가 대부분이지만, 새로운 여왕개미와 오로지 여왕개미를 수정시키기 위해서 존재하는 수개미도 있다).

생각해보면, 사회성 곤충의 사회가 기능하는 방식은 우리에게 완전히 낯설게 느껴진다. 우리의 기업과 조직은 계층 구조로 되어 있다. 가장 높은 자리에 있는 개인이나 집단이 그 아래에 있는 사람들에게 활동을 지시하고, 그 지시를 받는 사람들은 다시 더 낮은 지위에 있는 사람들의 활동을 관리한다. 책임자가 없는 나라나 회사는 상상이 잘 되지 않는다. 우리는 그것을 무정부 상태라고 부른다. 그러나 여왕개미는 인간의 왕이나 여왕과 달리, 권능을 가지고 있지도 않고 다른 개미들에게 어떤 행동을 수행해달라고 애원하지도 않는다. 다른 개미의 활동을 감독하는 관리자 개미는 없다. 이것이 개미 콜로니가 작동하는 방식이다. 무려 50만 마리의 개미들이 관리를 전혀 받지 않아도 활동을 잘 해나가고 있는 것이다.

모든 유기체의 진화적 목표는 그들의 환경을 이해하고 효과적인 방식으로 반응하여, 살아남아 번식을 하는 것이다. 그러나 개미 콜로니의 각 개체는 정보를 통합하여 세상이나 그들이 해결해야 하는 문제에 대해서 통일된 표현을 내놓지 않는다. 개미 개체는 당장 닥친 환경에서 그들이 감지한 것을 토대로 단순한 결정만 내릴 뿐이다. 그들은 주변의 위협이나 기회를 알지 못하고, 그들이 속한 콜로니의 목표나 문제에 대해서도 무지하며, 어떻게 반응해야 하는지에 관한 지시를 받지도 않는다. 환경과 극복해야 할 난관에 대한 개미의 표현은 오히려 콜로니 속에 암호화되어 있다. 사전에 프로그래밍된 단순한 규칙을 따르는 개체들 사이에 일어나는 수많은 상호작용의 결과는 콜로니 전체를 번성하게 해주는 선택과 행동으로 나타난다.

개미 콜로니는 상향식 처리의 대표적인 본보기로, 조직이나 컴퓨터에서 수행되는 "하향식" 처리와는 대조를 이룬다. 앞에서 언급했듯이, 우리 뇌는 두 가지 방식을 모두 이용한다. 하향식 처리에서는 뇌의 운영 구조가 우리의 추론을 세심하게 조율하는 반면, 상향식 처리에서는 조율되지 않은 유연한 사고가 나온다.

## 우리 뇌의 층위 구조

우리의 뉴런은 인간 뇌의 "개미"이며, 우리가 지능이라고 부르는 창발 현상을 일으킨다. 그러나 우리의 뇌 속에는 약 860억 개의 뉴런이 있다. 이는 전형적인 개미 콜로니에 있는 개미 개체 수의 거의 20만 배에 달하는 양이다. 게다가 주어진 시간 동안 한두 마리와만 소통을 하는 개미와 달리, 각각의 뉴런은 축삭돌기(axon)와 수상돌기(dendrite)라는 구조를 통해서 수천 개의 다른 뉴런과 연결되어 있다.

그런 엄청난 복잡성 때문에, 우리 뇌 속의 뉴런은 몇 단계로 이루어진 구조를 가지고 있다. 뇌는 겉으로 보기에는 불룩하고 주름진 하나의 덩어리 같지만, 실제로는 여러 영역으로 나뉘어 있고, 더 전문적인 영역으로 세분되어 있다. 이웃한 뉴런들은 서로 연결되어 특별한 기능을 수행하는 구조가 되고, 그 구조들은 더 큰 구조의 일부가 되는 식으로 계속 이어지는데, 그 모습은 마치 큰 인형 속에 작은 인형이 들어가는 마트료시카를 닮았다.

가장 큰 규모에서 볼 때, 뇌 신경조직의 가장 바깥층을 피질이라고 부른다. 피질은 큰 고랑(fissure)을 따라서 좌반구와 우반구로 나뉘고, 각각의 반구는 다시 4개의 엽(葉)으로 나뉜다. 각각의 반구에서 가장 앞쪽에 위치한 엽인 전두엽은 정보를 통합하여 사고와 행동을 만들어낸다. 다른 엽과 마찬가지로, 전두엽도 더 세분되어 있다. 특히 전두엽에는 이 책의 주인공 중의 하나인 전전두 피질이 포함되어 있다.

포유류에서만 발견되는 전전두 피질은 우리가 각본에 따라서 환경적 요인에 자동적으로 반응하는 것을 극복할 수 있게 해주는 중요한 구조이다.* 뇌의 "경영진"으로 작동하는 전전두 피질은 목표를 확인하고, 집중과 계획 세우기를 유도하고, 행동을 조직하고, 결과를 감시하고, 뇌의

---

* 새의 뇌에도 유사한 구조가 있다.

다른 영역에서 수행된 과제를 관리함으로써 우리의 생각과 의사 결정을 감독한다. 즉, 기업의 CEO가 하는 것과 비슷한 역할을 수행한다.

이 층위 구조에는 몇 단계가 더 있다. 이를테면, 전전두 피질은 외측 전전두 피질(lateral prefrontal cortex)이라는 더 하위의 구조로 이루어져 있다. 영장류에서만 발견되며, 진화적으로 더 발달한 이 구조에 대해서는 제9장에서 다룰 것이다. 외측 전전두 피질은 다시 배외측 전전두 피질 같은 더 작은 구조로 이루어져 있다. 내가 "서론"에서 언급했던 것처럼, 이 구조는 10여 개의 하위 구조로 구성된다.

각각의 층위를 구성하는 구조들은 서로 복잡한 방식으로 연결되어 신호를 받아들이거나 내보낸다. 또 피질에 있는 다른 구조들, 이를테면 보상 체계를 담당하는 흑질, 복측피개영역, 측핵과 같은 구조와도 연결되어 있다. 각각의 구조는 그것이 속한 더 큰 구조에서 수행하는 상위의 처리 과정에 도움이 되는 일을 수행한다. 개미 콜로니는 복잡한 층위 조직을 이루지 않으며, 그들의 상향식 처리 과정을 하향식 조절을 통해서 보완하지도 않는다.

인간의 경우, 실행 뇌(executive brain)가 어떤 생각은 억제하고 어떤 생각은 활성화함으로써 우리가 습관적이거나 자동적인 행동의 영역 너머로 올라설 수 있도록 돕는다. 만약 당신이 상사에게 부당한 질책을 받고 있다고 했을 때, 당신의 실행 뇌는 나중을 위해서 당신이 화를 억누를 수 있게 해준다. 그러면 당신은 나중에 상사의 저주 인형에 바늘을 꽂으면서 분풀이를 하면 된다. 그러나 당신의 실행 뇌가 경솔하거나 적절하지 않아 보이는 생각을 억제하려고 할 때, 독창적인 생각도 저해를 받을 수 있다. 우리가 최선을 다하고 있는 동안에는 이런 제어 기능이 느슨해져, 뇌에서는 상향식과 하향식 작동이 균형을 이룬다. 생각의 폭과 집중점은 이런 작동 방식의 균형에서 결정된다.

인간의 마음은 바로 이런 면에서 멋지다. 우리는 하향식과 상향식 처리 과정을 함께 실행할 수 있고, 분석적 사고와 유연한 사고를 동시에 할 수도 있다. 이런 상호작용의 어울림에서 나온 생각들은 어떤 목표를 향해서 정리되고 집중되어 있으며, 그중에는 순수하게 논리적 단계를 밟아서 연역적으로는 추론해낼 수 없는 생각도 많다. 우리는 스스로를 프로그래밍할 수 있고, 새로운 개념을 만들어낼 수 있다. 무엇보다도 우리는 변화하는 환경 조건이 우리 앞에 어떤 문제를 내놓더라도, 그 문제를 해결할 때까지 접근 방식을 계속 바꿀 수 있다.

## 지적 탐험

우리 뇌는 하향식 또는 상향식으로 작동할 수 있고, 조직에 속한 개인도 마찬가지이다. 모든 지적 노력 중에서, 과학 분야는 작동 방식이 가장 상향식인 분야 중의 하나이다. 젊은 과학자들은 연구 단체에 참여할 것을 요청받지만, 그 단체의 지도자로부터 하향식으로 지시를 받기보다는 꽤 자유롭게 자신의 생각을 따를 수 있다. 이론물리학 분야가 특히 그런데, 이 분야는 새로운 발상을 추구하는 "시작 비용"이 연습장 값 정도를 크게 벗어나지 않기 때문이다. 기업계는 상향식으로 작동하는 경우가 드물며, 종종 경직되고 목표 지향적인 사고가 유연한 사고보다 더 가치 있게 평가되고는 한다. 만약 기업이 상향식 처리 방식을 대대적으로 허용한다면, "더 강력해질" 수 있을까?

이에 관해서 '그렇다'라고 답한 경영자가 있었는데, 바로 인텔렉추얼 벤처스(Intellectual Ventures, 이하 IV)라는 회사를 설립한 네이선 미어볼드였다. 물리학 박사였던 미어볼드는 약 1년 정도 스티븐 호킹 밑에서 연구를 하다가 동창 몇 명과 사업을 시작하기 위해서 여름휴가를 냈다. 휴가 기간은 2년이 되었고, 그가 만든 회사는 마이크로소프트에 팔렸다.

미어볼드는 마이크로소프트의 연구 분과에서 시작하여 시애틀에서 성공을 거두었고, 1999년까지 그곳에 머물렀다. 그가 얼마나 성공했는지는 시애틀 근처에 위치한 그의 현재 연구소에서 그와 나눈 대화를 통해 확실히 드러난다. 그는 지금 막 큰돈을 주고 산 고가의 정밀한 미니 드라이버 세트를 나에게 보여주며, 다음과 같이 말했다.[13] "이것 때문에 조금 고민했어요. 이런 도구를 사는 데 250달러는 꽤 큰돈이거든요. 그런데 나 자신에게 크게 한번 쓰기로 결심했어요. 어쨌든 나는 제트기도 가지고 있으니까요."

미어볼드는 이런 이야기를 하는 동안 큰 소리로 호탕하게 웃었다. 50대 후반의 나이로, 쾌활하고 천진해 보이는 그의 불그스름한 얼굴에는 옅은 갈색 수염이 나 있었고 머리는 부스스했다. 나에게 그의 모습은 술을 몇 잔 걸치고 기분이 좋아진 산타클로스를 연상시켰다. 그러나 이 산타클로스의 꼬마 요정들은 아이들의 장난감을 만들지 않는다. 그가 마이크로소프트에서 형성한 영향력 있는 인맥들로부터 자금을 지원받아서 설립한 IV의 과학자들은 핵물리학, 광학, 식품과학을 연구한다.

IV의 목표는 다른 사람들이 생각하지 못하거나 틀렸다고 여기는 특이한 발상을 한 다음 특허를 내는 것이다. 미어볼드는 회사를 인간의 뇌와 비슷하게 기능하도록 조직하고 발전시켰다. 그의 회사에서는 많은 사람들이 서로 연결되어 함께 일하고, 상부에서는 최소한의 지시만 받는다. 그렇기 때문에 대단히 흥미롭다. IV는 아마도 기업들 중에서 유일하게 상향식으로 관리되는 곳일 것이다.

이 상향식 접근법은 어떻게 작동했을까? IV의 혁신적인 상품을 살펴보자. 이 회사에서 반복적으로 나오는 주제는 폐기물의 참신한 활용법을 찾는 것이다. 한 프로젝트에서는 커피 열매에서 버려지는 바깥 껍질로 글루텐이 없는 식용 가루를 만들 방법을 찾고 있다. 이 커피 껍질 가루를 보통의 밀가루와 섞어서 사용하면 세계의 빈곤을 구제하는 데에 도움이 될 것이다. 이 프로젝트를 위한 기금의 일부를 미어볼드의 친구인 빌 게이츠가 출연했다. 커피 껍질 가루는 두 가지 이유로 가난한 나라에서 대단히 유용할 것이다. 첫째, 이 가루의 가격은 대부분 수입에 의존하는 밀가루의 절반에 불과할 것이다. 둘째, 이 가루는 개발도상국의 커피 재배 농가에 큰 이득을 가져다줄 것이다.

우리가 사먹는 커피가 500그램에 15달러라고 해보자. 커피 재배 농가는 그중에서 약 5달러를 가져간다. 그러나 커피 재배에 드는 비용이 평균적으로 4.90달러이기 때문에, 그들에게 남는 돈은 겨우 10센트이다. 미어볼드의 회사가 커피 껍질을 실어가면 커피 농가는 5센트를 절약하게 되고, 여기에 커피 껍질 값으로 5센트를 추가로 받게 되면 커피 농가의 수입은 두 배로 증가한다. 한편 낮은 가격으로 원료를 확보한 회사 측에서는 밀가루보다 훨씬 더 값싼 상품을 만들 수 있다. 커피 폐기물을 재가공한다는 것이 그리 멋진 이야기 같지는 않지만, 엄청난 효과를 일으킬 수도 있다. 커피 재배 농가에서 버려지는 커피 껍질의 양은 연간 수억 킬로그램에 이른다.

IV의 또다른 놀라운 결실로는 포토닉 펜스(Photonic Fence)라는 발명품이 있다. 이것은 로널드 레이건의 "스타워즈" 미사일 방어 체계처럼, 날아가는 벌레에 레이저를 쏘아 죽이는 장치이다. 이 장치를 개발한 목적은 아프리카에서의 말라리아 발생을 줄이고, 농작물로 날아드는 곤충의 무조건적인 살상을 중단시키는 것이었다. 매우 다양한 생각들을 통합하여 만든 포토닉 펜스는 유연한 사고가 가진 힘의 정수를 보여주는 사례이다. 먼저, IV의 공학자들은 모기 전문가들로부터 모기가 해질 무렵에 석양을 향해서 날아가기는 하지만, 어두운 지면이나 그늘 위에 멈추어서 선회를 한다는 것을 배웠다. 모기에게는 일종의 연애 명소인 그런 곳에서, 수컷 모기는 암컷 모기와 만나서 짝짓기를 한다. 그다음, 광학 전문가들은 공학자들에게 빛이 어느 방향에서 들어오든지 다시 광원(光源)으로 돌아가게 하는 기술인 역반사 코팅(retroreflective coating)에 관해서 가르쳐주었다. IV의 연구자들은 모기의 짝짓기 구역 뒤에 역반사 판과 그곳을 겨냥하는 저출력 레이저를 설치하여, 레이저 광선의 경로를 통과하는 모든 곤충의 형태와 크기와 날갯짓 빈도를 확인할 수 있게 했다. 이 장치는 곤충의 종뿐만 아니라 심지어 성별도 구별할 수 있는데, 말라리아 퇴치에서는 이 점이 중요하다. 말라리아를 일으키는 것은 암컷 모기이기 때문이다. 마지막으로, IV의 연구자들은 레이저 전문가들로부터 표적이 되는 곤충을 향해서 고출력 레이저를 발사하는 방법을 배웠다. 이런 방식을 사용해서 이 장치는 60와트짜리 전구의 소비 전력만으로 초당 10마리 이상의 모기를 죽일 수 있다.

IV는 이 발명품들 중 어느 것도 제조하지 않는다. 대신 포토닉 펜스와 관련된 특허를 내고 그 특허를 판매하여 수익을 낸다. 이런 사업 방식은 논란이 되기도 한다. 일부에서는 이렇게 초기 단계에서 아이디어들을 누군가가 소유하게 되면 혁신이 억압된다고 말한다. 그러나 어쨌든 IV의 전략은 효과를 보고 있다. 포토닉 펜스는 이제 상업화 단계에 들어섰고, 커피 껍질 가루는 이미 수익을 내고 있으며, IV는 해마다 회사를 평균적으로 하나씩 만들어내고 있다. IV의 사례가 우리에게 시사하는 바는 중요하다. 우리가 마음의 정보처리 과정에서 알아낸 것들을, 현실 세계의 문제를 함께 공략하기 위해서 사람들을 조직하는 방식에도 적용할 수 있다는 가능성을 증명하기 때문이다.

제3부
# 새로운 발상은 어디에서 나오는가

# 5
# 관점의 힘

## 팝콘에서의 패러다임 전환

데이비드 월러스틴은 혁신의 대가라고 생각할 만한 사람은 아니었다.[1] 1960년대에 영화관 체인인 발라반 앤드 카츠의 한 따분한 지점에서 지배인으로 일하던 그는 온종일 손익을 걱정하고 있었다. 당시까지만 해도 극장업은 수지가 좋은 사업이 아니었다. 당시의 영화관은 지금처럼 영화표 판매로 엄청난 수익을 올릴 수 없었으며, 주된 수입원은 매점에서 파는 짭짤한 팝콘과 입가심을 해줄 달콤한 콜라였다. 월러스틴은 다른 사람들과 마찬가지로, 이런 고수익 매점의 매출 증가에 초점을 맞추었다. 그리고 다른 사람들과 마찬가지로, 2개를 사면 하나를 더 주거나 낮 시간에는 할인을 해주는 것 따위의 온갖 틀에 박힌 상술로 수익을 창출해보려고 했다. 그러나 수익은 오르지 않았다.

월러스틴은 낙담했다. 고객들이 팝콘을 더 사도록 유인할 방법이 무엇인지 도무지 알 수 없었다. 그러던 어느 날 저녁, 그에게 문득 한 가지 생각이 떠올랐다. 어쩌면 사람들은 팝콘을 더 먹고는 싶지만 두 봉지를 먹는 모습을 보이기는 싫었을 수도 있다. 먹보로 보일까봐 한 봉지 더 사기를 꺼려한 것인지도 모른다.

월러스틴은 두 봉지를 구입하는 행동에 대한 사람들의 거부감을 없애는 것이 자신의 수익에 도움이 될 것이라고 생각했다. 그것은 쉬웠다. 더 큰 봉지를 주문하기만 하면 되었기 때문이다. 그렇게 월러스틴은 영화를 보는 사람들의 세계에 점보 사이즈 팝콘을 도입했다. 결과는 놀라웠다. 팝콘 매출이 갑자기 치솟았을 뿐만 아니라, 또다른 고수익 효자 상품인 코카콜라의 판매도 증가했다.

월러스틴은 오늘날 식품업계의 기본 법칙을 찾아냈다. 사람들이 엄청나게 많은 음식을 스스로 먹어치우게 하려면 "엄청난" 메뉴를 1인분으로 제공하면 되는 것이다. 음식을 탐내는 것은 성서에서 죄악이지만, 사람들에게는 식당 메뉴가 확실히 더 권위 있다. 그래서 만약 식당에서 아이스크림을 여덟 숟가락 얹은 바나나 스플릿이 나온다면, 그것은 허용이 되는 것이다.

경제학자들이 쓴 여러 논문들은 대개 사람들이 합리적으로 행동한다는 가정에서 출발한다. 사실 이 가정은 희귀한 특정 뇌 기능 장애가 있는 이들을 제외한 모든 사람들을 배제하는 것이다. 반면 월러스틴은 실제 인간이 하는 행동의 진실을 밝혔다. 그렇다면 식품업계는 새로운 발상을 내놓은 월러스틴에게 감사패를 주고, 그의 전략을 적용했을까? 그렇지 않았다.

토머스 쿤은 그의 명저 『과학혁명의 구조(The Structure of Scientific Revolutions)』에서 과학에서의 "패러다임 전환(paradigm shift)"이라는 것에 관해서 썼다. 과학적 사고의 변화를 의미하는 패러다임 전환은 점

진적 발전보다 더 큰 의미를 나타낸다. 그것은 사고 체계가 바뀌는 것이며, (다음 패러다임 전환이 일어나기 전까지) 과학자들이 이론화 과정에서 공유하는 개념들과 가정들이 바뀌는 것이다. 기존의 사고 틀 안에서 문제를 풀고 결론을 이끌어내기 위해서는 분석적 사고와 유연한 사고의 조화가 요구된다. 그러나 새로운 사고 틀을 구상하기 위해서는 상상력과 통합적 사고 같은 유연한 요소가 필요한 기술에 크게 의존해야 한다.

패러다임 전환에서 특이한 점은 이전에 성공을 거둔 많은 사람들을 뒤처지게 한다는 점이다. 사고가 경직되어 있는 사람들은 패러다임의 변화가 유효하다는 증거가 넘쳐나도 그들에게 익숙한 낡은 사고 틀에 매달린다. 때로는 변화를 받아들이지 못하는 사람들이 다수를 차지하기도 하는데, 이럴 때에는 변화의 이행이 방해를 받거나 지연된다. 윌러스틴의 생각도 그런 운명에 놓였다.

윌러스틴의 팝콘 판매 접근법은 식품업계에서 패러다임 변화의 표본이 되었다. 그의 방식은 오늘날에는 너무나 당연해 보이지만, 당시에는 이설(heresy)로 받아들여졌다. 1960년대에는 사람들이 많은 양의 음식을 소비하는 것을 좋지 않게 보았고, 경영진은 그들이 조금만 개입하면 바뀔지도 모르는 생각을 받아들일 수 없었다. 윌러스틴의 방식은 사람들이 팝콘을 계속 사먹는 방식이 아니라 단순히 두 봉지 값을 지불해야 하는 행동에 지나지 않아 보였다. 게다가 많은 식품업계 경영진에게 더 큰 용량은 "할인"의 형태로 보였다. 통념상 이런 행동은 양질의 브랜드라는 이미지에 타격을 줄 수도 있었다.

심지어 윌러스틴이 1970년대 중반에 맥도날드에 들어갔을 때에도 아무것도 바뀌지 않았다. 윌러스틴은 더 큰 용량의 감자튀김을 도입할 것을 주장했지만, 맥도날드의 창립자인 레이 크록을 설득시키지 못했다.

크록은 "만약 사람들이 감자튀김을 더 먹고 싶다면 2개를 사면 된다"라고 말했다. 맥도날드는 계속 버티다가 1990년에 마침내 이 전략을 받아들였다. 그러자 "특대화(supersizing)"라고 불리게 된 이 전략은 새로운 통념이 되었다. 그러나 식품업계에서는 인간 폭식 법칙을 물리학계에서 상대성 이론을 받아들이기 전부터 알고 있었다. 지나고 보니, 대용량이 표준이라는 생각의 틀에 정신적으로 적응을 하는 것은 쉬워 보인다. 마찬가지로 초콜릿 칩 쿠키에 대한 발상도 지금 보면 이미 누군가가 만들어놓은, 별 것 아닌 것처럼 보인다.

## 개인 혁명의 구조

쿤은 『과학혁명의 구조』에서, 제도화된 일상적 믿음을 유지하던 과학자들이 때로는 혁신적 발견을 통해서 변화될 수 있다고 썼다. 그러나 이것은 우리 개인의 삶도 마찬가지이다. 우리는 일생에서의 처음 몇십 년과 새로운 직장에 들어가고 나서의 처음 몇 년 동안, 일반적인 문제에 대한 우리의 관점을 발전시켜나간다. 어떤 사고 틀을 만들어놓고, 그 영역에서 결론을 이끌어낼 일이 있을 때마다 그 사고 틀을 적용한다. 어떤 사람들에게는 이런 패러다임이 결코 바뀌지 않지만, 종종 쿤주의적 도약(Kuhnian jump)을 통해서 패러다임의 전환을 일으키는 운 좋은 사람들도 있다. 이런 개인적인 패러다임의 전환을 통해서 태도와 믿음이 바뀐 사람들은 항상 유리한 입장에서 살아가는 것이다. 변화하는 상황에 더 잘 적응할 수 있기 때문이다. 오늘날의 사회에서 이 점은 특히 더 중요하다.

　그와 관련하여 나의 능력을 증진시키기 위해서, 나는 가끔 간단한 정신적 유연성 훈련을 하고는 한다. 내가 확고하게 믿고 있는 것들을 쪽지에 적는다. 그 쪽지들을 접어놓고 그중 하나를 고른 다음, 누군가가 나에게 그 믿음이 틀렸다고 말하는 모습을 상상한다. 물론, 나는 그 순간에 나의 믿음이 정말로 틀렸다고 생각하지는 않는다. 그것이 이 훈련의 핵심이다. 내가 틀렸다는 생각에 대한 거부감이 본능적으로 치고 올라오면, 나 역시 고정관념에 대한 도전을 받아들이지 못한 과거의 모든 사람들과 같은 위치에 있는 것이다.

그럴 때 나는 자신을 다그치면서 내가 잘못 알고 있을 가능성의 여지를 더 열심히 생각한다. 나는 왜 그 믿음을 고수할까? 그렇지 않은 사람도 있을까? 내가 그런 사람들을, 적어도 그들 중의 일부라도 존중할 수 있을까? 그들은 어째서 다른 결론에 도달했을까? 나는 옳다고 철석같이 믿었지만 결국은 **틀렸던** 과거의 일을 떠올려보려고 노력한다. 큰 실수일수록 더 좋다. 이 훈련은 새로운 사고의 패러다임에 대한 정신적인 적응이 그렇게 쉽지 않다는 것을 이해하는 데에 도움이 된다.

이 훈련을 통해서 나는 스스로 의문을 가지게 되었다. 이민 문제를 예로 들어보자. 나의 부모는 폴란드 이민자이다. 나의 부모는 우리 집에서 "그 전쟁"이라고 불리는 제2차 세계대전이 벌어진 후에 미국에 왔고, 부모님의 친구들도 모두 이민자이며 홀로코스트 생존자이다. 학교에 다니기 시작했을 때, 나는 헝가리인과 체코인을 구별할 수 있었지만 미국에서 나고 자란 어른은 한번도 본 적이 없었다. 나는 추수감사절에는 비스킷을 먹는 것이 당연하다고 생각했고, 선생님이 나의 폴란드 억양을 언어 장애로 오인하는 바람에 언어 치료를 받기도 했다.

이런 배경 때문에, 나는 항상 이 나라가 지치고 가난한 사람들을 먼저 받아들이는 것을 지지해왔다. 그다음에 여유가 있으면, 그때 힘 있고 부유한 사람들에게 차례가 가야 한다고 생각했다. 나는 나의 가족에게 주어졌던 그 기회가 다른 사람들에게도 허용되었으면 한다. 그것을 반대하는 사람들에게는 화가 났는데, 2016년 대선 기간에 멕시코 국경을 따라서 장벽을 세우자는 이야기가 돌았을 때는 특히 그랬다.

그런 상황에서, 정신적 유연성 훈련을 하던 나는 **멕시코 장벽 건설 지지자들은 사악하다**라고 적힌 쪽지를 집어 들었다. 그때 나의 눈동자가 흔들렸던 것이 기억난다. 이 점만큼은 내가 틀릴 리가 없었다. 그러나 나는 과학자의 마음가짐으로, 장벽에 대한 주장을 인간적인 것과는 무관한 과학적 문제처럼 다루면서 충실하게 검토해보려고 노력했다. 먼저 나는 이민자의 기여도, 장벽의 비용이나 효과에 대한 자료와 관련된 모든 논쟁을 곰곰이 따졌다. 그러나 그런 것들은 모두 부차적인 문제라고 판단했다. 나의 신념은 그런 자료에 근거한 것이 아니었다. 나에게 장벽은 이 나라가 표방했으면 하는 것에 대한 모욕이었다. 나의 신념의 뿌리는 바로 그런 감정이었다.

"반대편"에 있는 그 사악한 사람들은 모두 어떤 이야기들을 할까? 나는 그것을 알아보기 위해서 「폭스 뉴스」를 보기 시작했다. 온갖 허튼 소리 속에서 내가 어렵사리 찾아낸 그들의 기본 논리는, 우리에게는 이민에 관한 법이 있다는 것이었다. 법이 마음에 들지 않으면 법을 바꾸어야 한다. 그러나 그 법이 존재하는 한, 효율적이지 않은 법을 집행할 새로운 수단을 고려하는 것은 이치에 어긋나지 않는다. 내가 깨달은 것은, 이런 논리에 끌리는 사람이라고 해서 반드시 개를 발로 차거나 파리의 날개를 떼어내는 부류의 사람은 아니라는 것이었다.

우리는 어떤 문제를 처음 평가할 때, 우리가 따르는 패러다임의 가정을 토대로 신속하게 결정을 내리는 편이다. 우리의 평가에 사람들이 이의를 제기하면, 우리는 저항감을 느낀다. 정치적 성향에 관계없이, 다른 사람들과 논쟁을 하면 할수록 더 몰두하게 되고, 때로는 의견이 다른 사람들을 비난하기도 한다. 그다음 우리는 한 무리의 사람들, 즉 친구들에게 그 의견을 설파하면서 자신의 생각을 강화한다. 그러나 우리가 믿는 것과는 상반되고 기존의 패러다임과 맞지 않는 의견에 대해서 고려할 수 있는 정신적 유연성은 과학에서 당신을 천재로 만들어줄 수 있을 뿐만 아니라, 일상에도 유익하다.

업계에서도 옛 방식에 대한 도전을 받아들이는 것은 중요하다. 산업은 빠르게 진화하고 있기 때문이다. 이를테면 애플은 상품을 만들어서 파는 회사이다. 따라서 미국 정부는 애플을 제조회사로 분류하고 있다. 그러나 그런 분류는 시대에 뒤쳐진 사고 방식을 토대로 한 것이다. 물론 애플은 물리적인 상품을 팔아서 엄청난 수익을 올리고 있지만, 사실상 애플의 모든 제품은 다른 나라에서 생산되고 있기 때문이다.[2] 21세기의 모형을 적용한 애플은 공장에 대한 투자를 피하고, 덜 진보적인 경쟁 기업에 비해서 빠르게 방향 전환을 하여 더 유리한 위치를 차지하고 있다.

나이키의 사례를 보자. 나이키가 추구하는 새로운 방향은 최근까지도 공상과학 소설에나 등장할 것처럼 보였던 3D 프린팅 제조 방식이다. 나이키 내에서는 이 계획을 "제조업의 혁명"이라고 부른다. 2016년에 HP와 제휴를 맺은 나이키는 이미 이 기술을 활용하여 새로운 디자인의 시제품을 만들고 있다. 그리고 미래에는 3D 프린팅과 3D 편직이 결합된 기술로, 정확하게 측정된 고객의 발에 딱 맞춘 신발을 매장에서 바로 만들 수 있게 되기를 기대하고 있다.[3] 나이키 역시 애플과 마찬가지로, 성공을 가져다준 과거의 방식과 가정에 의문을 품지 않은 채 낡은 원리를 답습하는 다른 경쟁자들에게 위기감을 불러일으킨다.

## 우리의 사고 틀 재구상하기

나는 교회의 예배에 참석할 때마다 그 조용한 분위기에 항상 놀란다. 우리 유대인들은 이야기하기를 좋아한다. 그래서 유대교 회당에서 랍비들은 종종 소음을 가라앉히기 위해서 주먹으로 연단을 내리쳐야 한다. 한번은 랍비가 설교를 하면서 이렇게 말했다. "만약 여러분이 기도를 하는 동안 이웃과 이야기를 해도 괜찮은지 나에게 묻는다면, 나는 그렇게 하지 않는 것이 좋겠다고 말씀드릴 것입니다. 여러분은 신을 경배하기 위해서 이곳에 왔고, 여러분이 주고받는 정담(情談)은 무례한 행동까지는 아니어도 방해는 될 것입니다. 그러나 만약 회당에 가서 친구와 이야기를 나누다가 기도를 해도 좋겠느냐고 묻는다면, '당연하죠! 언제나 환영입니다' 하고 말할 것입니다." 계속해서 랍비는 유대교 회당에 다니면 익숙해지게 될 문제들을 자세히 파헤친 탈무드의 원칙들을 장황하게 설명했다. 그러나 내가 주목한 것은, 어떤 문제의 틀을 짜는 방식이 분석 결과에 깊은 영향을 미친다는 것이다.

2015년 『문제 해결 저널(The Journal of Problem Solving)』의 한 연구에 나온 다음 두뇌 회전 문제들을 생각해보자.[4] 이 문제들을 풀기 위해서는 월러스틴처럼 당신의 가정에 의문을 품고 사고의 틀을 바꾸어야 할 것이다. 수수께끼 풀기를 즐긴다면, 다음 문제에 도전해보자.

1. 한 사람이 책을 읽고 있는데 갑자기 불이 꺼졌다. 방 안이 칠흑같이 어두운데도 그는 계속 책을 읽고 있다. 어떻게 된 일일까?(책은 전자책이 아니었다)

2. 한 마술사가 탁구공으로 마술을 보여주겠다고 주장했다. 탁구공이 조

금 가다가 갑자기 멈춘 다음 저절로 방향을 바꾸도록 던질 수 있다는 것이었다. 마술사는 공을 어떤 물체와 부딪치게 하거나 다른 조작을 하거나 회전을 주지 않을 것이라고 덧붙였다. 어떻게 그런 재주를 부릴 수 있을까?

3. 두 사람의 어머니와 두 사람의 딸이 낚시를 하고 있었다. 이들은 큰 물고기 한 마리와 작은 물고기 한 마리와 두툼한 물고기 한 마리를 낚았다. 잡힌 물고기는 세 마리뿐인데, 모두 각자 물고기를 한 마리씩 낚았다. 어떻게 된 일일까?

4. 마샤와 마저리는 같은 해 같은 달 같은 날에 같은 부모에게서 태어났다. 그러나 둘은 쌍둥이가 아니다. 이것이 어떻게 가능할까?

내가 인용한 이 연구에서 각각의 수수께끼들을 푼 사람은 피험자의 절반 미만이었다. 당신은 이 수수께끼들을 풀었는가?

이 수수께끼들이 어려운 이유는 대부분의 사람들 마음속에서 문제마다 어떤 그림을 제시하기 때문이다.

1. 책을 응시하고 있는 남자
2. 탁자나 바닥에 탁구공을 던지는 남자
3. 네 명의 여자
4. 두 명의 쌍둥이, 마샤와 마저리

이런 그림들은 우리가 답을 찾으려고 애를 쓰는 동안 우리의 사고 틀을 결정한다. 이 그림들을 고수하는 한, 우리의 뇌는 그 그림들로 이루어진 생각들을 우리의 의식에 전달할 것이다. 그러나 그 그림들은 문제에 묘사된 상황들을 잘못 해석한 것이다. 수수께끼들을 풀기 위해서는 그런 선입견을 버려야 한다.

이 수수께끼들을 풀기 어려운 까닭은 의식적으로 거의 생각을 하지 않고 마음속에 잘못된 해석이 자동으로 떠오르도록 의도적으로 설계되었기 때문이다. 그 해석은 우리 뇌가 과거의 경험을 토대로 가장 적절할 것 같다고 여기는 것, 자신도 모르는 사이에 하게 되는 보이지 않는 가정이다. 그러나 이것은 문제를 읽고 상상한 새로운 상황을 구성하는 그림이 아니다. 여러 어려운 문제들과 마찬가지로, 이 문제들을 풀기 어렵게 만드는 것은 우리가 알지 못하는 것이 아니라 우리가 **아는** 것이다. 더 정확히 말하자면, 우리는 안다고 생각하지만 실상은 잘못 알고 있는 것이다.

첫 번째 수수께끼를 생각해보자. 우리가 마주치는 대부분의 상황에서는 책을 읽고 있는 남자의 경우 정말로 책을 응시하고 있다. 그러나 이 상황은 앞의 수수께끼에서 묘사될 가능성 있는 시나리오 중의 하나일 뿐이며, 곧 알게 될 것처럼 다른 가능성도 존재한다. 그리고 이를 깨닫기 위해서는 처음에 떠오른 그림을 버리는 것이 문제 해결의 단서가 된다. 이것은 사업과 과학에서 패러다임 전환의 역학과 비슷하다. 그런 분야에서는 상황이 변하게 되면, 아무도 의문을 가지지 않을 정도로 뿌리 깊게 박혀 있던 가정들이 무용지물이 되거나 이제 더는 아무도 믿지 않는 가정을 인정하게 됨으로써 곤란을 겪는다. 성공은, 이것을 깨닫고 상황에 대한 그들의 해석을 수정할 수 있는 사람들에게 돌아간다.

다음은 수수께끼의 정답이다. 첫 번째 문제에서, 남자가 책을 읽기 위해서 빛이 필요 없었던 까닭은 그가 맹인이고 점자책을 읽고 있었기 때문이다. 두 번째 문제에서, 마술사는 탁구공을 옆으로가 아니라 위로 던졌다. 그래서 공이 바닥이나 탁자나 벽에 부딪히지 않고 중력에 의해서 방향을 바꾼 것이다. 세 번째 문제에서, 물고기가 세 마리만 잡힌 것은 두 명의 어머니와 두 명의 딸이 소녀, 소녀의 어머니, 소녀의 어머니의 어머니, 이렇게 세 사람으로 이루어졌기 때문이다. 네 번째 문제에서 마샤와 마저리는 같은 날에 태어난 아이들의 전부가 아니었다. 그들은 쌍둥이가 아니라 세쌍둥이였다.

우리는 살아가면서 여러 가지 난관에 부딪친다. 어떤 문제는 예전에 부딪혀본 적이 있기 때문에 어떻게 다루어야 할지를 안다. 어떤 문제는 처음 부딪히지만 간단한 분석적 사고를 통해서 극복할 수 있다. 그러나 어떤 문제는 우리의 해결 시도에도 끄떡없이 버틴다. 앞에서 나온 수수께끼들처럼, 사람들이 그에 관해서 생각해왔던 기존의 틀 안에 해결책이 존재하지 않는 경우가 종종 있기 때문이다. 그러나 새로운 관점을 적용하면 해결책이 나올 수도 있다.

지성의 승리에 관해서 이야기할 때, 우리는 강력한 논리에서 나오는 생각인 뛰어난 분석적 사고에 초점을 맞추는 경향이 있다. 그러나 우리는 생각이 일어나는 틀, 다시 말해서 우리가 생각하고 있는 문제를 마음속에서 정의하는 조건 자체를 다시 구상할 수 있는 능력에 대해서는 그 공을 거의 인정하지 않는다. 이 능력은 유연한 사고의 산물이며, 유연한 사고를 하는 데에는 "판단"이라고 불리는 흐물흐물한 재주가 필요하다. 새로운 표현을 창조하는 일은 자동화가 어렵고, 대부분의 동물은 이 일에 어려움을 겪는다. 그러나 종종 인간 세계에서는 이 능력이 문제를 성공적으로 해결하는 비결로 작용한다.

## 개와 뼈다귀 문제

이 시대에는 생각의 틀을 바꾸어야 하는 문제들이 과거 어느 때보다도 많아졌다. 그런 의미에서 변화는 지장을 초래한다. 새로운 패러다임과 다른 사고 방식을 요구하는 것이 변화이기 때문이다. 심리학자들은 어떤 문제를 분석하여 사고 틀을 바꾸는 과정을 "재구조화(restructuring)"라고 부른다. 이런 가장 근본적인 마음의 작업은 답을 찾느냐와 막다른 길에 다다르느냐의 차이를 가져온다. 또는 일단 막다른 길에 다다랐을 때, 재구조화는 종종 그것을 극복하는 유일한 방법이 되고는 한다. 과거의 가정이 놀라운 속도로 무용지물이 되어가고 있는 오늘날, 사고를 재구조화하는 능력은 눈에 띄는 멋진 성과를 내기 위한 필수 요건이라기보다는 단순히 생존을 위해서 그 필요성이 점점 더 증가하고 있는 요건이라고 할 수 있다.

컴퓨터 과학자인 더글러스 호프스태터는 "개와 뼈다귀 문제(dog-and-bone problem)"라고 이름 붙인 문제를 통해서 재구조화의 중요성을 설명한다. 자신이 개라고 상상해보자.[5] 친절한 한 사람이 당신에게 뼈다귀 하나를 던져주었는데, 그 뼈다귀가 3미터 높이의 철망 담장 너머에 있는 이웃집 마당에 떨어졌다. 당신의 뒤에는 열려 있는 대문이 있고, 앞에는 맛있는 간식이 있다. 뼈다귀를 쳐다보고 있는 당신의 입에서는 군침이 떨어진다. 당신은 그것을 어떻게 차지할 수 있을까?

과거에 이런 문제를 겪어본 적이 없는 개라면 대부분은 엄격한 지리적 감각에 따라서 상황을 파악할 것이다. 마음속에 자신과 뼈다귀가 있는 위치에 대한 지도를 만들고, 그 지도상의 거리를 생각한 다음, 시간이 흐를수록 그 거리를 줄이기 위해서 움직인다는 목표를 세우는 것이다.

개와 뼈다귀 사이의 처음 거리가 9미터라고 해보자. 개가 앞으로 나아가면 거리는 줄어들 것이다. 그리고 개는 본래부터 가지고 있는 프로그램에 따라서, 거리가 0이 되면 목표에 도달할 것이라고 결론을 내린다.

그런 프로그램을 가지고 있는 개 또는 로봇은 뼈다귀를 향해서 달려가다가 담장을 만나게 되고, 그 지점에서 막다른 길에 다다르게 된다. 뼈다귀까지의 거리는 불과 몇 센티미터로 줄었지만, 그 이상 나아갈 수는 없다. 어떤 개는 그저 뼈다귀를 쳐다보다가 아쉬움에 짖거나 바닥을 뒹굴면서 주인이 배를 쓰다듬어주기를 기다릴 것이다. 어떤 개는 땅을 파서 담장 밑으로 통과하는 방법을 생각해내고 그 방법을 이용하려고 할지도 모른다. 그러나 영리한 개들은 상황을 생각하는 틀을 충분히 변화시킬 수 있는 생각의 유연성을 가지고 있을 것이다. 그런 개들은 뼈다귀까지의 물리적 거리가 목표까지의 거리와 똑같지 않다는 것을 깨닫는다.

이런 개는 담장 앞에 서서 뼈다귀까지의 거리가 고작 몇 센티미터에 불과하지만 닿기에는 너무 멀리 있다는 것을 깨닫는다. 그래서 이 문제를 해결할 목적으로 가지고 있던 거리 개념을 바꿀 것이다. 물리적으로는 지금 서 있는 자리가 뼈다귀에 더 가까워도, 목표 달성이라는 의미에서는 열려 있는 문이 더 가깝다는 사실을 이해하는 것이다. 그래서 실제 지리적 거리를 진척의 척도로 이용하는 대신, 인지과학자들이 "문제 공간 (problem space)"이라고 부르는 공간 내에서 정의하는 거리를 활용한다.

이 경우, 문제 공간에서 거리는 뼈다귀까지 데려다줄 경로를 따라가는 거리이다. 문제 공간에서는 개가 뼈다귀 쪽으로 이동하기 시작하면 목표까지의 거리가 증가하지만, 열린 문 쪽으로 움직이면 거리가 줄어든다. 따라서 이런 새로운 사고 틀을 만든 개는 열린 문으로 달려갈 것이다.

일단 효율적인 사고 틀만 갖추면 개와 뼈다귀 문제를 푸는 것은 쉽다.

그러나 새로운 사고 틀이 필요하다는 것을 깨닫고 이것을 만들기 위해서는 유연한 사고가 필요하다. 종종 효과적인 사고는 사실 관계와 문제점에 대한 사고 틀을 재구조화하는 능력으로 요약되고는 한다. 그래서 개와 뼈다귀 문제는 단순하지만, 생각하는 사람과 생각하지 않는 사람을 구별하고, 인간과 똑똑한 개를 체스를 두는 컴퓨터와 차별화한다.

## 수학자는 어떻게 생각하는가

재구조화를 하는 일이 주된 밥벌이라서 우리에게 혁신과 창의적인 생각에 관해서 많은 것을 알려줄 수 있는 분야가 있다면, 그것은 바로 수학일 것이다. 우리 대부분은 수학자가 어떤 방식으로 생각하는지 알지 못한다. 그러나 우리는 어려운 문제를 풀기 위해서 다른 사고 틀을 만드는 그들의 능란함에서 많은 것을 배울 수 있다.

다음 문제를 풀어보자. 이 문제는 진짜로 수학자들이 푸는 문제이지만 흔한 수수께끼의 탈을 쓰고 있다. 여기 가로세로가 각각 8칸인 체스판과 32개의 도미노가 있다. 도미노 하나는 가로나 세로로 인접한 두 칸을 덮을 수 있고, 이런 방식으로 체스 판의 64칸을 모두 도미노로 덮을 방법은 쉽게 찾을 수 있다. 이제 도미노 하나를 버리고 체스 판에서 대각선으로 마주보고 있는 모서리의 두 칸을 없앴다고 상상해보자. 31개의 도미노로 남아 있는 62칸을 덮을 수 있을까? 당신의 답이 예든지 아니오든지, 왜 그렇게 생각하는지를 설명해보자. 도미노는 체스 판의 바깥으로 "튀어나가서는" 안 된다.

이런 문제가 나오면, 대부분의 사람들은 체스 판 위에 도미노를 이리저리 배치해보다가, 결국에는 실패하고 체스 판 전체를 덮는 것을 불가

능하다고 추측할 것이다.[6] 그러나 그것을 어떻게 증명할 수 있을까? 실패한 배치를 하나씩 시도해보는 것은 불가능하다. 경우의 수가 너무 많기 때문이다.

"잘린 체스 판" 문제는 말하자면 인간 수준으로 난이도를 높인 개와 뼈다귀 문제이다. 쉬운 해답이 있지만, 그 해답을 찾으려면 새로운 사고 틀 안에서 문제를 보아야 한다. 체스 판에 도미노를 놓는 일반적인 시도를 버리고, 재구조화를 통해서 문제를 새로운 방식으로 체계화하는 것이다. 어떻게 하면 될까?

핵심은 이것이다. 체스 판을 도미노로 덮는 방식인 "공간"에 대한 탐색으로 문제의 틀을 짜는 대신, 체스 판 위에 도미노를 놓는 행동을 지배하는 "규칙"의 공간에 대한 탐색이라는 측면에서 틀을 짜는 것이다. 물론, 그러기 위해서는 먼저 규칙을 정립해야 한다. 제시된 한 가지 규칙은 각각의 도미노는 두 칸을 덮는다는 것이다. 다른 규칙을 생각할 수 있는가? 먼저 생각해낼 수 있는 모든 규칙을 확인한다. 규칙은 그리 많지 않다. 그다음 그 규칙들의 맥락에서, 잘린 체스 판 전체를 덮을 수 있는지에 대한 문제를 살펴본다. 당신은 잘린 체스 판 전체를 덮기 위해서는 위반해야 하는 규칙이 하나 있다는 것을 알게 될 것이다. 그래서 이 문제의 답은 '다 덮을 수 없다'가 된다.

만약 당신이 다음의 규칙을 생각해냈다면, 당신은 아마 수수께끼를 풀었을 것이다. 각각의 도미노는 인접한 두 칸을 덮기 때문에, 체스 판 위에 놓인 도미노는 검은 칸 하나와 흰 칸 하나를 덮는다. 이 규칙은 흰 칸과 검은 칸의 수가 같지 않은 체스 판에는 도미노를 놓을 방법이 없다는 것을 의미한다. 완전한 체스 판은 흰 칸과 검은 칸의 수가 같아서 도미노로 체스 판을 다 덮는 데에 문제가 없다. 그러나 서로 마주보고 있는 모서리가 잘린 체스 판에는 흰 칸이 32개이고 검은 칸이 30개이다(또는 그 반대이다). 따라서 그 규칙에 따르면, 우리는 체스 판을 다 덮을 방법이 없다.

『수학 연보(*Annals of Mathematics*)』는 재구조화라는 무기를 활용하여 쓸모없는 사고 틀을 무차별적으로 공격하는 것처럼 비춰질 수 있다. 모든 분야에서 문제 해결은 대부분 그럴 것이다. 여기에 실제 수학에서 나온 사례가 있다. $x^2 = -1$이라는 방정식의 해(解)는 무엇인가? 모든 수는 제곱을 하면 양수가 된다. 따라서 누군가에게 이 문제를 풀라고 하면, "가자미 1킬로그램과 당근 1개로 소고기 스튜를 만드는 법은 무엇인가?"라고 묻는 것과 비슷하게 보일 것이다. 수 세기 동안 수학자들은 이 문제에는 답이 없다고 생각했다. 그러나 그들은 모두 평범한 수의 틀 안에서 연구를 하고 있었고, 오늘날 우리는 그 수를 "실수(real numbers)"라고 부른다.

16세기 이탈리아의 수학자 라파엘 봄벨리는 −1의 제곱근에 대해서 남다른 생각을 가지게 되었다. 우리가 손가락으로 셀 수 없는 수라고 해서 마음속으로 생각해서도 안 된다는 뜻은 아니라는 사실을 깨달은 것이다. 어쨌든 우리는 음수(negative number)를 사용하는데, 음수 역시 손가락으로 셀 수 없고 어떤 물리량에도 부합하지 않는다. 500년 전, 봄벨리는 위대한 재구조화를 통해서 수를 구체적 실체가 아니라 규칙을 따르는 추상적 개념으로 보았다. 그래서 봄벨리는 무엇인가를 세거나 측정할 때에 이용될 수 있는지에 관계없이, −1의 제곱근 같은 수를 허용하는 정당한 수 체계가 있을지도 모른다는 의문을 품었다.[7]

봄벨리는 다음과 같은 문제들을 탐색했다. 이런 수가 **존재한**다고 가정해보자. 그것이 논리적 모순으로 이어질까? 만약 그렇지 않다면, 그 수의 특성은 무엇일까? 그는 $x^2 = -1$을 만족하는 수가 논리적 모순으로 이어지지 **않는다**는 것을 알아냈고, 이 수의 신기한 특성 중의 일부를 발견했다. 오늘날 우리는 봄벨리의 수를 i라고 쓰고, 허수(imaginary number)라고 부른다.

허수는 여러 수학 분야의 중요한 초석이며, 물리학 분야에서도 중요한 역할을 한다. 이를테면, 허수는 파동을 자연스럽게 묘사할 수 있다. 따라서 허수가 없었다면 양자 이론도 나오지 않았을 테고, 전자공학도 없었을 것이다. 그리고 결국에는 우리가 알고 있는 오늘날의 세계도 존재하지 않았을 것이다.

이제 허수는 초등 수학에서 가르치고 있다. 요즘 고등학교 상급반 학생들이 별 어려움 없이 배우는 내용을 중세의 가장 진보한 학자들은 이해조차 하지 못했다. 중세의 많은 학자들이 그것을 받아들이지 못한 까닭은 점보 사이즈 팝콘에 관한 발상이 그랬듯이, 통념적인 패러다임과 상충했기 때문이다.

## 문화의 영향

월러스틴과 봄벨리의 이야기는 완전히 다르지만, 두 이야기 모두 우리의 능력이 새로운 표현을 하기에 이르기까지 중요한 영향을 미치는 것은 우리의 외부에서 유래한다는 것을 보여준다. 그런 외부적인 요인으로는 직업적, 사회적, 문화적 규범이 있다. 이 규범은 우리 가족, 우리 동료, 우리 나라, 우리 민족, 우리의 전문 분야의 규범일 수 있으며, 심지어 우리가 일하는 특정 회사의 규범일 수도 있다. 얼핏 생각하면 개인의 사고에 가장 큰 영향을 미치는 것은 나라와 민족의 문화일 것 같다. 그러나 만약 당신이 아는 수학자가 있다면, 그는 아마 당신이 아는 변호사와는 생각이 사뭇 다를 것이고, 그 변호사는 당신이 아는 요리사, 회계사, 형사, 시인과는 생각이 많이 다를 것이다. 그리고 그 차이는 꽤 클 수 있다.

그 원천이 무엇이든, 문화의 영향은 대단히 강력해서 물리적 대상에 대한 지각에도 영향을 미친다.[8] 미시간 대학교의 심리학자인 시노부 기타야마와 동료 연구진의 최근 연구에 대해서 생각해보자. 그들은 유럽 출신 미국인과 일본 출신 미국인 피험자들이 단순한 도형을 어떻게 인식하는지를 연구했다.

개인에게 성격이 있듯이 집단에는 문화가 있다. 심리학자들이 알아낸 바에 따르면, 유럽 문화는 독립성과 정확한 사고를 강조하는 반면, 일본 문화는 더욱 공동체적이고 상황과 맥락을 강조한다. 이런 차이의 인지적 결과를 조사하기 위해서, 기타야마는 한 실험에서 그의 피험자들에게 종이에 그려진 "표준" 사각형을 보여주었다. 이 사각형은 145쪽의 그림처럼 생겼는데, 사각형 안에는 사각형 높이의 정확히 3분의 1 길이

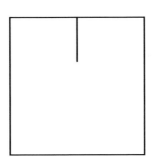

의 선분이 사각형 윗변에서 수직으로 내려와 있었다.

피험자들도 각자 사각형이 그려진 종이를 한 장씩 받았다. 피험자들의 종이에 그려진 사각형은 표준 사각형과 **크기가** 달랐고, 사각형의 윗변에서 내려오는 **선분이 없었다.**

각각의 피험자들에게 연필이 주어졌고, 그들은 종이에 그려진 사각형에 표준 사각형처럼 수직선을 그려줄 것을 요청받았다. 피험자 중의 일부는 수직선을 표준 사각형의 선분과 같은 **길이**로 그려달라는 요청을 받았고, 다른 일부는 같은 **비율**(높이의 3분의 1)로 그려달라는 요청을 받았다. 이 두 요청은 본질적으로 달랐다. 첫 번째 요청은 사각형을 무시한 반면, 두 번째 요청은 사각형과 선분의 관계가 무엇보다도 중요했다.

연구자들은 이 차이를 중심으로 연구를 설계했다. 사각형은 선분의 맥락이고, 맥락은 일본 문화에서 강조하는 요소이기 때문이다. 따라서 기타야마는 비율에 맞게 선분을 그릴 때에는 일본인이 유럽인보다 더 잘 해내지만 길이에 맞게 그릴 때에는 그렇게 하지 못할 것이라고 예측했다. 그리고 그 예측은 실험 결과와 정확히 일치했다.

기타야마의 연구는 하나의 인위적인 실험실 환경에서 사람들이 어떻게 생각하는지를 조사했지만, 문제에 접근하는 방식에서 사람들은 각자

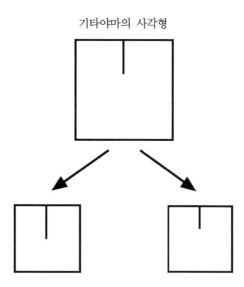

기타야마의 사각형

왼쪽: 선분의 길이가 원본 사각형과 일치한다. 오른쪽: 선분의 비율이 원본 사각형과 일치한다.

가 속한 사회로부터 깊은 영향을 받았을 정도로 문화적 차이는 사람의 물리적 지각 깊숙한 곳까지 닿아 있었다. 그래서 사회학자들은 다음과 같은 질문을 던진다. 문화는 사회의 혁신 수준에 영향을 미치는가? 만약 그렇다면, 혁신과 관련된 각 나라의 비교 순위는 각 사회 저변의 문화를 반영하므로 시간이 흘러도 안정적이어야 할 것이다.

147쪽의 표는 그런 문제에 초점을 맞춘 한 연구 결과를 보여준다. 이 표는 1971-1980년까지 10년 동안의 1인당 발명 특허 건수와 관련하여 미국과 대략 비슷한 정도로 부유한 유럽 13개국을 비교한 순위이다.[9] 이 표에 따르면, 대부분의 나라가 10년에 걸쳐서 같은 순위를 유지하는 것으로 나타난다.

이 연구 결과는 우연이 아니다. 이를테면, 148쪽에 나타난 비슷한 순위는 다른 연구자들이 또다른 연구에서 1995-2005년까지의 기간에 얻

| | 1971년 순위 | 1980년 순위 | 10년간의 변화 |
|---|---|---|---|
| 스위스 | 1 | 1 | 0 |
| 스웨덴 | 2 | 2 | 0 |
| 미국 | 3 | 3 | 0 |
| 프랑스 | 4 | 7 | −3 |
| 영국 | 5 | 6 | −1 |
| 오스트리아 | 6 | 4 | 2 |
| 벨기에 | 7 | 10 | −3 |
| 독일 | 8 | 5 | 3 |
| 노르웨이 | 9 | 9 | 0 |
| 핀란드 | 10 | 8 | 2 |
| 스페인 | 11 | 11 | 0 |
| 덴마크 | 12 | 12 | 0 |
| 네덜란드 | 13 | 13 | 0 |
| 포르투갈 | 14 | 14 | 0 |

은 결과이다. 이 연구는 발명의 한 분야에 관해서만 조사된 것이므로, 두 표를 직접적으로 비교할 수는 없다.[10] 그러나 중요한 것은 두 표에 나타난 순위가 비슷하고 시간이 흘러도 안정적이라는 점이다.

우리 문화는 우리에게 문제에 대한 접근법을 제공하여 우리가 해답을 찾도록 도움을 줄 수도 있지만, 방해가 될 수도 있다. 뿌리 깊게 배어 있는, 틀에 박힌 것들만이 강한 문화적 정체성에서 나오는 해결책이라면, 그 접근법이 효과가 없지는 않더라도 변화를 더 어렵게 만들 수 있다. 한편으로는 다른 문화에 자신을 노출해보는 것도 이롭다.[11] 다른 문화권에서 자라거나 일을 해본 사람은 종종 다른 태도로 삶에 임하며, 이런 사람들과 단순히 교류만 하더라도 우리의 마음이 열리고 사고의 유연성이 증가할 수 있다는 것이 연구를 통해서 밝혀졌다. 이런 노출

|       | 1995년 순위 | 2005년 순위 | 10년간의 변화 |
|-------|-----------|-----------|-------------|
| 스위스   | 1         | 1         | 0           |
| 스웨덴   | 2         | 2         | 0           |
| 핀란드   | 3         | 6         | −3          |
| 독일    | 4         | 3         | 1           |
| 네덜란드  | 5         | 4         | 1           |
| 미국    | 6         | 5         | 1           |
| 벨기에   | 7         | 10        | −3          |
| 덴마크   | 8         | 7         | 1           |
| 프랑스   | 9         | 9         | 0           |
| 오스트리아 | 10        | 8         | 2           |
| 영국    | 11        | 11        | 0           |
| 노르웨이  | 12        | 12        | 0           |
| 이스라엘  | 13        | 13        | 0           |
| 스페인   | 14        | 14        | 0           |
| 포르투갈  | 15        | 15        | 0           |

덕분에 더 넓어진 시야는 우리가 정형화된 낡은 틀에서 벗어나서 우리를 얽매고 있을지도 모르는 굳어 있는 사고 유형으로부터 더 자유로워질 수 있게 만든다.

우리는 새로운 사고 틀을 만들어야 할 수도 있고, 이미 존재하는 사고 구조 안에서 해결책을 찾아야 할 수도 있다. 그런데 우리가 찾는 아이디어는 어디에서 유래하는 것일까? 다음 장에서 설명하게 될 것처럼, 아이디어 창안 과정은 우리의 무의식 속에 깊이 자리하고 있다. 그리고 이 과정은 우리의 의식에서 분석적 사고 과정이 멈춰 있을 때에 가장 활성화된다.

# 6
# 생각하지 않을 때 생각하기

## 자연의 플랜 B

스위스 제네바 호 근처에 자리한 콜로니라는 마을에 사는 메리 고드윈은 자신의 침대에 누워 있던 어느 날 좌절감을 느꼈다. 새벽 2시가 지난 시각, 장마철인 6월의 음울한 밤이 지속되고 있었다. 그칠 줄 모르고 내리는 비는 별로 낯설지 않았다. 그녀는 런던에서 자랐고, 스코틀랜드에서도 꽤 오랜 시간을 보냈다. 그러나 그 밤에는 날씨의 우울한 기운이 그녀의 기분에 그대로 전해졌다.

적갈색 머리카락과 옅은 갈색의 깊은 눈동자를 가진 창백하고 가녀린 메리는 스스로를 들볶고 있었다. 그해는 1816년이었고, 그녀는 겨우 열여덟 살이었다. 메리는 이복 자매, 친구들, 애인과 함께 스위스에서 여름을 보내고 있었다. 유난히 거센 비가 쏟아지던 어느 늦은 밤, 그들은 모닥불 가에 둘러 모여서 유령 이야기가 담긴 책을 낭독했다. 그리고는 그들도 각자 유령 이야기를 써보기로 했다.

다음날 밤이 되자, 메리만 빼고 모두 유령 이야기를 써왔다. 며칠이 지났다. 다른 사람들은 계속 메리에게 "이야기는 생각했어?"라고 물었고, 그녀는 계속 "분하지만 하지 못했어"라는 대답을 되풀이했다. 그녀는 자신의 친구들과 애인이 속한 지적인 집단에 함께 어울리기에 자신이 부족하다는 느낌이 들기 시작했다. 그런 불안감은 그녀의 좌절감을 더 키우기만 했다.

메리의 친구들은 심야에 모닥불 앞에서 생각을 반추하는 모임을 계속했고, 어느 날 밤에는 "생명의 특성과 원리"에 관한 문제를 논의했다. 그들은 이래즈머스 다윈의 실험에 관해서 깊이 생각했다. 그 실험에서 그는 "베르미첼리라는 파스타 면을 유리병에 보존했더니 무엇인가가 기이하게 자발적으로 움직이기 시작했다"라고 추정했다. 이 글을 읽고 나는 남긴 음식이 그렇게 되는 것은 당연하다고 생각했다. 그러나 지적인 사람들의 모임에 속해 있던 그들은 궁금증을 품었다. 생명이 그렇게 쉽게 만들어질 수 있을까? 어떤 힘에 의해서 그렇게 되는 것일까? 자정 무렵이 되자, 모두 잠자리에 들었다. 그러나 메리는 침대에 누워서 천장을 응시하고 있었다. 그녀는 잠을 잘 수 없었지만, 눈을 감고 마음을 평온하게 하기로 결심했다. 그동안 이야기를 만들기 위해서 애쓰던 마음을 잠시 내려놓았다.

메리가 마음을 "느긋하게" 하고 있는 동안, 불현듯이 찾고 있던 이야기의 윤곽이 떠올랐다. 확실히 그 밤의 사색에서 영감을 받은 그녀는 "뜻밖에 찾아온 상상에 사로잡혔고, 그 상상이 나를 이끌었다"라고 회상했다. 메리는 이렇게 말했다. "나는 눈을 감았지만 마음속에 선명한 환영이 보였다……. 창백한 얼굴의 학자가 사악한 기술로 만들어낸 무엇인가의 옆에 무릎을 꿇고 있었다." 메리 고드윈은 그곳에 함께 머물던 연인과 결혼하여 메리 셸리가 되었고, 그날 보았던 환영을 토대로 1818 년에 『프랑켄슈타인 : 또는 현대의 프로메테우스(*Frankenstein : Or the Modern Prometheus*)』를 발표했다.

모든 답이 질문에서 시작하는 것처럼, 모든 창조는 난관에서 태어난다. 우리가 제3장에서 확인한 것처럼, 캔버스에 그림을 그리거나, 문제를 풀거나, 어떤 장치를 발명하거나, 사업 계획을 구상하거나, 물리학에서 주장을 증명하고자 하는 것 따위의 욕구들 사이에는 많은 공통점이 있다. 그리고 이런 시도들에는 또다른 공통점이 있다. 만약 우리가 메리 셸리가 느꼈던 것과 같은 극심한 불편함과 좌절감을 견딘다면, 우리의 유연한 사고의 후미진 곳 깊숙이에서 갑자기 아이디어 하나가 떠오를지도 모른다는 것이다.

참신한 생각을 만들어내는 유연한 사고는 분석적 사고처럼 선형의 단계로 구성되어 있지 않다. 우리의 생각은 어떤 때에는 거창하게, 어떤 때에는 보잘것없게, 어떤 때에는 한꺼번에 우르르, 어떤 때에는 딱 하나만 떠오른다. 그러나 그 생각들은 다른 어디에서 오는 것이 아니다. 모두 우리의 무의식 속에서 만들어진다.

투박하지만 놀라운 직관을 보여준 『프랑켄슈타인』의 첫 영감을 이끌어낸 사고의 상태는 메리에게 마법 같았고 신비에 싸여 있었다. 어떻게 며칠 동안 씨름을 해도 떠오르지 않던 이야기가 별 생각 없이 침대에 누워서 쉬고 있는 동안에 갑자기 떠오를 수 있었을까?

뇌과학과 뇌과학을 가능하게 한 기술이 출현하기 전까지는, 의식적인 노력으로도 찾아내지 못한 답을 어떻게 백일몽이나 잡념에 빠져 있는 도중에 얻을 수 있는지를 이해하는 것이 대단히 어려웠다. 그러나 오늘날 우리는 조용한 뇌가 게으른 뇌가 아니라는 것을 알고 있다. 우리가 정신적으로 평온하게 있는 동안, 우리의 무의식은 활발한 활동을 하고 있을 수도 있다. 『프랑켄슈타인』이 발표되고 200년이 흐른 오늘날, 우리는 그런 활동의 물리적 토대를 측정하고 감시할 수 있다. 우리에게 마법처럼 보일 수 있는 생각이 우리가 의식적으로 집중하고 있지 않은 동안에 일어나며, 이것이 하등하고 원시적인 설치류를 포함한 모든 포유류 뇌의 기본적인 특징이라는 것을 이제 우리는 알고 있다. 뇌에서 하는 생각의 초기 상태(default mode)라고 알려진 이 생각은 유연한 사고에서 중요한 정신적 과정이다.[1]

## 뇌의 암흑 에너지

마커스 라이클은 20년 전부터 지금까지 자신이 연구하고 있는 것을 "암흑 에너지(dark energy)"라고 부른다. 물리학에서 암흑 에너지는 모든 공간에 스며 있으며 우주의 모든 에너지의 3분의 2를 구성하고 있지만 일상에서는 보이지 않는 신비한 것을 일컫는 말이다. 그 결과, 수 세기 동안 천문학자들과 물리학자들은 이것의 존재를 알지 못했고, 1990년대 말이 되어서야 우연히 발견했다. 그러나 라이클은 천문학자가 아니라 뇌과학자이다. 그리고 그가 연구하고 있는 에너지는 뇌의 "암흑 에너지", 즉 뇌의 초기 상태 에너지이다.

천체물리학자들의 암흑 에너지처럼, 초기 상태의 암흑 에너지도 뇌 활동의 이면에서 발생하는 일종의 "배경" 에너지인 것을 생각하면 적절한 비유이다. 그리고 뇌의 암흑 에너지 역시 상당한 양을 차지하지만 오랫동안 우리 눈에 띄지 않았다. 일상적인 활동이 일어나는 동안에는 초기 상태가 활성화되지 않기 때문이다. 이 상태는 우리의 실행 뇌가 특별히 무엇인가를 하기 위해서 분석적 사고 과정을 감독하고 있지 않을 때에 활성화된다.

2001년에 라이클이 이 주제에 대한 연구에 뛰어들고 나서 불과 몇 년 만에 몇 편의 논문을 잇달아 내놓으면서, 초기 상태에 대한 연구는 폭발적으로 증가했다.[2] 내가 이 글을 쓰고 있는 시점을 기준으로 그의 첫 논문은 7,000회 이상 인용되었다. 대개 과학 논문은 몇 달 혹은 몇 년에 걸친 연구의 산물인데, 이 주제를 다룬 논문들 중에서 평균적으로 매일 1편 이상이 그의 연구를 인용했다는 뜻이다. 그러나 과학의 여러 혁신적인 발견과 마찬가지로, 초기 상태라는 개념도 과학적 생각들의 거대한 바다 속에서 눈에 띄지 않은 채 유영하다가 라이클에게 재발견되었고, 그의 논문이 발표되면서 오늘날과 같은 중요한 위치에 오르게 되었다.

이 이야기는 1897년에 대학을 갓 졸업한 한스 베르거라는 스물세 살의 청년이 독일 예나 대학교의 정신의학 병원에 자리를 얻으면서 시작된다.[3] 그의 전공은 신경정신의학이었다. 토머스 윌리스의 17세기 연구에 뿌리를 둔 이 분야는 정신 장애가 뇌의 특별한 과정과 어떤 연관이 있는지를 연구하는 학문이었다. 1897년에는 뇌에서 일어나는 특별한 과정을 관찰하는 유일한 방법이 두개골을 톱으로 절개하여 열어보는 것이었다. 그래서 이 분야에는 사람들이 모여들지 않았다. 그러나 이 젊은 정신의학자는 이후 40년 동안 예나 대학교에서 연구를 하면서 이러한 상황을 바꾸어놓았고, 신경과학 최초의 위대한 기술적 도구를 만들었다.

한스 베르거의 동료들은 그가 수줍음이 많고 말이 없으며, 음침하고 꼼꼼하고 대단히 자기 비판적이었다고 묘사한다. 어떤 증언에 따르면, 그는 "자신의 장비와 물리적 도구들을 확실히 좋아했고, 환자들을 조금

무서워했다."[4] 베르거의 실험에 피험자로 참여했던 어떤 사람은 다음과 같이 말했다.[5] 베르거는 "[그의] 통상적인 절차에 맞지 않는 것은 한 걸음도 따라가지 않았다. 그의 하루하루는 마치 2개의 물방울처럼 서로 닮아 있었다. 그의 강의는 매해 똑같았다. 그는 불변의 화신이었다."

그러나 베르거의 내면생활은 비밀스럽고 대담했다. 그의 일기에 남아 있는 과학적 추측은 대단히 비정통적이었다. 그는 그런 추측들을 창작 시와 영적 성찰 사이에 섞어놓았다. 그리고 자신의 생각들을 사실상 모두에게 비밀로 하면서, 그의 연구에서 당시로서는 충격적인 과학적 생각을 추구했다. 그중 하나는 그가 군복무를 하던 스무 살 때에 경험한 일과 연관이 있었다.

훈련 연습을 하던 베르거는 말에서 떨어져서 하마터면 목숨을 잃을 뻔했다. 그날 저녁, 그는 아버지로부터 안부를 묻는 전보 한 통을 받았다. 그 전까지는 가족 중의 누구로부터도 이런 전보를 받아본 적이 없었다. 훗날 그는 멀리 살고 있던 그의 누이가 아버지를 재촉하여 그에게 연락을 하게 했다는 것을 알게 되었다. 그날 아침, 베르거의 누이가 갑자기 그의 신변에 대한 불안감에 사로잡혔기 때문이다. 베르거는 자신의 공포가 누이의 무엇인가와 소통하면서 그런 일이 일어났다고 확신했다. 그는 몇 년 후에 다음과 같은 글을 썼다.[6] "그것은 생명이 위험할 때 저절로 일어난 텔레파시의 사례였다. 죽음을 직감한 나는 그 생각을 전달했고, 나와 특별히 가까웠던 누이가 수신자가 되었다." 그 일이 있은 후, 그는 인간의 생각에서 나오는 에너지가 어떻게 다른 사람에게 전달될 수 있는지를 이해하려는 시도에 집착하게 되었다.

오늘날에는 정신의 텔레파시라는 개념이 비과학적으로 들린다. 이미 텔레파시는 오래 전에 철저히 조사되었고 신빙성이 없다는 것이 밝혀졌기 때문이다. 그러나 베르거의 시대에는 텔레파시에 반하는 증거가 아주 희박했다. 어떤 사례에 대해서 과학에서 궁극적으로 조사 가치를 규정하는 것은, 조사 대상이 무엇인지가 아니라 연구가 얼마나 세심하고 지적인 방식으로 진행되는지 여부이다. 베르거는 동료들도 인정하는 자신의 엄격한 과학적 기준에 따라서 연구에 착수했다. 그러나 그런 엄격한 방식으로 신경계에서 일어나는 에너지의 변환을 이해하고 정신적 경험과의 연관성을 증명하기 위해서는, 뇌의 에너지를 측정할 방법을 찾아야 했다.

아무도 이 문제를 다룬 적이 없었지만, 베르거는 그 방법에 대해서 기발한 생각을 가지고 있었다. 그는 이탈리아의 생리학자 안젤로 모소의 연구에서 영감을 받아서, 물질 대사에는 산소가 필요하므로 에너지 대신 혈류를 측정하면 된다고 추론했다. 이것은 1990년대에 신경과학의 혁명을 도운 기능적 자기 공명 영상 기술(functional magnetic resonance imaging technology, 이하 fMRI)의 핵심 원리로, 거의 100년을 앞선 생각이었다. 물론, fMRI에는 거대한 초전도 자석과 고성능 컴퓨터와 양자 이론을 기반으로 하는 이론적 설계가 필요하지만, 이 중의 어느 것도 베르거가 조사를 시작한 20세기 초반에는 존재하지 않았다. 그 당시 베르거가 구할 수 있던 연구 장비는 오늘날 중학교 물리 실험실에서 볼 수 있을 법한 종류의 기구들과 톱뿐이었다. 이런 장비로 베르거는 어떻게 뇌 속의 혈류를 관찰할 수 있었을까?

섬뜩한 해결책이었지만, 베르거는 그 점에서 운이 좋았다. 그는 자신의 직장인 예나 대학교 병원에서 정기적으로 환자들과 접촉했다. 종양이나 낙마 사고 때문에 그를 찾은 환자들은 치료를 위해서 두개골의 일부를 반드시 잘라야만 했다. 누군가에게는 천장인 것이 다른 누군가에

게는 바닥이라지만, 여기서는 누군가의 "개두술(craniotomy)"이 그에게
는 뇌를 들여다보는 창이 된 것이다.

베르거의 첫 번째 실험 대상자는 스물세 살의 공장 노동자였다. 머리
에 박힌 총알을 빼내기 위해서 두 번의 외과 수술을 받은 결과, 그의
두개골에는 너비 8센티미터의 구멍이 생겼다. 그는 간헐적으로 발작을
일으키기는 했지만, 인지적으로는 영향을 받지 않았다. 베르거는 그에
게 허락을 구해서, 물을 채운 작은 고무주머니를 그의 머리에 있는 구멍
에 고정시켰다. 고무주머니는 부피 변화를 기록하는 장치와 연결되어
있었다. 고무주머니 아래에 있는 뇌 영역으로 피가 흘러들면, 뇌가 살짝
부풀면서 고무주머니를 누르게 되기 때문이었다.

베르거는 환자에게 간단한 암산, 맞은편 벽에 있는 점 세기, 깃털로
귀 건드린 것 알아채기 같은 일을 수행하게 했다. 그는 이런 일을 하기
위해서 필요한 생각을 "자발적 집중(voluntary concentration)"이라고 부
르고, 환자가 그 일을 수행하는 동안에 뇌의 혈류를 측정했다. 베르거는
"비자발적 집중(involuntary concentration)"으로 인한 혈류도 측정했다.
비자발적 집중을 확인하기 위한 그의 실험 설계는 꽤나 위험했다. 그는
아무것도 모르는 피험자의 뒤에서 총을 발사했다.

만약 당시 신경정신의학 분야에 윤리 규범이 있었다면, 분명 기준이
꽤 낮았을 것이다. 베르거의 실험은 환자를 힘들게 했을 뿐만 아니라,
베르거 역시 기술적인 문제로 인해서 골머리를 썩고 있었다. 그는 수년
에 걸친 연구를 담아 몇 권의 책을 발표했다. 1910년에 출간된 『뇌의
온도에 대한 연구(*Investigations on the Temperature of the Brain*)』에서
그는 뇌의 화학 에너지가 열, 일, 전기적인 "정신 에너지(psychic energy)"
로 전환될 수 있다고 주장했다. 그러나 그의 결론과 자료는 빈약했고,

자신에 대한 회의에 빠진 그는 우울감에 시달렸다.

1920년이 되자, 베르거는 좀더 대담해졌다. 그는 뇌의 기능을 탐구하기 위해서 환자의 뇌에 전극을 삽입하여 전류를 흘려보냈다. 이것은 피질의 다양한 위치를 약한 전류로 자극했을 때에 피험자가 경험하는 것을 뇌의 지형과 연결시키기 위한 실험이었다. 1924년 6월, 그는 열일곱 살이던 대학생의 뇌로 이와 같은 실험을 수행하던 중 불현듯 무엇인가를 깨달았다. 피질 **자극** 장치에서 전극을 제거하고, 그 대신 전극을 전류 **측정** 장비에 부착하면 어떨까? 다시 말해서, 그는 판을 뒤집은 것이다. 그는 뇌로 전류를 보내는 대신, 뇌 자체의 전류를 연구할 수 있도록 새롭게 실험을 설계했다.

이 실험 방식은 베르거의 성공의 비결이 되었다. 이후 5년 동안, 그는 피험자의 두피에 전극을 부착하여 두개골 바깥에서 뇌의 전류를 측정하는 법을 알아냈기 때문이다. 짐작할 수 있겠지만, 그의 실험 지원자는 크게 늘었다. 이 실험 방식은 누구에게나 활용할 수 있었고, 그 덕분에 그는 수천 건의 측정 자료를 얻었다. 그중에는 그의 아들에게서 얻은 것도 다수 포함되었다.

베르거는 자신의 장치를 뇌파 기록 장치(electroencephalograph) 또는 EEG라고 불렀다. 1929년, 쉰여섯 살의 베르거는 드디어 이 연구를 담은 첫 논문, "인간의 뇌파에 관하여"를 발표했다. 그는 다음 10년 동안 14편의 논문을 더 발표했는데, 같은 제목에 번호만 새로 붙여서 구별했다.

베르거의 EEG는 20세기 가장 영향력 있는 발명품 중의 하나였다. EEG는 뇌를 들여다보는 창을 열어서 신경정신학을 진정한 과학으로 만들었다. 오늘날의 과학자들은 정기적으로 EEG를 활용한다. 그래서 메리 셸리가 마음을 느긋하게 가졌던 그날 밤에 그녀의 뇌에서 일어난 것과 같은 정신 과정을 연구한다. 그러나 그와 관련된 최초의 중요한 발견은 베르거가 해냈다.

베르거는 그의 새로운 장치를 이용하여, 사람이 의식적인 생각을 하고 있지 **않을** 때에도 뇌가 활성화되어 있다는 것을 증명했다. 메리 셸리가 영감을 떠올렸을 때처럼, 백일몽이나 잡념에 빠져 있어도 뇌는 활동을 한다는 것이었다. 더욱 뜻밖이었던 사실은 이런 상태를 EEG로 측정했을 때에는, 피험자가 집중을 시작했을 때나 주위 환경의 어떤 사건에 이끌려서 집중을 하게 되었을 때보다 특유의 전기 에너지가 더 강하다는 점이었다.

베르거의 생각은 당시의 과학 지식과는 상반된 것이었다. 당시에는 뇌는 집중이 필요한 일을 할 때에만 전기적으로 활성화된다고 생각했다. 그는 자신의 새로운 발견의 중요성에 대해서 역설했지만, 귀 기울여 들은 사람은 거의 없었다.[7] 과학자들은 사람들이 생각을 하고 있지 않을 때에도 호흡이나 맥박 같은 기능이 계속 작용할 수 있도록 뇌의 일부분이 활동을 해야 한다는 것을 알고 있었다. 따라서 그들은 베르거의 EEG가 무엇을 감지하든지 무작위적인 잡음에 불과할 것이라고 추측했다. 불합리한 관점은 아니었지만, 좀더 열린 마음을 가졌더라면 그들도 베르거처럼 그 신호가 무작위적이지 않을 것이라는 사실을 깨달았을 것이다. 안타깝게도 이것은 기존의 패러다임이 지식의 진보를 가로막은 사례이자, 너무나 흔한 이야기였다.

1930년대 후반이 되자, EEG에 대한 베르거의 연구는 하나의 거대한 분야를 낳았지만, 쉬고 있는 뇌의 에너지에 대해서는 아무도 연구하지 않았다. 당시의 연구는 다른 방향으로 진보하고 있었고, 베르거는 뒤로

쳐졌다. 그러던 1938년 9월 30일, 베르거는 병원에서 회진을 돌고 있다
가 갑작스러운 전화를 받았고, 나치 당국으로부터 다음날 해고될 것이
라는 이야기를 들었다. 그로부터 얼마 지나지 않아, 그의 연구실은 해체
되었다.

제2차 세계대전이 한창이던 1941년 5월, 그의 경력은 나치에 의해서
중단되었고 EEG 연구 분야는 그가 원했던 방향으로 가지 않았다.[8] 베르
거는 그의 일기에 다음과 같이 썼다. "잠 못 이루는 밤을 보내면서 계속
우울감과 자책에 시달리고 있다. 글을 읽거나 어떤 체계적인 방식으로
연구를 하는 것은 불가능하지만, 그럼에도 나 자신을 다그쳐보려고 한
다. 이런 식으로는 견디기 어려우니까."

그의 경력은 사실상 끝이 났고, 베르거는 뇌의 전기적 과정을 마음속
에서 경험하고 있는 것과 연결시키려던 자신의 인생 목표가 성공을 거
두지 못했다고 느꼈다. 그는 백일몽을 꾸는 뇌에서 전기 에너지를 발견
하면서 큰 진전을 이루었지만, 더 이상 나아가지는 못했고 그 중요성을
누군가에게 납득시키지도 못했다. 베르거가 마지막으로 발표한 논문은
그의 생각을 진지하게 받아들여줄 것을 동료들에게 호소하는 글로 마무
리된다.

나는 과거에 내가 내놓은 어떤 주장에 대한 관심을 이끌어내고 싶다.[9]
정신 작용이 수행될 때나, 활발한 의식 활동이라고 지칭되는 유형의 활동이
어떤 식으로든 나타나게 될 때……인간 뇌의 잠재적 진동의 진폭이 꽤 많이
감소하는데, 이런 변화는 피질 활동의 변화와 연관이 있다.

베르거는 아무도 없는 우주 공간에 대고 소리를 지르는 것이 더 나을

뻔했다. 그의 말은 아무에게도 가닿지 않았다. 이것은 시대를 지나치게 앞선 사람이 겪어야 하는 고통이었다. 1941년 5월 30일, 한스 베르거는 스스로 목숨을 끊었다. 그의 연구실 벽에는 그의 외할아버지인 시인 프리드리히 뤼케르트의 시가 걸려 있었다.[10]

> 사람은 저마다 마음속에
> 되고자 하는 모습을 품고 있다.
> 그것을 이루지 못하는 한
> 그는 충만한 평화를 이룰 수 없다.

## 게으른 마음의 교향곡

내가 낸시 앤드리아슨과 대화를 나누었을 때, 짧게 올려친 진갈색 머리를 한 그녀는 여든 살에 가까운 나이였다. 그녀는 의사로, 영문학 박사 학위도 가지고 있었다. 신경과학에서 흔히 볼 수 있는 조합은 아니다. 아니, 어떤 과학 분야에서도 흔하지 않을 것이다. 그녀는 먼저 영문학 박사 학위를 따고 아이오와 대학교에서 르네상스 문학 교수로 일하게 되었다. 그러다가 힘겹게 임신과 출산을 하고 1주일 동안 침대에 누워서 지내고 있었다. 그녀는 이런저런 공상을 하다가 그녀의 머릿속에 삶을 뒤바꿀 생각이 떠올랐다. 자신이 달라지고 싶어한다는 것을 문득 깨달은 것이다.

앤드리아슨이 자신의 경험담을 나에게 이야기해주었을 때, 나는 메리 셸리에게 프랑켄슈타인 이야기가 어떻게 떠올랐는지가 생각났다. 앤드리아슨의 경우, 그녀가 쓰고 있던 이야기가 자신의 인생을 다시 쓰게 했다는 점에서 달랐다. 갑작스러운 깨달음을 얻었을 때, 그녀는 프린스턴 대학교 출판사로부터 존 던 시인에 관한 책의 출판을 막 허락받은 참이었다. 경력의 시작 단계에 있는 대부분의 영문학 교수에게 그 일은 크게 환호성을 올릴 일이었을 것이다. 그러나 그녀에게는 그렇지 않았다.[11] 그녀는 "존 던에 관한 책을 쓰는 일보다 사람들의 삶을 변화시킬 수 있는 무엇인가를 하고 싶다는 것을 깨달았어요"라고 말했다.

존 던에 관한 책을 쓰는 일보다 사람들의 삶을 변화시킬 수 있는 무엇인가를 찾는다는 것은 대단히 어려운 주문을 하는 것은 아니다. 백포도주 한 잔이면 대부분의 사람들을 변화시키는 일이 가능할 것이다. 그러나 앤드리아슨은 그 "무엇인가"로 대단히 야심찬 일을 선택했다. 그녀는 의대에 진학해서, 베르거와 같은 분야인 신경정신학을 공부하기로 결심했다. 이것은 꽤나 급진적인 선택이었다. 그녀는 대학에서 과학이나 수학 과정을 거의 배우지 않은 영문학 전공자였기 때문이다. 앤드리아슨은 새로운 경력을 바닥에서부터 쌓아야 했다. 게다가 그 시절에는 오늘날에 비해서 여자들이 부딪혀야 하는 장벽이 훨씬 더 많았다.

1960년대 후반, 고등학생이었던 앤드리아슨은 하버드 대학교의 훌륭한 장학금을 거절해야 했다. 어린 소녀가 집에서 멀리 떠나서는 안 된다고 생각한 그녀의 아버지 때문이었다. 교수로서 그녀가 알게 된 것은, 학술지에 발표한 논문이 더 진지하게 받아들여지기를 원한다면 첫 이름과 중간 이름을 약자로 나타냄으로써 성별을 감추는 편이 더 낫다는 사실이었다. "나는 그 대학의 영문학부에서 정년을 보장받는 자리에 고용된 첫 여성이었어요.[12] 그래서 신중하게 N. J. C. 앤드리아슨이라는 성 중립적인 이름으로 발표를 했어요." 그녀는 여러 해 전에 『애틀랜틱(The Atlantic)』지에 썼던 논문을 떠올리며 말했다. 의학계로 진입하기를 원하는 여성에 대한 압박도 그만큼 극심했다. 여성이 대학원 교육을 받는 일도 별로 없었고, 일반적으로 여자는 의대에서 환영을 받지 못했다. 그리고 이제 그녀는 사실상 남자뿐인 의예과에서 자신의 예전 제자들 틈에 앉아서 의사가 되기를 열망하고 있었다.

앤드리아슨은 그런 장벽들을 이겨내고 목표 달성에 성공했다. 1980년대가 되자, 그녀는 양전자 방출 단층 촬영술(positron-emission tomography, 이하 PET)의 세계적인 전문가가 되어 있었다. PET는 신체의 일부, 앤드리아슨의 경우에는 뇌에, 방사성 물질을 주입하여 조직의 영상을 만드는 기술이었다. 신경정신의학과 새로운 뇌과학 분야의 관점에서 볼 때, PET 스캔은 베르거의 EEG를 뛰어넘는 최초의 기술적 도약이었다.

오늘날의 PET 스캔 기술은 그 당시와는 크게 달라졌다. 앤드리아슨은 나에게 다음과 같이 말한다. "당시는 1990년대의 영상 붐이 일어나기 전이었습니다. 물리학을 잘 아는 방사화학자와 의사가 함께 연구를 해야 했고, 뇌 해부학과 통계학에도 정통해야 했어요. 또 프로그래머들과도 편하게 일을 할 수 있어야 했죠. 모든 것이 소프트웨어로 나와서 단지 다운로드를 받기만 하면 되는 오늘날과는 달랐습니다. 오늘날에는 자신에게 맞춘 통계학과 뇌 해부학을 구할 수 있어요."

앤드리아슨의 노고는 보상을 받았다. 그녀는 빈둥거리는 뇌가 만들어내는 특별한 유형의 전기 에너지를 재발견했다. 이것은 베르거가 기록으로 남기고, 훗날 라이클이 연구하게 되는 것과 같은 에너지였다. 라이클이 결국 초기 상태라는 용어를 만들었지만, 앤드리아슨은 이런 뇌의 작동 방식을 REST 상태라고 불렀다. REST는 "random episodic silent thinking(무작위 일회성 휴지기 사고)"의 첫 글자들을 딴 것인데, 일종의 말장난이기도 하다. 그녀의 논점은 사람의 마음이 쉬고 있는 것처럼 보여도 사실은 그렇지 않다는 것이기 때문이다. 뇌는 무의식적으로, 즉 다른 방식으로 정보를 처리하고 있다는 것이다.

앤드리아슨이 어떻게 이런 발견을 했는지를 이해하기 위해서는 뇌 영상 실험이 어떻게 이루어지는지에 관해서 조금 알아야 한다. 모든 과학 실험과 마찬가지로, 뇌 영상 실험에도 통제 임무(control task)가 필요하다. 연구자들은 통제 임무를 수행하는 동안 뇌의 각 부분에서 나온 활동 값을 실험 임무를 수행하는 동안 같은 부분에서 나온 활동값에서 뺀다.

대개의 실험에서 이 통제 임무는 그냥 가만히 누워 있는 것이다. 이런 경우, 연구자는 피험자에게 "마음을 비우세요" 같은 지시를 하는 것이 보통이다. 연구자들은 이런 종류의 편안한 상태일 때에는 뇌에서 별다른 일이 일어나지 않을 것이라고 생각했다. 앤드리아슨은 이렇게 말한다. "그 가정이 나에게는 거슬렸어요. 나는 마음을 '비운다'는 것이 가능한지 의심스러웠죠." 그래서 그녀는 쉬고 있는 뇌의 활동을 다른 연구의 기준치로 이용하는 대신 그 자체를 분석해보기로 결심했다.

그리고 앤드리아슨이 알아낸 사실은 수십 년 전에 베르거가 알아낸 것과 같았다. 그녀는 다음과 같이 말한다. "뇌가 쉬고 있을 때, 뇌는 약간의 활동을 하는 것이 아니었습니다. 그 활동은 엄청나게 활발했고, 어떤 구조에 집중되어 있었습니다." 일반적인 통념과는 충격적일 정도로 상반된 결과였고, 그 충격은 베르거의 시대 못지않았다. 그러나 앤드리아슨의 마음을 진정으로 사로잡은 것은 활동이 일어나는 장소였다. 휴지기의 뇌 활동은 몇 개의 구조로 이루어진 연결망에서 일어났는데, 전에는 서로 연관성이 별로 없다고 여겨졌던 구조들이었다. 이제 이 연결망은 초기 설정 연결망(default network)이라고 불린다.

앤드리아슨은 더 흥미로웠던 점에 대해서 이렇게 말한다. "그것은 그저 소음이 아니라 교향곡이었습니다. 연결망 내에서 일어나는 활동은 시시각각 바뀌었지만, 꼭 인접한 것도 아닌 서로 다른 영역이 동시에 점화하고 있었습니다." 서로 다른 세 영역이 동시에 점화하는 것을 확인한 앤드리아슨은 무엇인가 대단한 것을 발견했음을 직감했다.

지금까지 많은 연구에서 인간의 뇌 크기를 다루었고, 그중에서도 특히 전전두 피질의 크기에 관한 연구가 많았다. 그러나 이제 과학자들은 그것이 우리의 주의를 분산시키는 허상이 아닐까 의심하기 시작했다. 어쩌면 우리의 지능과 정신에서 더 중요한 것은 우리 뇌의 **연결성**(connectivity)일지도 모른다고 믿기 시작했다.

제4장에서 설명했듯이 뇌는 층위 구조를 이루고 있고, 2009년에 시작된 인간 커넥톰 계획은 이제 점점 더 상위 구조들 사이의 신경 연결 지도를 만드는 작업을 진행하고 있다. 그러나 앤드리아슨은 1995년에도 뇌에는 구조들이 연합을 이루어서 수행하는 기능이 많다는 것을 알고 있었다. 그리고 어떤 연합을 이루는지에 따라서 각각의 구조가 하는 역할이 변화할 수 있다는 것도 알았다. 따라서 여러 영역이 동시에 점화하고 있다는 것은 앤드리아슨이 그 연합 중의 하나를 발견했다는 의미였다.

그렇다면 그 중요성은 무엇이었을까? 앤드리아슨은 베르거의 발견을 재확인했다. 그리고 그녀가 찾아낼 수 있는 더 정교한 기술을 활용하여, 서로 얽혀 있는 뇌 구조의 연결망과 그곳에서 벌어지는 활동의 유형에 관해서 베르거보다 훨씬 더 많은 것을 알아낼 수 있었다. 그러나 앤드리아슨의 연구는 시작에 불과했다.[13] 몇 년 후에 라이클이 더 광범위한 연구를 시작하면서, 초기 설정 연결망은 신경과학 연구계의 중심 무대에 서게 되었다.

지난 10년 동안, 과학자들은 초기 설정 연결망에 속하는 구조들을 추가로 발견했고, 우리는 그것이 뇌에서 하는 역할을 더욱 잘 이해하기 위해서 지금도 연구를 계속하고 있다. 그러나 이제 우리는 초기 설정 연결망이 우리 내면의 정신생활을 관장하고 있다는 것을 안다. 이런 내면의 정신생활에는 의식적, 혹은 잠재의식적으로 일어나는 우리 자신과의 대화가 모두 포함된다. 내면의 정신생활은 빗발치듯 쏟아져 들어오는 바깥세상에 대한 감각을 외면할 때에 비로소 제대로 시작되어, 우리 자신을 들여다보게 한다. 그렇게 되면 유연한 사고의 신경망은 뇌 속에 저장되어 있는 감정과 기억과 지식의 거대한 데이터베이스를 뒤지고 돌아다닐 수 있다. 그러다가 평소라면 연결되지 않았을 개념들을 연결시키고, 평소라면 눈치채지 못했을 연관성을 주목하게 된다. 그렇기 때문에 휴식, 공상, 그외에 산책 같은 차분한 활동은 새로운 발상을 만드는 강력한 방법이 될 수 있다.

## 연상으로 똑똑해지기

초기 상태의 힘은 그것이 발생하는 위치에서 유래한다. 초기 설정 연결망의 구성 요소들은 모두 **연합 피질**(association cortex)이라고 불리는 하부 영역에 있다. 우리 뇌에는 5개의 감각계와 각각의 운동 영역을 담당하는 연합 피질이 있고, 운동이나 감각과 상관이 없는 더 복잡한 정신 과정을 위한 "고차적원적인" 연합 영역이 있다. 나는 제4장에서 생각을 표현하는 신경망이 다른 신경망을 활성화해서 연상을 만들어낼 수 있다고 말했다. 연합 피질은 그런 연결이 만들어지는 장소이다.

연상은 우리가 보고, 듣고, 맛보고, 냄새를 맡고, 만지는 것에 의미를 부여하도록 돕는다. 이를테면, 일차 시각 피질(primary visual cortex)이라고 불리는 뇌의 영역은 가장자리, 밝고 어두운 것, 위치와 같은 눈에 보이는 세계의 기본적인 특징을 감지한다. 그러나 그것은 단지 자료일 뿐이다. 그 자료가 의미하는 것은 무엇인가? 우리가 보고 있는 사람, 장소, 사물은 무엇이며, 무슨 의미를 가지는가? 우리가 확인한 대상에 대한 정의가 이루어지는 곳이 바로 연합 피질이다.

'출입 금지'라고 쓰인 표지판을 읽을 때, 인쇄된 글자들은 우리의 망막 위에 상을 만든다. 그 상은 글자를 구성하는 선들의 재생일 뿐이다. 표지판에 담긴 메시지는 망막에서 시각 피질로 전달된 정보가 연합 피질에서 표지판으로 확인될 때에만 의미가 완성되고, 우리가 아는 글자와 단어로 읽힌다. 그리고 이것은 단지 시작일 뿐이다. 이제 그 상은 다른 연합 영역으로 전달되고, 그곳에서는 그 단어가 가진 뜻 이외의 의미와 감정적 분위기와 사적인 기억이나 경험이 추가적인 의미를 부여한다.

다른 동물이 어떻게 생각하는지를 직접 체험해본 사람은 아무도 없지만, 동물의 사고 방식을 관찰하는 과학자들은 동물에게는 추상적인 연상을 할 수 있는 능력이 별로 없어 보인다는 점에 주목한다. 과학자들이 구체적인 대상을 이용한 정교한 실험을 통해서 증명한 바에 따르면, 붉은털원숭이(rhesus monkey)는 1에 1을 더해서 2를 만들 수 있다.[14] 그러나 달의 "궤도"라는 추상적 개념을 타원과 연결시키는 것은 그런 단순한 덧셈과는 비교가 되지 않는다. 인간의 경우는 뇌의 뉴런 중의 약 4분의 3이 연합 피질에 존재한다. 뇌의 비율 측면에서 볼 때, 이것은 다른 어떤 동물과도 비교가 되지 않는다.

우리의 연합 뉴런은 단순히 반응만 하는 것이 아니라, 생각을 하고 참신한 발상을 할 수 있게 해준다. 연합 뉴런은 우리 마음가짐의 원천으로, 우리를 다른 사람과 차별화하고 개체로서의 정체성을 확인하도록 돕는다. 연합 뉴런은 독창성의 원천이기도 하다. 우리 문화는 발견과 발명을 무(無)를 실체화하는 것이자, 천부적인 재능에서 나오는 영묘한 마법의 산물이라고 생각하는 경향이 있다. 그러나 혁신적인 발상은 평범한 발상과 마찬가지로 이미 우리 마음속 한 켠에 있는 것들의 연상과 재조합으로부터 나타나고는 한다.

여기서 우리는 다시 초기 상태를 생각하게 된다. 앤드리아슨은 이렇게 말한다. "우리 마음이 휴식을 취하고 있을 때, 진짜로 일어나는 일은 생각들을 요모조모 검토하는 것입니다. 우리의 연합 피질은 이면에서 늘 작동하고 있지만, 우리가 어떤 일에 집중하지 않고 있을 때, 이를테면 운전처럼 무심하게 할 수 있는 무엇인가를 하고 있을 때에 마음은 가장 자유롭게 방랑합니다. 그래서 그럴 때에 새로운 발상이 가장 활발하게 만들어지는 것입니다."

뇌과학에서 흔히 있는 일이지만, 뇌 속의 어떤 구조나 연결망의 역할을 더 잘 이해하기 위한 한 가지 방법은 그 부분에 장애가 생긴 사람들의 행동을 연구하는 것이다. 유명한 사례인 환자 J의 경우를 생각해보자.[15] 그녀는 전두엽에 발생한 뇌졸중으로 인해서 초기 상태의 기능을 잃었고, 이후 꽤 기적적으로 회복했다.

뇌졸중 직후, 환자 J는 침대에 조용히 누워 있었고 정신은 맑았다. 그녀는 요청과 지시에 반응했고, 물어오는 질문에 답을 했다. 그러나 어떤 대화도 먼저 시작하지 않았다. 연상을 일으키는 내적인 마음의 대화가 없는 상황에서는, 아무것도 마음에 떠오르지 않았다.

전형적인 대화를 생각해보자. 만약 의사가 환자 J에게 "오늘 병원 식사는 어땠나요?"라고 묻는다면, 환자 J는 "썩 좋지는 않았어요"라고 대답할 것이다. 건강한 사람이라면 밋밋한 대답에 무엇인가를 덧붙여 말하는 것이 보통이다. "내가 이미 병원에 입원해 있었기에 망정이지, 안 그랬으면 그 음식을 먹고 입원했을 판이에요"라든지, "그래도 우리 아이의 학교 식당에서 나오는 이상한 고기보다는 나아요" 같은 말이 뒤따라왔을 것이다. 그러나 이런 말들은 **형편없는 음식**과 **식중독**, 또는 **병원 음식**과 **학교 음식** 같은 것을 마음속에서의 개인적인 연상을 통해서 찾아내야만 할 수 있으며, 당장의 상황이나 환경에서 나오는 것이 아니다. 이런 대답은 성격의 표현이며, 성격이 표현되려면 내면을 들여다보아야 한다. 환자 J는 그런 사고를 할 수 없었다. 그녀는 새로운 생각을 만드는 능력을 잃었고, 그로 인해서 대화를 하는 능력도 상실했다. 회복 후, 환자 J는 왜 묻는 말에만 대답하고 그외에는 아무 말도 하지 않느냐는 질문을 받았다. 그녀는 "할 말이 없기" 때문에 아무 말도 하지 않는다고 대답했다. 환자 J의 말에 따르면, 그녀의 마음은 "텅 비어버렸다."

## 멍 때리기의 중요성

나는 몇 년 동안 스티븐 호킹과 함께 작업을 하는 즐거움을 누렸다. 지난 50여 년 동안 스티븐이 앓았던 근위축성 축삭경화증(amyotrophic lateral sclerosis, ALS)은 수의근(voluntary muscles)을 조절하는 뉴런을 공격하는 병이었다. 약간의 운동 능력은 있었기 때문에, 그는 컴퓨터 화면에 나타나는 단어를 마우스로 클릭하여 선택하는 방식으로 대화를 나누었다. 그것은 매우 지난한 과정이다. 먼저 화면에 글자와 글자 사이를 이동하는 커서가 나타난다. 일단 글자 하나를 선택한 후, 그 글자로 시작하는 추천 단어 목록 중에서 하나를 클릭하거나 그가 염두에 둔 단어의 다음 글자를 선택하는 과정을 반복한다. 이 과정은 그가 단어를 선택하거나 철자를 다 선택할 때까지 계속 이어진다.

우리가 처음 공동 작업을 시작할 무렵의 그는 엄지손가락으로 마우스를 클릭했다. 나중에는 병이 더 진행되었기 때문에, 동작 감지 장치가 장착된 안경을 쓰고 오른쪽 뺨을 씰룩거리는 방식으로 마우스를 클릭했다. 당신이 텔레비전에서 스티븐이 인터뷰를 하는 것을 본 적이 있더라도, 질문에 신속하게 답을 하는 그의 모습은 허상이다. 그는 인터뷰를 하기 한참 전에 미리 질문지를 받는데, 그에 대한 답을 만들려면 며칠이나 몇 주일이 필요하기 때문이다. 그후에 인터뷰 진행자가 질문을 하면, 스티븐은 준비한 대답을 간단히 클릭만 하거나 음향 편집자가 나중에 그의 대답을 덧입힌다.

내가 스티븐과 작업을 할 때, 그가 문장을 만드는 속도는 1분에 약 여섯 단어였다. 그래서 내가 한 말에 대해서 그에게 간단한 대답을 들으려면, 나는 보통 몇 분을 기다려야 했다. 처음에는 지루함을 견디지 못하고 이런저런 공상을 하면서 그가 문장을 끝내기만 기다렸다. 그러던 어느 날, 나는 그의 어깨 너머에 있는 컴퓨터 화면을 보게 되었다. 그 화면에는 그가 만드는 문장이 표시되고 있었고, 나는 점점 더 완성되어가는 그의 대답에 관해서 생각하기 시작했다. 그가 할 말을 완성할 즈음이 되면, 나는 그가 표현하고자 하는 생각을 몇 분 동안 차분히 음미했다.

그 일로 내가 깨닫게 된 사실이 하나 있었다. 보통의 대화에서, 우리는 서로 몇 초 이내에 대답하기를 기대한다. 그 결과 우리가 주고받는 말들은 마음속 얕은 곳에서 거의 자동적으로 튀어나오게 된다. 스티븐과 대화를 나누면서 대답의 간격이 수 초에서 수 분으로 늘어났고, 길어진 대화의 간격은 엄청나게 유익한 효과를 나타냈다. 내가 그의 말을 훨씬 더 깊이 생각할 수 있도록 해주었고, 나 자신의 생각과 그를 대하는 나의 반응도 더 활발해졌다. 보통의 대화에서는 절대 그렇게 할 수 없을 것이다. 그렇게 느려진 대화는 나의 생각에 깊이를 더해주었는데, 일상적으로 급하게 오가는 대화에서는 불가능한 일이었다.

이런 서두름은 사람 간의 대화에만 영향을 주는 것은 아니다. 우리는 문자에 급하게 답을 하고, 이메일을 쓰고, 온라인 링크를 타고 이리저리 빠르게 돌아다닌다. 우리는 그 어느 때보다도 자동화와 기술의 도움을 받고 있지만, 그 어느 때보다도 더 분주하다. 정보와 결정을 내려야 할 일과 처리해야 할 일들이 우리에게 마구 쏟아지고 있다. 일반적으로 성인이 스마트폰에 잠깐씩(30초 이내) 접속하는 횟수는 하루 평균 34회이며, 전화 통화나 게임에 더 오랜 시간을 쓰는 것은 말할 것도 없다. 성인의 58퍼센트가 적어도 한 시간에 한 번씩 스마트폰을 확인하고, 18-24세의 연령대 사람들은 평균적으로 하루에 110건의 문자를 주고받는다.[16]

기술의 영향은 긍정적일 수 있다. 우리는 가족, 친구들과 더 쉽게 연락을 주고받을 수 있다. 휴대전화나 태블릿, 텔레비전 프로그램, 뉴스 웹사이트, 게임, 그외 다른 앱에 거의 항상 쉽게 접속이 가능하다. 그러나 우리 자신 역시 언제, 어디에서나 닿을 수 있는 위치에 있다. 집에서도 일을 할 수 있고 고용주와 더 쉽게 연락을 주고받을 수 있기 때문에, 사실상 거의 항상 업무나 전화 연결에 노출되어 있다고 볼 수 있다. 친구와 가족과의 접촉조차도 중독이 될 수 있다는 부정적인 측면이 있다.

한 연구에서, 참가자들은 2일 동안 문자 금지를 요청받았다. 그들은 문자를 할 수 없었던 이틀 동안 "짜증 나고", "불안하고", "초조한" 느낌이 들었다고 보고했다.[17] 아이폰 이용자들을 대상으로 한 다른 연구에서는 울리고 있는 전화를 받지 못하게 하면 불안감에 시달리고 심박수가 증가한다는 것을 발견했다. 또다른 연구에서는 73퍼센트의 스마트폰 사용자들이 전화기를 둔 장소를 잊어버리면 공황 상태에 빠진다는 것을 알아냈다. 또다른 연구에서는 많은 사람들이 그래서는 안 된다는 것을 알면서도 전화기가 없는 것을 못 견디는 것이 입증되었다. 이런 것들은 전형적인 중독의 징후이며, 이런 증후군은 점점 더 심각해지고 더 흔해지고 있다. 그래서 정신의학자들은 아이폰 분리불안(iPhone separation), (무[無]휴대전화 혐오증[no-mobile-phone-phobia]이라는 의미인) 노모포비아(nomophobia), 스마트폰 장애(iDisorder)와 같은 병명을 만들어내기 시작했다.

중독이 일어나는 이유는 지속적인 충격에 익숙해진 활동이 우리 뇌의 기능을 변화시킬 수 있기 때문이다. 이 메커니즘은 화학적 중독의 메커니즘과 흡사하다. 우리가 즐겨 찾는 소셜 미디어나 이메일을 확인할 때에 무엇을 마주치게 될지 모른다는 사실은 우리 뇌가 기대를 가지게 만들며, 무엇인가 흥미로운 것을 발견하면 우리의 보상 회로에서 약간의 동요가 일어난다. 한동안 그 동요에 영향을 받은 후에는 그것이 없으면 허전함을 느낀다. 그 사이, 휴대전화에서 울리는 온갖 신호음은 우리에게 보상이 기다리고 있다는 것을 항상 일깨워준다.

외팔이 도적(one-armed bandit)이라는 라스베이거스의 슬롯머신을 기억하는가? 인터넷과 기술 중독 센터의 정신의학자인 데이비드 그린필드의 말에 따르면 "인터넷은 세상에서 가장 큰 슬롯머신이고, 스마트폰은 세상에서 가장 작은 슬롯머신이다."[18] 당신의 스마트폰에서 할 수 있는 간단한 것을 포함하여, 비디오 게임은 그중에서도 더 해롭다. 한 연구를 인용하면 "비디오 게임을 하는 동안에는 뇌에서 분비되는 도파민 양이 엄청나게 증가하는 것이 실제로 관찰되는데, 특히 보상과 학습을 조절하는 것으로 생각되는 영역에서 나타난다.[19] 암페타민을 정맥 주사로 주입했을 때에 관측되는 도파민의 증가량과 비교하면, 그 증가 수준은 실로 놀랍다."

끊임없는 활동에 대한 중독은 빈둥거리는 시간의 부족을 가져온다. 그 결과, 뇌가 초기 상태로 있는 시간도 줄어든다. 누군가는 "아무것도 하지 않는 것"을 비생산적이라고 생각할지 모르지만, 휴식 시간의 부족은 우리의 안녕을 위해서 좋지 않다. 우리의 초기 설정 연결망은 빈둥거리는 시간이 있어야만 최근에 경험하거나 배운 것을 이해할 수 있기 때문이다. 빈둥거리는 시간은 실행 뇌의 검열 없이 통합적인 사고 과정을 통해서 다양한 생각들을 조화시킬 수 있게 해주고, 우리가 바라는 것을 깊이 생각하게 해주며, 이루지 못한 목표들을 해치울 수 있게 해준다.

이런 내적 대화는 우리가 1인칭 시점의 삶을 계속해서 해나갈 수 있도록 힘을 주며, 자아에 대한 감각의 발달과 강화에 도움을 준다. 또 서로 다른 정보를 연결하여 새로운 연상을 할 수 있게 하고, 우리가 처한 문제에서 한 걸음 뒤로 물러나서 문제를 다른 방식으로 보거나 새로운 묘안을 찾을 수 있게 해준다. 이뿐만이 아니다. 상향식으로 작동하는 유연한 사고의 연결망이 곤란한 문제에 대해서 창의적이고 예상하지 못한 해결책을 탐색할 기회를 주기도 한다. 메리 셸리가 프랑켄슈타인이라는 인물을 창조한 그날 밤, 만약 그녀에게 휴대전화가 있었다면 그녀는 느긋하게 공상을 하는 대신 휴대전화를 집어 들었을 것이다. 휴대전화의 수많은 유혹이 그녀를 의식적으로 집중하게 만들어서 생각이 떠오르는 것을 억눌렀을지도 모를 일이다.

유연한 사고의 연상 과정은 의식이 집중 상태에 있을 때에는 주로 일어나지 않는다. 느긋한 마음은 참신한 생각들을 살핀다. 분주한 마음은 가장 익숙한 생각들을 찾는데, 그런 생각들은 대개 재미가 없다. 우리의 초기 설정 연결망이 점점 더 뒤로 밀려날수록, 우리의 내적 대화를 늘려줄 멍한 시간은 안타깝게도 더 적어진다. 그 결과, 무작위적인 연상들을 서로 연결시켜서 새로운 생각과 깨달음으로 나아갈 수 있는 기회가 줄어든다.

역설적이지만, 유연한 사고를 그 어느 때보다도 중요하게 만들어준 기술의 진보는 이제 우리의 유연한 사고를 방해하고 있다. 그래서 만약 우리가 빠르게 변화하는 시대적 요구에 따라서 유연한 사고를 훈련하고자 한다면, 끊임없는 방해와 싸워야 하고 전자 제품의 플러그를 잠시 뽑을 수 있는 시간을 찾아야 한다. 지난 몇 년 동안 이 문제는 대단히 심각해졌고, 그 결과 생태심리학(ecopsychology)이라는 비교적 새로운 분야가 갑자기 활기를 띠었다.

생태심리학자들은 자신들의 주장을 뒷받침할 과학적 증거를 모으고 있지만, 그들의 권고는 대부분 새로운 것이 아니다. 이를테면, 이들은 조용한 시간을 확보하기 위한 한 가지 방법으로 연락을 끊고 조깅이나 샤워 같은 활동을 안식처로 삼으라고 제안한다. 걷는 것도 좋다. 그러나 휴대전화는 집에 두고 나와야 한다. 이런 산책은 초기 상태에 자극을 줄 수 있고, 하향식 실행 기능을 회복하는 데에도 도움이 된다. 다시 바쁜 일상 속으로 돌아갈 때 우리는 새로운 활력을 얻게 되겠지만, 단 조용한 곳을 산책해야 한다.[20] 소란한 도시 지역에는 누군가와 부딪치거나 빠르게 지나가는 차를 피해야 하는 상황처럼, 주의를 기울여야 하는 자극이 가득하다. 그러나 만약 걷거나 뛰는 행동만으로 마음이 자유로워질 수 있다면, 아침에 잠에서 깬 뒤 몇 분 동안 침대에 그대로 누운

채로 있는 것으로도 마음을 자유롭게 할 수 있다. 그날의 일정이나 할 일의 목록을 곰곰이 생각하지 말고, 천장을 응시하며 그냥 차분히 누워 있어보자. 침대의 편안함을 즐기면서, 세상을 마주하기 전에 살짝 긴장을 풀어주는 것이다.

일을 할 때, 복잡한 문제가 해결이 되지 않아서 진척이 없을 때에는 계속 밀어붙이기보다는 잠시 쉴 겸 무심하게 할 수 있는 일을 하나 계획해보자. 구매해야 할 물건의 목록 같은 사소한 무엇인가를 계속 마음속에 담아두면 그것이 유연한 사고를 저해할 수 있다. 그러니 계속 해왔던 일과 해야 하는 일에 대한 생각을 몰아내려고 노력해보자. 머리를 맑게 비우는 데에 성공한다면, 유연한 사고는 쉬운 업무를 완수함과 동시에 교착 상태를 타개할 시원한 해답을 자유롭게 찾아다닐 것이다. 한 시간마다 잠시 물을 마시고 오는 것만으로도 도움이 될 수 있다. 막간의 휴식을 통해서 우리의 유연한 마음은 조금 전까지 집중하고 있던 생각을 처리하고 의문을 제기할 기회를 얻게 될 것이다.

놀랍게도, 꾸물거리는 버릇도 도움이 된다. 연구자들은 꾸물거림과 창의성 사이에 양의 상관관계가 있다는 것을 밝혔다.[21] 문제를 풀고 결정을 내리는 의식적인 시도를 미룸으로써, 그런 일들을 더 오랫동안 무의식적으로 고려하게 되기 때문이다.

레오나르도 다 빈치는 그런 무의식적인 처리를 대단히 중요하게 여겼다. 그는 "최후의 만찬"을 작업하는 동안, 한참씩 작업을 중단하고는 했다. 다 빈치에게 급료를 지불하고 있던 성직자는 이런 중단이 달갑지 않았다. 미술사학자인 조르조 바사리에 따르면, "그 교회의 수도원장은 짜증스러울 정도로 끈질기게 다 빈치에게 작업을 끝내줄 것을 요청했다. 생각에 빠지면 하루의 절반을 그냥 보내기도 하는 다 빈치를 이상하게 생각했기 때문이었다. 수도원장은 다 빈치가 텃밭에서 괭이질을 하는 일꾼처럼 결코 붓을 내려놓지 않기를 바랐을 것이다." 그러나 다 빈치는 "수도원장에게 예술에 대해서 장황하게 설명하고, 위대한 천재는 때로 일을 하고 있지 않을 때에 더 많은 것을 성취한다고 그를 설득했다."[22] 다음에 창밖을 바라볼 때, 우리는 게으름을 피우고 있는 것이 아님을 기억하자. 우리는 우리의 예술적인 측면이 작동을 할 기회를 주고 있는 것이다. 그리고 만약 당신에게 그런 휴식을 취하는 경향이 없다면, 그런 여유를 가지는 것이 유익하다는 사실을 발견하게 될지도 모른다.

# 7
# 통찰의 기원

## 상상도 할 수 없는 일이 분명한 일이 될 때

1941년 12월 21일, 진주만에서 암울한 일이 벌어진 지 2주일 후, 프랭클린 루스벨트 대통령은 백악관에서 열린 합동 참모진 회의에서 가능한 한 빨리 일본을 폭격해야 한다고 말했다. 미국의 사기를 올리고, 일본 국민에게는 그들에게 안전하다고 말하는 일본 지도자에 대한 의심의 씨앗을 심어주기 위한 조치였다. 다급한 임무인 것은 분명했지만, 불가능한 과제처럼 보였다. 일본까지 비행하기 위해서 필요한 지역의 근처에는 어디에도 폭격기가 없었기 때문이다.

몇 주일이 지난 어느 추운 날, 프랜시스 로라는 한 잠수함 함장은 버지니아 노퍽에 있는 해군 비행장에서 폭격기들이 활주 연습을 하고 있는 것을 보고 있다가 루스벨트의 도전 과제를 떠올렸다.[1] 활주로에는 폭격기들의 연습을 위한 가짜 표적인 항공모함 갑판 모양의 직사각형 외곽선이 그려져 있었다. 그 도전 과제를 들은 다른 모든 이들과 마찬가지로, 로도 그에 대한 답을 찾지 못하고 있었다. 평생을 해군에 몸담은 잠수함 함장인 그에게, 폭격기는 그의 전문 분야와 거리가 멀었다. 그러나 비행기의 그림자가 항공모함 갑판의 외곽선을 지나는 모습을 보고 있던 그의 의식 속에 갑자기 생각 하나가 떠올랐다. 전문가라면 말도 안 되는 소리라며 묵살했을 그의 생각은 이것이었다. 폭격기를 항공모함의 갑판에서 이륙하게 하면 어떨까?

이 사례에서 문제 해결의 열쇠가 된 것은 무지, 또는 적어도 우리가 알고 있는 것이 틀릴지도 모른다는 의심이었다. 로의 경우는 완전히 무지하지는 않았다. 그는 자신의 생각이 "실행될 수 없는" 많은 이유들 중에서 몇 가지를 이해하고 있었다. 그러나 그는 그런 이유들을 무시하기로 했다. 대신 그는 그것이 실행될 수 있다고 가정하고, 장애를 어떻게 극복할지를 분석하기 시작했다.

여기에는 많은 장애가 있었다. 항공모함은 날렵한 경량 항공기의 수송을 위해서 설계되었기 때문에 항공모함의 제한적인 활주로에서 이륙하기에는 폭격기가 너무 무거웠다. 게다가 폭격기는 기동성이 좋지 않아서 쉽게 격추될 수 있으므로 항상 전투기의 호위를 받아야 한다. 그러나 항공모함에는 폭격기와 전투기를 둘 다 실을 공간이 없었다. 무엇보다도 중요한 것은, 어찌어찌하여 폭격기를 항공모함에 싣고 일본을 폭격할 수 있는 사정거리까지 충분히 가까이 갈 수 있다고 하더라도, 약하고 높은 구조로 되어 있는 폭격기의 꼬리날개에는 착륙용 후크의 설치가 불가능하다는 것이었다. 그러면 폭격을 마치고 돌아온 폭격기가 항공모함에 착륙할 수 없을 터였다. 로 자신은 이 문제들의 답을 대부분 알지 못했지만, 아무도 그 답을 찾지 못할 것이라고는 생각하지 않았다.

워싱턴으로 돌아온 후, 로는 그의 지휘관 어니스트 킹 제독을 찾아갔다. 상관과 면담하는 일은 항상 불편하지만, 이번에는 특히 더 긴장이 되었다. 근엄한 해군 제독에게 그의 제안은 기이한 충격으로 다가갈 것이 분명했다. 로는 킹이 혼자 있을 때까지 기다렸다가 그와 대화를 시작했고, 그들의 대화가 잠시 끊긴 동안 불쑥 자신의 생각을 이야기했다.

성공 가능성이 거의 없을 것 같은 계획이었지만, 지푸라기라도 잡아야 할 때였다. 이후 몇 달 동안, 폭격기의 무게를 줄이기 위해서 필수 장비를 제외한 모든 것을 제거했고, 추가 연료 탱크를 장착하여 항속거리를 연장했다. 조종사들은 항공모함의 짧은 갑판에서 폭격기를 이륙하는 훈련을 받았다. 또 일본군의 레이더를 피하기 위한 저공비행 훈련을 함으로써 전투기의 호위를 받을 필요성을 제거했다. 그리고 항공모함에 착륙할 수 없는 문제는 조종사들이 폭탄을 투하한 후에 중국이나 소련의 시골 지역에 착륙하거나 불시착하겠다는 의견을 받아들임으로써 "해결되었다." 중국과 소련은 미국이 자국의 영토에서 공격을 개시하는 것을 허락하지 않았지만, 단순히 그곳에 착륙만 할 계획이라면 그들에게는 굳이 알릴 필요가 없었다. 안타깝게도, 불시착한 폭격기의 승무원들은 연합군 진영까지 스스로 찾아와야 하는 엄청난 도전 과제를 떠안게 되었다.

미 육군 항공대의 참모총장인 헨리 아널드 장군은 최고의 비행 기술을 갖춘 지미 둘리틀 대령에게 공격의 조직과 지휘를 일임했고, 둘리틀은 이 임무를 위해서 B-25 폭격기 16대에 탑승할 80명의 자원자를 모았다. 미국의 폭격기가 일본에 닿을 수 있다는 생각은 정말로 말도 안 되는 이야기처럼 보였기 때문에, 그들은 일본으로부터 대공포 사격을 거의 당하지 않았다. 실제로 지상에 있는 일본인 중에는 미군 폭격기를 임무를 수행하고 있는 자국의 공군이라고 생각하고 손을 흔든 사람도 많았다. 이 폭격기들은 총 16톤의 폭탄을 일본, 주로 도쿄 지역에 떨어뜨렸다. 공격 직후, 폭격기들은 모두 불시착하거나 중국의 시골 지역으로 피했다. 승무원들은 6명을 제외한 전원이 살아남았다.

당시 전문가들에게 로의 생각이 얼마나 터무니없어 보였을지 파악하기 위해서 다음을 생각해보자. 이런 공격에 대한 위험을 제거하기 위해서 필사적이었던 일본은 폭격기가 항공모함에서 이륙하여 공격을 할 것이라고는 상상조차 하지 못했다. 일본은 미국의 유일한 육상 자원인 미드웨이 환초(環礁)에서 공격을 감행할 것이라고 확신하고, 미드웨이 환초를 차지하기 위해서 함대를 보냈다. 미 해군은 한발 앞서서 그곳에 진을 치고 있다가 항공모함 한 척을 제외한 일본군의 함대를 모두 침몰시켰다. 일본군의 함대는 이 일로 전투력에 심각한 손상을 입었다.[2] 전쟁사학자인 존 키건은 일본군의 이 패배를 "해전사에서 가장 충격적이고 결정적인 타격"이라고 말했다.

때로 사람이 받을 수 있는 가장 강력한 계시는 상황이 변하고 있다는 사실이다. 익숙한 규칙을 더 이상 적용하지 않는 것, 예전 규칙에서는 거부되었을 작전이 가장 성공적인 작전이 될 수도 있다고 생각하는 것, 틀을 벗어나는 것이다. 그것은 당신의 가정에 의문을 제기하도록 박차를 가하여, 고정된 패러다임에서 벗어나서 생각을 재구조화하도록 도울 수도 있다.

이 경우, 항공모함은 표준 전쟁 계획이라는 퍼즐의 한 조각이었다. 폭격기도 그 퍼즐의 한 조각이었다. 보통의 상황이라면 두 조각은 서로 맞지 않았다. 로는 진주만 공습 이후에 퍼즐이 바뀌었다는 것을 인식했다. 전통적인 전쟁 방식과는 확실히 맞지 않았던 행동 방침은 역사의 순간이 요구하는 것과 적절하게 **맞아떨어졌다**. 역사, 그리고 평범한 인간의 삶 속에는 변화가 일어나고 있음을 인식하지 못해서 놓친 기회가 가득하다. 그리고 예전에는 상상도 할 수 없던 것들이 이제는 가능한 일이 되었다.

로에게 그 계획이 어떻게 떠올랐는지를 물었을 때, 그는 "우연"이었다고 답했다.[3] 마치 중국 음식점에서 자신의 생각이 적힌 포춘 쿠키를 본 것과 같았다고 말했다. 아마도 그의 의식은 그 생각을 우연히 알아챘을 것이다. 그러나 오늘날 우리는 로가 한 것과 같은 통찰이 우연히 나오지 않는다는 것을 알고 있다. 이런 통찰은 무의식적인 뇌가 관여하는 복잡한 과정의 결과로, 일반적으로 수용되는 규칙과 통념의 틀에 갇힌 의식의 논리적 추론이 도움이 되지 않을 때에 나온다.

앞의 장에서 우리는 초기 설정 연결망에 대해서 배웠고, 우리의 뇌는 특별히 무엇인가에 의식적으로 집중하지 않고 있을 때에도 연상 작용을 하고 있다는 것도 알았다. 이런 연상의 대부분은 우리의 의식에 결코 닿지 않는다. 로의 경우는 절체절명의 상황이 그의 마음을 다그쳐서 평소라면 거부했을 최후의 수단을 고려하게 된 것이다. 여기서 우리는 그런 연상을 우리의 의식 속으로 들여오는 메커니즘을 탐색하고, 그것이 단순히 낡은 관념인지 아니면 기발하고 독창적인 통찰인지를 결정하는 것이 무엇인지를 알아볼 것이다.

## 뇌 분할하기

로저 스페리는 자신의 발견을 차분히 생각해보았다.[4] 때는 1950년대 후반이었다. 그는 이전에 뇌량(corpus callosum) 절단 수술을 받은 동물들을 대상으로 실험을 하고 있었다. 뇌량은 뇌의 좌우 반구 사이에 위치한 구조였다. 뇌량에는 특별히 흥미를 가질 만한 역할이 없다고 생각한 스페리의 동료들은 대부분 그의 연구를 시간 낭비로 여겼고, 스페리도 그런 시선을 알고 있었다. 그들이 추측하기에 뇌량은 뇌의 반구들이 "늘어지지 않도록" 기계적으로 받쳐주는 일종의 지지대였다. 그러나 스페리는 훨씬 더 웅장한 기능을 상상했다. 뇌량이 뇌의 좌반구와 우반구가 연락을 주고받을 수 있도록 도와준다고 상상한 것이다. 그리고 지금 그 발견에 자신까지도 크게 놀랐다.

일반적으로 뇌의 좌우 반구 사이에는 소통이 필요 없다고 간주되었다. 왼쪽 뇌는 언어의 이해에서부터 수학적 추론, 자신의 의지에 따른 운동 조절에 이르는 대뇌의 기능을 담당한다고 알려져 있었다. 이와 대조적으로 오른쪽 뇌는 고등한 인지 기능이 부족하며, 청각 장애, 말하기나 쓰기의 불능, 심지어 왼손잡이가 되는 것에도 관여한다고 여겨졌다. 따라서 의사들은 뇌졸중으로 인해서 오른쪽 뇌가 손상된 환자에게는 대개 운이 좋다고 말했는데, 뇌의 우반구는 "하는 일이 별로 없다"라고 생각했기 때문이다. 스페리의 동료 중의 한 사람은 뇌의 오른쪽 부분이 "상대적으로 지체되어" 있다고도 말했다.[5] 상황이 이런데, 좌우 반구 사이에 소통이 중요하다고 여길 이유가 무엇이 있었을까?

스페리는 통념을 믿지 않았다. 그런 통념은 뇌 병변이 있는 환자들에 대한 관찰을 토대로 한 것이었고, 그는 그런 연구를 신뢰하지 않았다. 그 이유는 과학자들이 실험을 거의 통제를 할 수 없었기 때문인데, 과학자들이 연구하고 싶어하는 바로 그 뇌 구조가 손상되어서 걸어 들어오는 환자는 결코 없었다. 스페리는 자신은 더 잘 해낼 수 있을 것이라고 판단했다. 외과 의사로서의 자신의 빼어난 수술 기술을 활용한다면, 정확한 뇌 부위를 절제하여 그것의 결손으로 인한 행동 변화를 관찰할 수 있다고 생각했다. 당연히 실험 대상은 동물이었다. 그가 뇌량의 역할을 조사하기까지는 정확히 이런 사연이 있었다. 그는 외과적으로 뇌량을 제거했는데, 이 수술을 받은 동물은 "분할 뇌(split brain)"를 가지고 있다고 말한다.

첫 실험 결과는 실망스러웠다.[6] 그에게 경고했던 모든 사람들의 예상대로, 외과 수술은 동물의 일상적인 행동에 별로 영향을 미치지 않았다. 그러나 이후 그는 개개의 반구들을 더 세심하게 분할하기 위해서 수많은 실험들을 설계했고, 지금 그 실험 결과들은 그에게 큰 놀라움을 가져다주었다.

스페리는 한 실험에서 뇌를 분할한 고양이들의 한쪽 눈을 가렸다. 그리고 그는 고양이들이 가려져 있지 않은 눈으로 삼각형과 사각형을 구별할 수 있도록 훈련시켰다. 고양이들은 기하학에 그다지 소질이 없었지만, 결국에는 삼각형과 사각형을 구별하게 되었다. 그다음 스페리는 고양이의 다른 쪽 눈을 가리고, 다시 실험을 해보았다. 뇌의 반대편 반구는 훈련의 덕을 보았을까? 스페리가 발견한 바에 따르면, 뇌량을 잘라낸 고양이는 "한쪽 눈으로 학습한 시각적 형태의 구별 능력을 반대편 눈에 활용할 수 없었다."[7] 그는 뇌량을 절단함으로써 두 반구 사이의 소통을 불가능하게 만든 것이다.

이처럼 세심한 일련의 실험들을 통해서, 스페리는 동물 뇌의 각 반구와 독립적으로 상호작용하는 방법을 배웠고, 각각의 반구가 정보를 처리할 때에는 놀라우리만치 자족적이라는 것을 알아냈다. 훗날 그는 다음과 같이 썼다. "분할된 각각의 반구는 독립된 정신적 영역, 즉 인지 체계를 가지고 있다.[8] 지각, 학습, 기억, 그밖의 다른 정신적 과정이 독립적으로 일어난다. 각각의 반구는 다른 반구가 경험하는 것을 알지 못하는 것처럼 보인다."

다시 말해서, 스페리는 동물에게 2개의 마음이 있는 것처럼 보인다는 주장을 내놓았다. 각 반구의 독립적 사고 능력과 가능성은 평소에는 뚜렷하지 않다. 그 이유는 건강한 개체에서는 두 반구의 마음이 뇌량을 통해서 단단히 연결되어 조화를 이루기 때문이다. 그러나 그 연결이 끊어지면 각각의 마음은 각자의 모습을 드러낸다.

스페리는 자신의 발견이 혁명적이라고 생각했지만, 다른 이들은 그렇게 보지 않았다. 그들은 스페리의 결론이 "하등한 동물"에만 유효하다고 믿었다. 스페리는 그 결과가 인간에게도 똑같이 작용한다는 사실을 증명하는 것이 자신의 도전 과제임을 알고 있었지만, 방법이 문제였다. 자신의 실험실로 인간을 억지로 끌고 와서 동물에게 했듯이 인간의 뇌량을 절단할 수는 없는 노릇이었다.

그때, 신경외과 의사인 조지프 보겐은 간질에 관한 자신의 소논문인 "인간 뇌 분할의 근거"를 스페리에게 보여주었다.[9] 1940년대에 외과 의사들은 심각한 수준의 간질 환자의 격한 발작을 완화하기 위해서 뇌량을 절단하는 실험을 했고, 보겐은 그 접근법을 되살려보겠다는 생각을 하고 있었다. 보겐은 만약 자신이 그런 수술을 맡게 된다면, 스페리가 수술받을 환자들을 연구할 수 있을 것이라고 제안했다. 스페리에게 딱 필요했던 기회였다.

보겐은 1962년에 첫 환자를 시작으로, 모두 16명의 수술에서 스페리가 실험을 할 수 있게 해주었다. 이 연구 결과로 스페리가 동물 실험에서 발견한 것이 재확인되었고, 뇌의 좌우 반구에 대한 당시의 통념은 틀린 것으로 드러났다. 우리 뇌의 두 반구는 독립된 존재와 비슷했다. 이를테면, 한 환자의 경우에는 최근에 몇 번 발작을 했는지에 대한 질문을 받고 오른손을 올려서 손가락 2개를 보여주었다.[10] 그러자 오른쪽 대뇌 반구의 조절을 받는 환자는 왼손으로 오른손을 끌어내린 다음, 왼손을 올려서 손가락으로 하나를 가리켰다. 다시 환자의 오른손이 올라왔고, 두 손은 마치 화난 어린아이들처럼 서로 뒤얽혀서 싸웠다. 결국 환자는 자신의 고집스러운 왼손이 종종 "제 마음대로 행동한다"라고 말했다.

그 환자는 왼손을 고집스럽다고 평가함으로써, 오른손의 편에 있는 것처럼 보였다. 오른손을 조절하는 뇌의 좌반구가 언어 능력도 관장하고 있기 때문이었다. 이것은 중요한 사실을 보여준다. 대뇌의 오른쪽 반구는 사람들이 널리 생각하고 있던 것처럼 "지체되어" 있지는 않지만, 두 대뇌 반구의 기능은 약간 다르다는 것이다. 이를테면, 우반구는 발화된 말을 이해할 수는 있어도 그것을 말할 수는 없다. 따라서 뇌가 분할된 환자가 말을 할 때, 그것을 표현하는 것은 좌반구이다.

이런 좌우 반구의 차이에 대한 이해는 프랜시스 로가 경험한 갑작스러운 통찰과 비슷한, 생각의 기원을 이해하는 실마리로 훗날 밝혀지게 되었다. 그러나 스페리의 시대에는 이에 대한 과학자들의 생각이 회의적이었고, 소문이 퍼지면서 새로운 연구는 곧 논란에 휩싸였다. 어쨌든 그의 연구는 오랫동안 유지되어온 과학적인 생각에 대한 도전이었을 뿐만 아니라 철학적, 심지어 종교적 믿음까지도 위협할 수 있었다. 우리 각자가 하나의 "나"라는 생각은 환상일까? 만약 우리 안에 두 "존재"가 있다면, 우리는 두 사람이거나 두 영혼을 가지고 있다는 뜻일까? 이런 것들은 과학에서 흥미를 가질 문제는 아니지만, 보겐은 과학자들이나 다른 누군가로부터 끔찍한 공격의 대상이 되고 싶지 않았다. 그래서 그는 스페리에게 논문에서 자신의 이름을 빼줄 것을 요청했다. 그러나 그 연구는 긴 시간을 견뎌냈고, 스페리는 1981년에 노벨상을 수상했다.

스페리는 그가 획기적인 연구를 시작한 지 30년 후인 1994년에 사망했다. 그동안 과학자들은 두 반구의 역할에 관한 탐구를 계속했지만, 진전은 더뎠다. 안타깝게도, 스페리의 사망 직후에는 fMRI와 다른 새로운 뇌 영상 기술이 이용 가능해지면서 이 분야의 발전이 가속화되었다.

지난 20년간, 두 반구의 역할과 그 내부 구조에 관한 이해는 폭발적으로 증가했다. 그리고 최근 몇 년 사이에는 한때 무시당하던 우반구에서 이 연구와 관련된 깜짝 놀랄 만한 결론 하나가 나왔다. 우반구 내에 있는 특정 구조가 독창적인 생각을 창안하는 데에 특별한 재능을 가지고 있다는 것이다. 독창적인 생각은 생명체가 새로움이나 변화, 또는 아주 다루기 힘든 지적 도전에 직면할 때에 매우 많이 요구된다.

## 언어와 문제 해결 능력의 연관성

새로운 생각의 기원은 우리 인간이 어떻게 생각하는지를 연구하는 학문인 인지심리학 분야의 관심사 중 하나이다. 비교적 최근까지, 과학자들은 행동 연구에서 나오는 간접 증거와 추측을 통해서만 결론을 이끌어 낼 수 있었다. 그러나 1990년대에 이 분야에서는 뇌 영상 신기술에서 얻은 증거를 활용하는 인지신경과학이라는 새로운 과학 분야가 탄생했다. 인지신경과학 개척자들의 목표는 새로운 장비들을 활용하여 우리의 생각과 감정과 행동을 만드는 뇌의 물리적 과정을 연구하고, 그런 생각과 감정과 행동이 서로 어떻게 연결되는지와 우리가 그것을 어떻게 조작하는지를 이해하는 것이었다. 그들이 인정한 바에 따르면, 새로운 기술이 우리에게 제공한 힘은 우리가 생각하는 방식을 이해할 수 있게 해주었을 뿐만 아니라 우리가 생각하는 방식을 바꿀 수 있도록 도움을 주기도 한다.

이런 선구자들 중의 한 사람인 존 쿠니오스는 당시 터프츠 대학교의 젊은 조교수였다. 쿠니오스는 뇌가 언어를 처리하는 방식을 조사하기 위해서 ERP라는 것을 연구하는 기술의 활용에 초점을 맞추었다. ERP는 "사건 관련 전위"의 첫 글자를 딴 것으로, 내부나 외부의 자극으로 인하여 뇌에서 일어나는 전기적 활동을 나타낸다. ERP는 베르거의 연구 이후로 알려졌기 때문에 베르거의 EEG를 이용해서도 ERP를 측정할 수 있었지만, 새로운 기술은 고성능 컴퓨터와 결합하여 훨씬 더 정확한 그림을 만들어냈다.

어느 날, 쿠니오스는 뇌가 단어와 문장의 의미를 이해하기 위해서 애쓰는 동안에 나타나는 신경 활동의 시간 분포를 분석하고 있었다. 그러다가 불쑥 쿠니오스의 머릿속에서 새로운 연상이 일어났다. 그는 한 문장의 의미를 이해하는 과정과 유연한 사고 사이의 유사점을 발견했다. 힘겨운 정신적 문제에 강하게 대처하기 위해서 필요한 유연한 사고는, 제2차 세계대전 중에 로가 원대한 발상을 떠올릴 수 있게 해주었다. 우리는 이런 종류의 사고를 인생에서 새로운 상황에 반응하기 위해서 활용할 수도 있고, 수수께끼나 어려운 퍼즐을 푸는 데에 이용할 수도 있다.

문장이 어떻게 퍼즐과 비슷할까? 각각의 문장은 단어와 문장 부호가 정렬된 하나의 목록이다. 그러나 대부분의 단어는 복합적인 의미를 지니고 있으며, 그 의미는 문법과 맥락에 따라서 여러 가지 방식으로 결합될 수 있다. 그것이 퍼즐이다. 각 단어의 다양한 정의 중에서 하나를 선택하여 문장 전체의 의미를 통하게 하고, 만약 더 큰 맥락이 있다면 그것에 의미를 맞춘다. 이것은 진정한 통합적 사고 훈련이다. 우리 뇌는 각 단어가 발화될 때에 의미를 결정하려고 애쓰는 것이 아니라, 문장 전체와 더 큰 맥락을 생각하면서 단어들을 이해한다.

이렇게 하기 위해서, 우리는 각각의 단어를 듣거나 읽는 동안에 가능성 있는 단어의 정의들을 작업 기억(working memory) 속에 보관해둔다. 그리고 그 사이에 문장의 다른 단어들을 처리하면서 광범한 정의들을 살핀다. 이를테면, "The cooking teacher said the young children made bad snacks(요리 선생님은 그 어린아이들이 형편없는 간식을 만들었다고 말했다)"라는 문장을 생각해보자. 우리는 이 문장을 읽고 무의식적으로 모든 단어의 여러 가지 의미를 빠르게 분류하고, 그중 적당한 의미를 선택한다. 이제 다음 문장을 읽어보자. "The cannibal said the young children made bad snacks(식인종은 그 어린아이들이 형편없는 간식이었다고 말했다)." 아마 당신은 made에 서로 다른 의미를 부여했을 것이다. 두 문장에서 딱 한 단어만 다름에도 그 단어로 인해서 문장의 맥락이 바뀌고 다른 단어들에 대한 우리 뇌의 해석도 바뀐다. 이와 유사하게, 문법의 중요성을 지적한 몇 년 전의 어느 베스트셀러처럼, 우리는 "eats shoots and leaves(새순과 잎을 먹는다)"라는 어구를 읽으면 shoots와 leaves라는 단어를 새순과 잎이라는 의미로 이해한다. 그러나 같은 어구에 쉼표를 추가하면 "eats, shoots, and leaves(먹고 쏘고 튄다)"로 읽게 되고, 단어에는 다른 의미가 부여된다.

인간의 뇌에서 가장 경이로운 점 중의 하나는, 문장을 읽거나 들을 때 의식적으로 노력하지 않아도 적절한 의미가 순간적으로 떠오른다는 점이다. 그러나 그 까닭은 우리 뇌의 무의식이 이런 작업을 위해서 맞춰져 있기 때문일 뿐이다. 수백만 년의 진화를 거쳐서 우리의 대뇌에 하드웨어가 만들어지고, 모국어에 노출되어 지낸 수천 시간 동안 그 언어를 프로그래밍할 수 있게 된 덕분이다. 우리는 익숙하지 않은 언어를 듣거나 읽을 때마다 이것이 얼마나 대단한 능력인지를 인정하게 된다. 익숙하지 않은 언어를 이해하는 일은 느리고 수고롭다. 무의식적인 하드웨어가 아직 훈련되지 않아서 의식적으로 단어의 뜻을 알아내야 하기 때문이다.

1950년대에는 디지털 컴퓨터가 아직 새로운 발명품이었고, 정보과학 자들은 인공지능이 곧 인간의 경쟁자가 될 것이라고 생각했다. 당시의 컴퓨터 언어학자들은 인간의 무의식적인 언어 처리 능력을 크게 과소평가하고, 컴퓨터가 언어를 복제하도록 프로그래밍하기는 쉬울 것이라고 생각했다. 그러나 그들이 기대했던 성공에 미치지 못한 결과를 잘 보여주는 일화가 있다. 초기 컴퓨터로 "The spirit is willing, but the flesh is weak(마음은 굴뚝같지만 몸이 따라주지 않는다)"라는 문구를 러시아어로 번역했다가 다시 영어로 번역했더니, "The vodka is strong, but the meat is rotten(보드카는 독하지만, 고기는 상했다)"이라는 결과물이 나온 것이다. 신경망 접근법으로 전환되기 이전의 구글 번역기도 비슷한 실수를 하고는 했다.


## 두 반구의 재판

뇌의 언어 이해 능력과 다른 종류의 문제 해결 능력 사이에 어떤 연관이 있는지에 호기심이 생긴 쿠니오스는 기존의 논문들을 훑어보기 시작했다. 그는 다양한 지적 도전을 보여주기 위한 심리학자들의 연구 중에는 스페리의 고양이 실험처럼 뇌의 한쪽 반구만 이용한 실험이 많다는 것을 발견했다.

과학자들은 상상력이 풍부한 생각을 만드는 과정에서 우반구가 특별한 역할을 한다는 것을 암시하는 흥미로운 결과를 내놓았다. 그러나 그 논문들은 피험자의 자기 보고(self-report)에 의존하여 그들이 무슨 생각을 하고 있는지를 결정했다. 안타깝게도, 많은 사람들의 자기 인식은 맥주를 마시고 싶을 때를 알아차리는 정도를 크게 벗어나지 못한다. 따라서 편견이 작동하지 않는다고 해도 자기 보고는 신뢰할 만한 것이 되지 못한다.

자기 보고의 신뢰도는 어느 정도일까? 나는 이유도 제대로 모르는 채로 어떤 결론을 이끌어내는 우리의 습관 때문에 무척 애를 먹었던 적이 있다. 당시 나는 「스타 트렉: 넥스트 제너레이션(Star Trek: The Next Generation)」의 한 시즌에 작가로 참여하고 있었는데, 텔레비전 시리즈에서 우리가 하는 선택은 내가 개인적으로 하는 선택이나 물리학 연구에서 했던 선택과는 달랐다. 각본에 관한 의견을 결정하거나 배역에 관한 판단과 같은 선택은 시청자들에게 엄청난 영향을 미칠 수 있었다. 그래서 배역 결정에 참여할 때, 나는 항상 제작진에게 그 배우의 어떤 점을 좋게 보았는지를 물었다. 그러면 그들은 "그 배우는 존재감이 있다"와 같은 대답을 했다. 나의 진짜 분석적 마음은 **그게 도대체 무슨 뜻이죠?**라고 물었을 것이다. 존재감이 없는 사람이 누가 있겠는가? 오디션 장소에 나타나지 않은 사람이라면 몰라도 말이다. 조금 지난 뒤에는 제작자들이 구사한 그 전문용어들이 그들이 무의식적으로 느낀 친밀감에 대한 표현이라는 것을 깨달았다. 그러나 그들은 그런 친밀감의 원천이 무엇인지에 관해서 설명하는 것을 대체로 어려워했다.

지난 수십 년간 과학자들이 발견해온 것을 토대로, 이제 우리는 뇌의 구조에는 겉으로 드러나지 않게 영향을 미치는 이면이 있다는 것을 알고 있다. 그런 이면에서는 무의식이 우리의 사고에 영향력을 행사한다.

그 결과, 내적 성찰은 의식적 추론, 즉 분석적 문제 해결이라는 측면을 설명하는 데에는 도움이 될 수 있지만, 유연한 사고에는 별다른 통찰을 제공하지 못한다. 그러나 연보에 기록되는 유명한 발견과 발명이나 우리의 삶에 문득 찾아드는 깨달음과 같은 갑작스러운 통찰의 순간으로 우리를 이끄는 것은 쿠니오스가 의심한 이런 무의식적인 유연한 과정이다. 따라서 수십 건의 행동 연구가 있더라도 그 연구들이 자기 보고에 의존하는 한, 통찰의 과학은 발전하기 어려웠다.

우리가 통찰의 과학으로 더 깊이 들어가기 전에, 잠시 인지심리학자들이 말하는 "생각(idea)"과 "통찰(insight)"이 무슨 뜻인지를 생각해보자. 일반적으로 말하는 생각은 오랜 기간에 걸쳐서 발달된 복합적인 산물일 수 있으며, "양자에 관한 생각"에서처럼 여러 개념(notion)으로 구성된다. 그러나 사고(thinking)의 과학에서 말하는 "생각"은 대개 더 단순하다. 생각의 복잡성은 하나의 사고 속에 포함될 수 있으며, 생각은 우리의 의식 속에 갑자기 불쑥 나타난다. "통찰"은 독창적이고 생산적인 방식으로 어떤 문제를 이해하거나 그 문제에 접근하는 방법을 제시하는 생각(의 일종)으로 정의된다.

쿠니오스는 이렇게 말한다. "통찰의 기원은 매혹적인 퍼즐이었고, 나는 그 퍼즐을 푸는 것이 사람들의 경제적 성공을 위해서 중요할 수 있다는 것을 알았다.[11] 그러나 몇 가지 이유에서, 당시에는 통찰에 대한 신경과학적 연구가 사실상 전무했다. 나의 연구실은 소규모였기 때문에 그것은 잘된 일이었다. 크고 재정 상태가 좋은 연구실들은 엄청나게 유리한 위치에 있었다. 장비도 더 좋았고 인원도 더 많았으며, 대단히 빠른 속도로 연구를 진행할 수 있었다. 그러나 그런 연구실들은 통찰에 대해서 연구하지 않았다." 그래서 쿠니오스는 그의 경력의 다음 단계로 나아가기 위한 운명적인 결정을 했다. 문장 해독의 신경 활동에 대한 연구에서 이용했던 기술적 도구들을 활용하여 통찰의 순간을 이해하기 위한 연구를 하기로 한 것이다.

존 쿠니오스가 통찰의 생리학적 토대에 초점을 맞추기 시작할 무렵, 수백 킬로미터 떨어진 곳에 위치한 미국 국립 보건원의 마크 비먼도 같은 연구에 착수했다. 쿠니오스와 마찬가지로, 비먼도 언어 처리를 연구했다. 또 쿠니오스와 마찬가지로, 그 역시 대학에서 스페리의 선구적인 연구를 읽었고, 많은 사람들이 뇌의 오른쪽 반구의 역할을 계속 간과해 왔다는 것에 크게 놀랐다.

스페리 시대의 회의론자들처럼, 연구자들의 관심이 부족했던 계기는 뇌졸중 환자들과 그외 우반구 손상 환자들에 대한 관찰 때문이었다. 우반구 손상 환자들의 정신적 장애는 좌반구가 손상된 환자들에 비해서 경미한 경우가 종종 있었다. 그러나 비먼은 그 경미한 장애에 특별한 의미가 있다고 확신했다. 이를테면, 좌반구에 특정한 손상을 입은 사람들은 언어 능력을 상실하는 반면, 우반구가 손상된 사람은 그렇지 않다. 그러나 우반구가 손상된 사람에게도 약간의 언어 문제는 분명히 나타난다. 비먼의 말에 따르면, 그들은 비록 여전히 말은 할 수 있어도 "농담이나 비유를 이해하거나, 이야기의 주제를 파악하거나, 추론을 이끌어내는 데에는 어려움을 겪는다."[12] 비먼에게 이런 문제들은 우반구의 역할을 이해하는 단서가 되었다.

이런 언어 장애에는 어떤 공통점이 있을까? 농담을 이해하는 것은 비유를 이해하는 것과 어떤 연관이 있을까? 쿠니오스와 마찬가지로, 비먼도 우리 뇌가 어떻게 언어라는 수수께끼를 푸는지에 관해서 생각했다. 어떤 단어와 마주치면 우리의 무의식은 가능성 있는 다양한 의미들을 모두 끄집어낸 후, 우리가 고려하고 있는 문장에 각각의 의미가 적당한지를 결정한다. 우선은 가장 확실하고 일반적인 의미에 가장 높은 가능성을 둔다. 그리고 문장이 완성되어 갈수록, 그 가능성은 문장의 맥락에 따라서 계속 새롭게 바뀌어나간다.

우리가 단어의 의미에 부여한 연상은 이 과정에서 중요한 역할을 한다. 문장을 들을 때, 우리의 뇌는 그 문장 속 모든 단어들의 연상이 어디에서 교차되는지를 찾는다. 그리고 그 정보를 이용하여 화자가 전달하고자 하는 것을 잘 알아맞히려고 한다. "The cooking teacher said the young children made bad snacks" 같은 문장의 경우, "cooking teacher"에서 연상되는 맥락은 "made bad snacks"의 적절한 의미가 음식을 만드는 것과 연관이 있다고 우리 뇌에 말한다. 반면 "The cannibal said the young children made bad snacks"라는 문장을 읽을 때, "cannibal"에서 연상되는 맥락은 "made bad snacks"가 음식으로서 먹히는 것과 연관이 있다고 우리에게 말한다.

이것이 각 문장에 대한 가장 그럴듯하고 분명한 해석이기는 하지만, 두 문장 모두 다른 방식으로 해석될 수도 있다. "The cooking teacher said the young children made bad snacks"라는 문장을 만든 사람의 진의(眞意)는 요리 선생님이 아이들을 간식으로 먹었다는 것일 수도 있고, "The cannibal said the young children made bad snacks"라는 문장을 만든 사람은 식인종이 어린이들의 요리 실력을 무시했다는 뜻을 전달하고 싶었는지도 모른다. 우리의 무의식은 이런 가능성에 주목했지만, 아마도 이런 있을 법하지 않은 해석을 우리가 알아차리도록 하지는 않았을 것이다(심리학자들은 이것을 "원격[remote]"이라고 부른다).

어떤 생각이 우리의 의식으로 전달되기 전, 우리 뇌는 일종의 재판을 실시한다. 그 재판에서는 우리의 무의식이 만들어낸 다양한 의미에 대한 증거들이 낱낱이 숙고된다. 그런 다음 최고의 추측으로 여겨지는 것만 의식으로 전달된다. 그 의미들을 저울질하는 동안, 뇌의 양쪽 반구가 끝장 승부를 보는 것이다. 좌반구는 확실하고 정확한 의미를 옹호하는 반면, 우반구는 가능성이 낮은 의미를 지지한다. 우반구가 담당하는 이런 의미들은 얼핏 보면 확실함과는 거리가 멀고 조금 지나친 것처럼 보이지만, 가끔은 정확한 해석일 때도 있다.

비먼은 대뇌 반구들의 역할을 이런 식으로 본다면, 우반구가 손상된 환자들의 언어 장애도 이해가 된다는 것을 깨달았다. 비유를 들어보자. 비유란 단어나 어구를 일반적인 뜻과는 다른 의미로 활용하는 것을 말한다. 빛은 일반적으로 전자기적(electromagnetic) 현상을 가리키는 단어이지만, "내 인생의 빛"에서 빛은 행복이나 기쁨을 의미한다. 심장은 일반적으로 기관을 가리키는 이름이지만, "터질 듯한 심장"에서는 감정의 상태를 나타낸다. 우리가 비유를 이해할 때, 우리의 우반구가 일종의 모호한 연상을 지지했기 때문에 그런 표현을 이해할 수 있는 것이다. 이로써 우뇌에 있는 언어 중추에 뇌졸중이 오면 비유를 이해할 수 없게 되는 이유가 설명된다.

농담도 종종 비슷한 과정에 의존한다. 코넌 오브라이언의 다음 이야기를 생각해보자. "보도에 따르면, 크리스 브라운은 자신의 딸이 태어났기 때문에 그의 음악에서 여자를 **창녀**라고 부르는 것을 중단하기로 결심했습니다.[13] 앞으로는 더 전통적 표현인 **암캐**를 쓰겠다고 합니다."

**전통적**이라는 단어는 보통 장기간에 걸쳐서 확립된 문화적 맥락, 아주 오래된 것이나 종교적 관습 같은 것을 연상시킨다. 이와 대조적으로, 힙합계에서 일반적으로 여자를 칭하는 단어로 **암캐**를 사용하게 된 것은 비교적 최근의 일이다. 따라서 이런 농담은 우리의 좌뇌를 혼란스럽게 할 것이다. **전통적**이라는 단어를 일반적인 방식으로 이해할 때, 암캐는 완전히 불합리한 추론이다. 그러나 **전통적**이라는 단어를 더 넓고 더 모호하게 해석할 수 있는 우리의 우뇌는 그것을 풍자로 받아들인다. 비먼은 우뇌의 이런 "퍼지 논리(fuzzy logic)"의 능력에 깊은 인상을 받았고, 이것을 언어 처리 이외의 다른 부분에도 적용할 수 있는지 호기심이 생겼다. 비먼은 이렇게 말한다. "그리고 그다음에, 통찰에서의 우뇌 역할이 언어에서의 우뇌 역할과 비슷하다는 것을 문득 깨달았습니다." 그와 쿠니오스는 이제 둘 다 같은 방향을 향해서 가고 있었다.

## CRAP의 교훈

쿠니오스와 비먼은 드디어 2000년 말에 마주치게 되었다. 쿠니오스는 EEG를 이용하여 ERP 연구를 수행하고 있었고, 비먼은 새로운 fMRI 기술을 익히고 있었다. 뇌가 반응하는 시기를 결정하는 데에서는 EEG가 훨씬 더 우월하지만, fMRI는 뇌의 구조와 활동에 대한 더욱 정확한 지도를 제공했다. 이는 정확히 EEG가 취약한 점이었다. 쿠니오스는 나에게 이렇게 말했다. "우리가 그 점에 대해서 생각했을 때가 딱 맞아떨어진 순간이었죠. 우리는 우리가 함께 연구하면 뇌가 반응하는 장소와 시간을 둘 다 알 수 있다는 것을 깨달았습니다." 두 사람은 공동 연구를 하기로 합의했다.

쿠니오스와 비먼은 공동 연구를 위해서 일련의 설계를 하기로 결정했다. 그들은 각자 피험자를 모집하고, 피험자들의 뇌에 나타나는 반응을 각자의 연구실에서, 각자의 기술을 활용하여 기록하기로 했다. 그러나 피험자들에게는 동일한 문제를 제시하기로 했다. 이런 방식으로, 쿠니오스는 뇌가 반응하는 시기를 결정할 수 있었고, 비먼은 뇌의 지형도를 알아낼 수 있었다. 그들은 서로의 자료를 결합하여 어떤 뇌 구조들이 활성화되고, 그 구조들이 어떻게 조정되는지에 대한 완벽한 그림을 손에 넣을 수 있었다.

쿠니오스와 비먼은 무의식적인 통찰 또는 의식의 논리적 추론을 통해서 풀 수 있는 단어 게임을 설계하려고 했다. 그들은 심리학자들이 원격 연상 검사(remote associates test) 또는 RAT라고 부르는 수수께끼를 본뜬 일종의 두뇌 회전 문제를 활용하기로 결정했다.[14] 그들은 자신들이 고안한 변형 문제인 "복합 원격 연상 문제(compound remote associate problem)"를 줄여서 CRA라고 불렀다. 더 확실하게 선택될 만한 약어는 CRAP이 겠지만, 자신의 논문에 crap(쓰레기)이라는 단어가 등장하기를 원하는 사람은 아무도 없기 때문에 한 글자를 줄이게 된 것이다. 물론 어떤 연구는 그 단어로 묘사될 수도 있겠지만 말이다.

그들의 CRA는 다음과 같은 방식으로 작동한다. 우선 피험자에게 세 단어를 보여준다. 그 세 단어가 pine, crab, sauce라고 가정해보자. 피험자들은 각각의 세 단어와 어우러져서 단어나 구절을 형성할 수 있는 네 번째 단어, 즉 "해답"을 찾아보라는 요청을 받는다. 이 해답은 주어진 세 단어의 앞에도 올 수 있고 뒤에도 올 수 있다. 이를테면, nut라는 단어를 생각해보자. "pine nut(잣)"도 되고 "nut sauce(견과류 소스)"도 된다. 그러나 "crab nut"와 "nut crab"은 둘 다 말이 되지 않으므로, nut는 해답이 될 수 없다.

여러분도 pine-crab-sauce CRA를 직접 풀어본다면, 쿠니오스와 비먼이 각자의 연구실에서 관찰했던 정신 과정을 가늠해보는 데에 도움이 될 것이다. 그들의 피험자들은 퍼즐의 59퍼센트만 해결했으니, 문제를 풀지 못하더라도 걱정하지 말자. 과정을 느껴보는 것이 중요하므로, 30초 정도만 생각해보고 책을 계속 읽어나가기를 바란다. 곧 해답을 알아볼 것이다.

쿠니오스와 비먼은 세 단어 중 두 단어가 강하고 확실한 연상을 일으키도록 퍼즐을 설계했다. 이 퍼즐의 경우, pine은 소나무를 암시하는 것처럼 보인다. 그래서 corn(pinecone[솔방울])이나 tree(pine tree[소나무]) 같은 단어가 마음속에 떠오른다. crab은 게를 연상시키기 때문에, cake(crab cake[게살 케이크])와 meat(crabmeat[게살]) 같은 단어가 번뜩 떠오른다. 그러나 이 단어들 중 어느 것도 다른 단어들과 잘 어울리지 않으므로, 당신은 이 문제의 해답이 소나무나 게와는 아마도 관련이 없을 것이라고 짐작하게 될 것이다. 다시 말해서, 이 문제를 풀려면 pine은 소나무, crab은 게라는 즉각적인 연상을 버리고 더 약하고 덜 확실한 원격 연상을 작동시켜야 한다. 그래서 어려운 것이고, 그렇기 때문에 여기에는 통찰력이 중요하다. 유연한 사고를 통해서, 분석적 사고로는 발견하기 어려운 독특한 연상을 하는 것이다.

분석적 사고, 즉 의식을 통해서도 이 퍼즐을 공략하는 것이 가능하다. 먼저 crab이라는 단어에서 crab cake 같은 단어를 "연상하는" 것부터 시작한다고 해보자. 만약 선택한 단어가 이 예시(cake)처럼 pine이나 sauce와 단어나 구절을 형성하지 않으면, 해답을 찾을 때까지 다른 단어를 찾아보는 과정을 계속 반복하면 된다. 그러나 이 과정은 대단히 힘겨울 수 있다. 한편, 통찰력을 활용하는 사람들은 느긋하게 그들의 마음이 가는 대로 내버려두다가 난데없이 생각이 불쑥 떠오르면서 해답을 찾는다. 이 경우 그 해답은 apple이 된다.

쿠니오스-비먼의 실험에서 피험자에게 주어진 시간은 문제당 30초였다. 대부분의 피험자는 어떤 문제에서는 통찰력을 활용하고, 어떤 문제에서는 분석적 추론을 활용했다. 그러나 짧은 시간에도 불구하고, 어떤 피험자는 문제를 푸는 중간에 접근 방식을 바꾸기도 했다. 각각의 경우, 피험자들은 어떤 방식으로 해답을 찾았는지를 알렸다. 논리적 분석보다는 통찰력을 활용하여 해결한 퍼즐이 약 40퍼센트 더 많았고, 쿠니오스와 비먼이 이해하고자 했던 것은 그 해답을 찾게 한 사고 과정이었다.[15]

비먼의 피험자들은 fMRI 기계 속에 누워서 CRA를 풀었다. 쿠니오스의 피험자들은 에어컨 고장으로 찌는 듯이 더운 실험실에 앉아서 샤워 모자처럼 생긴 것을 머리에 쓰고 문제를 풀었다. 그 샤워 모자에는 쿠니오스가 피험자의 두피와 얼굴에 부착할 수십 개의 전극이 연결되어 있었다. 쿠니오스의 회상에 따르면, "피험자들은 문제를 제대로 읽지 못할 정도로 땀을 비 오듯이 흘렸다." 그러나 그들의 실험은 고전이 되었으므로 그럴 만한 가치가 있었다. 쿠니오스와 비먼의 발견으로, 인간이 통찰력을 만드는 정신 과정이 처음으로 명확하게 밝혀졌다.

## 통찰 과정의 분석

쿠니오스와 비먼의 발견은 모두를 깜짝 놀라게 했다. 요약을 하면 이렇다. 통찰의 순간에 대한 우리 의식의 경험은 갑작스럽지만, 언어의 이해와 관련된 과정에서 잘 드러나는 것처럼 이면에서 길게 이어지는 사건들의 결과이며, 그 과정에서 뇌의 좌반구와 우반구 사이에는 비슷한 비율로 분업이 이루어진다.

쿠니오스와 비먼은 그들의 CRA 퍼즐 같은 단어 게임이나 다른 게임을 할 때에 일어나는 통찰 과정을 다음과 같이 분석했다. 문제가 주어지면, 뇌는 해답이 될 만한 것들을 살피기 시작한다. 이 과정은 문장에서 단어의 의미가 될 만한 것들을 살피는 것과 비슷하다. 그 과정은 의식 너머에서 빠르게 일어난다. 우리의 좌뇌는 뚜렷한 연상을 하고 모든 뚜렷한 해답을 내놓는다. 우리의 우뇌는 뚜렷하지 않은 연상과 별난 해답을 탐색한다. 정확히 말하면, 쿠니오스와 비먼은 별난 해답이 나올 때 뇌의 특정 부위에서 신경 활동이 증가하는 것을 발견했는데, 그 부위는 오른쪽 귀의 바로 위쪽에 위치한 뇌 조직의 주름인 오른쪽 전방 상측두회(anterior superior temporal gyrus, 이하 aSTG)였다.

우리 뇌의 좌우 반구에서 취하는 서로 다른 접근법은 스페리의 선견지명을 잘 보여준다. 그는 반세기도 훨씬 전에 우리 뇌의 두 반구가 독립된 인지 체계와 같다고 관측했다. 우리의 깊은 무의식 속에서, 두 반구는 각자의 생각이 실행 뇌의 배심원단에게 채택되어 의식으로 전달되게 하기 위하여 결전을 벌인다. 그런데 그 절차에 영향을 미칠 수 있는 판사도 있는 것처럼 보인다. 그 신비로운 뇌 구조는 신경과학자들이 전방 대상 피질(anterior cingulate cortex) 또는 ACC라고 부르는 곳으로, 뇌량의 바로 위에 위치한다.

ACC의 역할 중의 하나는 다른 뇌 영역을 감시하는 것이다.[16] 내가 ACC를 판사라고 부른 데에는 이유가 있다. 아직 과학으로 정립되지는 않았지만, 우뇌와 좌뇌가 한 문제에 대해서 서로 다른 방식으로 접근하면, ACC가 개입하여 양쪽 반구에서 들리는 소리의 상대적 크기를 조절한다는 학설이 과학자들 사이에서 나오고 있기 때문이다.

우리가 먼저 어떤 문제를 생각할 때, 우리의 실행 뇌는 우리를 좁은 범위의 초점에 맞추게 한다. 이상한 생각을 무시하게 하고, 우리의 연상 뇌에서 나온 가능한 해답들 중에서 가장 확실하거나 효과가 입증되었거나 정확하거나 논리적인 것 쪽으로 우리의 의식을 안내한다. 따라서 우리의 의식 속에는 좌뇌의 추측이 가장 먼저 떠오르는 경향이 있다. 독창적이지 않거나 평범한 생각은 대체로 그럭저럭 만족스럽기 때문에, 이것은 이해가 된다.

과학자들의 학설에 따르면, 이렇게 처음 떠오른 생각이 해답이 되지 않을 때 우리의 ACC는 집중의 범위를 더 넓힌다. 좌반구에서 나오는 판에 박힌 생각에 대한 관심을 느슨하게 하고, 우반구에서 제안하는 더 독창적인 생각을 수면 위로 떠오르게 하는 것이다.

ACC가 이를 달성하는 방법은 간단히 말해서 우뇌에서 시각 정보처리를 담당하는 부위인 오른쪽 시각 피질을 차단하는 것이다. 이 방법은 어려운 문제를 풀 때 눈을 감고 집중하는 것과 비슷하지만, 이 경우 ACC는 우리 뇌의 우반구로 들어오는 시각 정보만 차단한다. 이런 시각 활동의 억제는 오른쪽 aSTG에서 만들어진 생각을 깊은 골짜기에서 끌어올려서 더 강해지게 함으로써 생각을 의식 속에 갑자기 떠오르게 한다. 그래서 의지가 중요하다. 난관에 부딪치면 크게 낙담하여 포기하고 싶은 유혹에 빠질 수도 있다. 그러나 포기하지 않고 계속 분투하는 때가 바로 ACC가 활동을 시작하는 순간이며, 그때 가장 독창적인 생각이 떠오르기 시작할 수도 있다.

통찰은 우리의 유연한 사고 과정 중에서 가장 위대한 성과에 속한다. 그리고 우리가 난관에서 벗어나서 통찰로 나아가는 메커니즘을 마침내 이해하게 된 것은 위대한 성과였다. 그러나 쿠니오스와 비먼은 다른 중요한 것도 발견했다. 피험자의 뇌 활동을 다시 살펴본 그들은, 갑자기 떠오른 통찰로 문제를 해결한 사람들에게 때때로 독특한 신경 활성화가 나타났다는 것을 확인할 수 있었다. 그런 유형은 통찰이 일어나기 오래 전에 나타났다. 사실, **문제가 제시되기 몇 초 전부터** 뚜렷해졌다.

이 활동은 확실히 통찰의 마음가짐이 생기게 했다. 일부 피험자의 뇌는 통찰을 통해서 좋은 결과를 거둘 준비가 된 것처럼 보였다. 그런 심리 상태에서는 왜인지 오른쪽 반구의 이야기를 들을 수 있도록 조건이 미리 설정되어 있었다. 그 과정을 어떤 신경 메커니즘을 통해서 조절할 수 있는지는 아직 이해되지 않았다. 그러나 이 현상은 우리가 통찰력을 키울 수도 있고, 나중에는 참신한 생각이 저절로 샘솟게 만드는 기반을 마련할 수도 있다는 것을 암시한다. 중요한 것은 단순한 논리의 적용에 지나치게 집중하기보다는 "느긋한" 마음으로 문제에 접근하는 것으로 보인다.

나는 애송이 물리학자였던 시절에 그런 현상을 경험했다. 당시 나는 꽤 복잡한 문제의 답을 찾고 있었다. 내가 찾아낸 수학적 접근법은 효과는 있었지만 상상력이 부족하여 복잡하고 지루하기 짝이 없었다. 나는 엄청난 집중력을 발휘해서 며칠 동안 그 접근법에 매달렸고, 아직 갈 길이 먼 상태에서 금요일 저녁을 맞이했다. 그날은 내가 이전에 한 여자에게 저녁을 먹자고 청하여 약속을 잡은 날이었다. 그래서 나는 애써 마음을 느긋하게 먹고 식당에서 그녀와 만났다. 링귀네를 막 주문한 순간, 갑자기 나의 머릿속에는 비교적 쉽게 문제를 해결할 수 있는 우아한 방법이 떠올랐다. 고지식한 접근법에 집중하느라 더 나은 방법을 찾을 수 있는 능력이 방해를 받고 있었던 것이 분명했다.

나는 이제 충분히 자세하게 계산을 하여 나의 생각이 맞는지를 확인하고 싶어 견딜 수가 없었다. 당신이라면 어떻게 하겠는가? 상대방에게 당신은 충분히 매력적이지만, 내가 냅킨에 방정식을 좀 풀어야겠으니

5분만 기다려줄 수 있겠느냐고 이야기할 수 있겠는가? 나는 낭만적인 밤을 보내고 싶었지만, 그녀가 나에게 손을 얹었을 때, 나의 마음은 무한 차원 공간의 기하학 속에 푹 빠져 있었다.

쿠니오스와 비먼의 연구의 교훈을 나는 그날 밤에 배웠다. 어려운 문제를 공략할 때, 진전을 이루려는 조급함은 차선의 해결책으로 우리를 안내하고, 더 나은 해결책을 찾을 능력을 차단할 수 있다. 반면 마음을 느긋하게 먹으면, 독창적이고 창의적인 해답이 떠오를 수 있다. 그러므로 마음의 긴장을 풀면, ACC를 깨우고 통찰력을 불러일으키는 단계에 들어설 수 있다.

이것에 관심이 있는 사람은 조절 훈련을 해보자. 구글에서 "원격 연상 검사"를 검색하면 온라인으로 제공되는 몇 가지 검사를 찾아서 해볼 수 있다. 각각의 예에서 분석적 접근법에 초점을 맞출 것인지 유연한 접근법을 시도해볼 것인지를 결정하여 사고 방식의 차이를 관찰할 수 있을 것이다.


## 선과 생각의 기술

쿠니오스는 선불교 명상가가 그의 연구실을 찾아왔을 때의 이야기를 들려준다. 그는 그 명상가에게 CRA 검사를 받아보고 싶은지 물었다.[17] 명상가는 그러기로 했다. 그러나 그 명상가의 마음은 지나치게 집중 상태여서 CRA에서 요구되는 엉뚱한 단어를 연상하기가 쉽지 않았다. 그는 제한 시간 내에 해답을 찾는 것에 계속 실패했다. 명상가가 문제를 너무 못 풀었기 때문에, 쿠니오스는 검사를 중단시켜서 그의 체면이 더 이상 구겨지지 않게 해주어야겠다고 생각했다. 그러나 검사를 중단시키기 전, 명상가는 드디어 한 문제를 맞힐 수 있었다. 그러더니 다음 문제도,

또 다음 문제도 계속 맞혀나갔다. 그 이후로 명상가는 남은 문제를 거의 다 맞혔다.

자신의 접근법의 문제점에 주목한 명상가는 자신의 관점을 넓히기 위해서 마음의 상태를 조절하여 ACC를 자극했을 것이다. 그리고 그는 문제 풀이를 거듭하는 동안 광범위한 집중 상태를 유지했고, 결국에는 뛰어난 성과를 냈다.

몇 년 동안 수백 명의 피험자가 CRA를 풀었지만, 쿠니오스는 그 명상가처럼 1회분의 시험을 치르는 동안의 연습으로 결과가 개선될 수 있다는 증거를 본 적은 한번도 없었다. 이 점을 생각하면, 명상가가 해낸 위업이 얼마나 인상적인지를 짐작해볼 수 있다. 자신의 사고 과정을 대단히 잘 인식하고 마음 상태를 조절할 수 있는 놀라운 능력을 지닌 그 명상가만이 마음가짐의 중요성을 깨닫고, 문제를 잘 풀 수 있도록 뇌의 상태를 전환할 수 있었다.

최근에 신경과학자들은 내가 제4장에서 소개했던 사실상 명상의 일종인 "생각의 마음 챙김" 훈련이 선불교의 명상가가 발휘하는 것과 같은 능력을 고취시킨다는 것을 발견했다. 이를테면, 2012년의 한 연구는 이런 명상이 집중의 폭을 마음대로 넓힐 수 있는 능력을 향상한다는 것을 증명했다.[18] 그 결과, 마음은 평범한 생각과 독특한 생각을 모두 아우르는 이런저런 생각 사이를 빠르고 자유롭게 도약할 수 있게 되는 것이다.

우리의 논의에서 마음 챙김의 특성이 다시 나타나게 된 것은 우연이 아니다. 제4장에서 나는 자동적인 생각으로부터 자신을 해방시키자는 맥락에서 마음 챙김에 대해서 이야기했다. 통찰에 도전하는 것은 편협하고 습관적인 사고에서 스스로 빠져나오는 것과 비슷한 문제이다. 만약 자신의 마음 챙김 정도를 평가하고 싶다면, 이 특성을 측정하기 위해서 연구 심리학자들이 만든 다음의 질문들에 답을 해보자.[19] 아래의 설문에 있는 일들을 일상에서 얼마나 자주 경험하는지를 1부터 6까지의 점수로 나타내면 된다.

1 = 거의 항상 그렇다

2 = 대단히 자주 그렇다

3 = 조금 자주 그렇다

4 = 조금 드물다

5 = 대단히 드물다

6 = 거의 없다

설문은 아래와 같다.:

1. ___ 나는 부주의하거나 집중을 하지 않아서, 또는 다른 생각을 하다가 무엇인가를 쏟거나 깨뜨릴 때가 있다.

2. ___ 길을 걸을 때, 목적지에 도착하기 위해서 주변을 신경 쓰지 않고 빨리 걷는 편이다.

3. ___ 나는 확실히 눈에 보일 때까지 신체의 긴장 상태나 불편함을 느끼지 못하는 편이다.

4. ___ 나는 사람의 이름을 거의 듣자마자 잊어버린다.

5. ___ 나는 한쪽 귀로 누군가의 이야기를 들으면서 동시에 다른 일을 한다.

합계: ___

마음 챙김 점수 분포

| 16% | 68% | 16% |
|---|---|---|
| 5          12   15   18 | | 30 |
| 비교적 무심함 | 평균 | 비교적 마음을 챙김 |

이 설문에서 나올 수 있는 점수는 5점부터 30점까지이다. 평균 점수는 15점이고, 이 설문에 답한 모든 사람의 대략 3분의 2가 12–18점을 받았다.

마음 챙김 점수를 올리는 것은 통찰력을 북돋는 좋은 방법이지만, 그것이 유일한 방법은 아니다. 외적인 조건을 조절하는 것으로도 통찰력을 배양할 수 있다. 이를테면, 어두운 방에 앉아 있거나 눈을 감고 있는 것이 관점을 넓히는 데에 도움이 될 수도 있다는 연구가 있다.[20] 주변이 확장되는 것도 같은 효과가 있다. 심지어 천장만 높아져도 관점이 넓어질 수 있다. 낮은 천장, 좁은 복도, 창문 없는 작업 공간은 상반된 효과를 일으킨다. 밝은 방은 평범한 생각을 하도록 자극하는 주변의 사물을 무시하기 어렵게 만들기 때문에, 우반구에서 일어나는 상상력이 풍부한 사색을 밀쳐낼 수 있다.

어떤 종류의 시간 압박이 없는 상태에서 생각을 할 수 있는 것도 통찰을 얻는 데에 유리하다. 만약 무엇인가를 곧 시작해야 한다면, 그것에 신경 쓰느라 외부 세계에 마음을 빼앗겨서 무의식적인 생각이 의식 속으로 튀어나오는 것을 차단할 수 있기 때문이다. 아마 무엇보다도 중요한 것은, 통찰을 얻고자 노력 중이라면 방해는 치명적이라는 점이다. 잠깐의 전화 통화, 이메일, 문자는 생각과 관심의 방향을 바꿀 수 있고, 생각과 관심이 한번 다른 곳으로 향하면 되돌아오기까지 한참의 시간이 걸릴 수도 있다. 문자가 왔을지도 모른다는 **생각조차도** 같은 효과를 낼 수 있다. 그러니 호젓한 장소를 찾아서 전화기를 끄고 컴퓨터의 이메일도 열어보지 않아야 한다.

이런 단계들 모두 독창적인 생각과 통찰을 품을 수 있도록 환경이나 상황을 조절하는 데에 유용한 방법들이다. 제4부에서는 우리에게 도움이 되거나 방해가 되는 개인적인 특성을 알아볼 것이다. 그리고 예전의 전통적 지혜와는 대조적으로, 오늘날 사회의 요구에 더 잘 부합하도록 우리의 타고난 사고 방식을 어떻게 바꿀 수 있는지도 고찰해볼 것이다.

제4부

우리의 뇌를 자유롭게

# 8
# 사고는 어떻게 굳어지는가

## 삶 만들기와 촛대 만들기

조너선 프랜즌은 두 번째 삶을 살고 있다. 그의 첫 번째 삶은 스워스모어 대학에서 사랑하는 사람과 결혼하면서 설계되었다. 그의 엉클어진 회색 머리와 검은색 뿔테 안경과 거무스름한 수염은 그를 진보적인 전문가의 모습으로 보이게 해주었고, 이것은 그의 원래 청사진과 완벽하게 맞아떨어졌다. 그는 나에게 이렇게 말했다. "우리의 계획은 말 그대로 명작을 쓰는 것이었어요. 출간만 되면 명성을 가져다줄 그런 책 말이에요. 30대가 되면 좋은 대학에서 안정된 교수직을 얻고 두 아이와 함께 고풍스러운 빅토리아 시대의 저택에서 사는, 말 그대로 멋진 인생을 꿈꿨습니다."

문학 시장과 문학 교수 시장을 둘 다 알고 있는 나에게는 이런 자신감이 무척 기이하게 느껴졌다. 마치 새로운 기본 입자를 발견한 다음 하버드에서 교편을 잡으려고 했던 나의 대학원 시절의 계획 같았다. 그러나 프랜즌이 설명한 그의 개략적인 생각에 어떤 풍자의 의도는 없어 보였다. 그는 젊은 혈기에 자신이 그 꿈을 성취할 수 있으리라고 생각했던 것이 분명하다. 심지어 그는 자신이 쓸 책의 종류까지도 미리 정해두었다. 그는 이렇게 말했다. "부모님은 나에게 사회에 무엇인가 유용한 일을 하라고 권했습니다." 그로 인한 책임감은 그가 자신의 재능을 보는 태도에 엄청난 영향을 끼쳤다. "나는 세상을 더 좋은 곳으로 만들어야 했죠. 그래서 나의 책에는 사회나 정치에 대한 일종의 비판을 담아야 한다고 생각했습니다. 그것은 도시나 민족의 운명에 관한 비판이었습니다."

계획은 아주 잘 세웠지만, 실상은 그가 꿈꾸던 대로 돌아가지 않았다. 그의 첫 소설인 『스물일곱 번째 도시(*The Twenty-Seventh City*)』(1988)는 좋은 평가를 받았지만, 날개 돋친 듯이 팔리지는 않았다. 두 번째 책인 『강진동(*Strong Motion*)』(1992)은 그다지 파문을 일으키지 못했고 판매량도 실망스러웠다. 경력은 제자리걸음이었고, 이보다 더 큰 문제는 그가 자신의 일에서 성취감을 찾지 못하고 있다는 점이었다.

무엇인가 바뀌어야 했다. 그러나 자신의 경력을 새롭게 쌓기 위해서, 프랜즌은 심리학자들이 "기능적 고착(functional fixedness)"이라고 부르는 현상을 극복해야 했을 것이다. 기능적 고착이란, 늘 한 가지 목적으로 쓰였던 도구를 다른 목적에 더 유용하게 사용할 방법을 상상하기 어려운 현상을 이르는 용어이다. 다음은 이에 관한 고전적인 실험이다.

피험자는 압정 한 상자와 성냥 한 갑을 이용하여 초를 벽에 부착하고 제대로 불을 켤 수 있는 방법을 찾아야 한다.[1]

대부분의 피험자들은 주어진 재료들을 전통적인 방식으로 활용하려고 시도한다. 압정을 이용하여 초를 벽에 고정하거나 초에 불을 붙여서 촛농으로 초를 벽에 붙이려고 하는 것이다. 물론 심리학자들은 이런 접

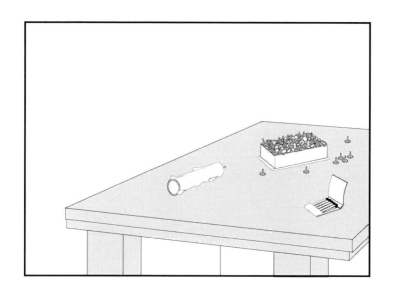

근법이 효과가 없도록 미리 준비를 해두었다. 압정은 침이 너무 짧고, 촛농은 벽에 붙지 않는다. 그렇다면 어떻게 해야 이 과제를 완수할 수 있을까?

성공 방법은 압정 상자를 촛대로 활용하는 것이다. 압정을 비우고 상자를 벽에 고정시킨 다음, 212쪽의 그림처럼 초를 상자 안에 세우면 된다. 이 방법을 생각해내려면, 상자를 물건을 담는 도구라는 익숙한 용도로 보는 시각을 넘어서서, 완전히 다른 일을 수행하도록 재해석해야 한다. 피험자들은 이 과제를 해결하지 못해서 어려움을 겪는데, 상자의 원래 용도에 대한 친숙함이 새로운 용도를 상상하는 능력을 방해하기 때문이다.

다시 프랜즌의 이야기로 돌아가보자. 프랜즌의 도구는 그의 재능이었다. 그리고 그의 집착은 삶과 예술을 개발하겠다는 원대한 꿈에서 기인했다. 그가 경력을 새롭게 쌓을 수 있게 되기 전, 그는 자신의 글재주가

압정 상자처럼 다른 방식으로 쓰일 수 있다는 것, 즉 다른 종류의 책을 쓸 수 있다는 것을 알아야 했다.

만약 이 초 실험에 몇 분의 시간제한이 주어질 경우, 피험자 네 명 중 세 명은 해답을 찾지 못한다. 연구 심리학자들은 어린아이들이 이 문제나 이와 비슷한 다른 퍼즐 맞추기를 훨씬 더 잘 해결한다는 것을 발견했다.[2] 한 연구에 따르면, 에콰도르의 아마존 밀림에 사는 수렵채집 부족민도 이 문제를 잘 해결했다.[3] 어린아이와 수렵채집인은 둘 다 주어진 물건의 정상적인 쓰임새에 대한 경험이 부족했다. 그렇기 때문에 그들은 주어진 물건에 대한 친숙함을 기반으로 하는 선입견을 가지고 있던 사람들보다 문제를 더 잘 해결할 수 있었다.

우리는 살면서 한번 접어든 길은 그 길이 좋든 나쁘든 계속 따라가려는 경향이 있다. 안타까운 것은 우리가 종종 나쁜 길을 받아들이는 이유이다. 변화가 두려워서가 아니라, 그 방식에 너무 익숙해져서 자신이 달라질 수 있다는 사실조차 인식하지 못할 때가 있기 때문이다.

앞에서 나는 문제의 틀을 짜는 방식의 중요성, 새로운 아이디어를 창안하는 방법, 우리를 쩔쩔매게 만드는 어려운 난관을 극복할 수 있는 통찰을 얻는 방법에 관해서 말했다. 이 장과 다음 세 장에서는 우리를 망설이게 하는 것은 무엇이며, 어떻게 그것을 극복할 것인지에 관해서 알아보겠다.

## 사고의 운동량

심리학자들이 정의하는 기능적 고착은 일상의 사고 방식이 새로운 생각의 폭을 얼마나 제한할 수 있는지를 도구의 활용이라는 맥락에서 설명할 때에 사용하는 말이다. 그러나 기능적 고착은 인간의 뇌가 낯선 상황을 대할 때 걸림돌이 되는 더 큰 문제를 표출하는 방식 중의 하나일 뿐이다. 우리 마음은 뉴턴의 운동 제1법칙에 등장하는 물체와 비슷하게 움직이므로, 이 문제를 "사고의 운동량(momentum of thought)"이라고 부를 것이다. 우리의 마음도 일단 방향이 정해지면, 어떤 외부의 힘이 작용하지 않는 한 계속 그 방향으로 나아가려는 경향이 있다. 우리 중의 다수는 이런 마음의 관성 때문에 삶의 만족 수준을 높여줄 변화를 찾는 것을 주저한다. 간단히 말해서, 마음의 관성은 새로운 접근법과 상상력이 풍부한 생각을 하는 능력을 방해한다.

새로운 상황에서, 오래된 생각의 운동량은 당신에게 네모난 말뚝을 둥근 구멍에 넣으라고 할 수 있다. 흔하지 않은 도전 과제와 마주칠 때, 당신의 마음은 그에 걸맞은 새로운 반응을 할 것인가, 아니면 친숙한 생각과 개념에 머물러 있을 것인가? 당신에게 압정 상자는 가능성이 풍부한 물체로 보이는가, 아니면 그저 압정을 담는 통으로 보이는가?

새롭거나 변화하는 상황은 생각의 방향을 바꾸는 데에 필요한 힘을 제공할 수도 있다. 어떤 사람은 슬쩍만 건드려도 이런 힘을 얻을 수 있지만, 어떤 사람은 벽에 부딪혀야 한다. 프랜즌은 벽에 부딪혔다. 『강진동』이 실패한 후, 10년 이상 지속해온 그의 결혼 생활이 삐거덕거리기 시작했다. 그다음에는 그의 아버지가 알츠하이머를 앓게 되었다. 불행한 사건들이 이어지면서, 그는 몇 년 동안 좌절과 우울감에 빠져 있었다. 그러나 이 상황이 그에게 불행하게만 느껴진 것은 아니었다. 자신에 관해서 고착되어 있던 사고 방식에서 자유로워지는 계기가 되었기 때문이다. 심리학자들의 압정 상자처럼, 그는 글재주라는 자신의 도구를 이전에는 상상한 적도 없는 방식으로 활용할 수 있다는 것을 알게 되었다. 그리고 이 새로운 자유는 작가로서 그를 완전히 바꾸어놓았다.

"내가 되고자 했던 작가는 내가 가장 잘할 수 있는 분야의 작가가 아니었다는 것을 깨달았습니다. 그래서 나는 세상에서 소설의 역할에 대해서 내가 가지고 있던 생각을 버리고, 사회문제보다는 인물들의 문제에 관한 글을 쓰기로 결심했습니다." 프랜즌은 신중하게 말을 이어갔고, 그의 말은 문학의 철학에 관한 설명이자 개인적인 이야기처럼 들렸다. 그러나 그가 묘사한 변화는 엄청났다.

시간이 흐르자, 프랜즌의 깨달음은 제대로 효과를 발휘했다. 그는 대중을 위한 글쓰기에 관한 걱정을 멈추고, 책을 특별히 사랑하는 사람들을 위해서 글을 써야 한다는 것을 깨달았다. 자신의 글이, 그런 독자들이 알찬 시간을 보낼 수 있도록 해주고 그들에게 우리 모두가 마주치는 문제에 대한 통찰을 제공하고 그들의 외로움을 덜어줄 수 있다면 그것으로 충분했다. 그는 다음과 같이 말했다. "나는 나의 소설을 서로 맞물리는 일련의 모듈로 인식하기 시작했습니다. 각 모듈마다 한 인물을 중심으로 초점을 맞추는 것이죠. 그리고 거창한 이야기를 만들어야 한다는 걱정을 떨쳐버렸습니다. 나의 가장 큰 발전은 '한 여자가 크리스마스에 자신의 가족들을 한자리에 모이게 할 것인가?'라는 질문을 중심으로 책 한 권을 쓸 수 있다는 것을 깨달은 것입니다."

이것은 대단히 큰 접근 방식의 변화였지만, 효과가 있었다. 2001년에 프랜즌이 발표한 『인생 수정(*The Corrections*)』은 엄청난 찬사를 받았고, 그때부터 그는 작가로서 성공 가도를 달리기 시작했다. 그는 문학소설 분야에서 미국에서 책이 가장 잘 팔리는 작가가 되었고, 전미도서상을 수상했으며, "위대한 미국 소설가"라는 제목을 달고 『타임(*Time*)』지의 표지를 장식했다.

경제학자인 존 메이너드 케인스는 1936년에 발표한 『고용, 이자, 화폐의 일반 이론(*General Theory of Employment, Interest and Money*)』의 서문에 다음과 같이 썼다.[4] "여기에 대단히 공을 들여 설명한 생각들은 지극히 단순하며 누구나 쉽게 알 수 있을 것이다. 어려운 것은 새로운 생각을 하는 것이 아니라, 낡은 생각에서 벗어나는 것이다. 낡은 생각은……우리의 마음속 구석구석에까지 뻗어 있다." 프랜즌의 성공담은 해방에 관한 이야기이다. 유연한 사고의 혜택에 관한 이야기, 또는 우리가 이룰 수 있는 가능성에 관한 이야기이다.


## 생각이 굳어질 때

20세기로 접어들 무렵, 유명 물리학자 제임스 진스 경은 흑체 복사(blackbody radiation)라는 현상에 대한 학설을 이끌어내는 데에 기여하고 있었다. 뉴턴의 법칙과 탄탄한 전자기력 이론을 토대로 한 그의 학설은 훌륭했고, 이는 안정된 물리학에서 유래했다. 그러나 그의 예측이 실험 결과와 크게 어긋나면서, 그의 학설은 실패로 돌아갔다. 오늘날 우리는 수학적으로는 진스의 방법이 탄탄했다는 것을 알고 있다. 다만 그 재료를 그런 방법으로 요리해서는 안 된다. 흑체 복사는 원자의 운동에 의해서 만들어지는데, 원자에는 뉴턴의 법칙이 적용되지 않기 때문이다.

진스가 그의 학설을 세우고 있던 당시, 막스 플랑크라는 한 무명의 물리학자는 그가 고안한 뉴턴 법칙의 대안을 토대로 무엇인가 다른 학설을 내놓았다. 플랑크는 이것을 양자 원리(quantum principle)라고 불렀다. 진스의 학설과 달리, 플랑크의 새로운 방법에서 나온 예측은 실험 결과와 훌륭하게 맞아떨어졌다. 이에 관해서 질문을 받았을 때, 진스는 프랑크의 학설은 효과가 있고 자신의 학설은 그렇지 않다는 것을 마지못해 시인했다. 그러나 진스는 어쨌든 자신의 학설이 옳다고 믿는다고 덧붙였다.[5] 만약 제임스 진스 경에게 물리학에 관한 질문을 한다면, 그는 거의 모든 주제에 대해서 대단히 멋진 답을 내놓을 것이다. 그러나 실패한 자신의 학설에 대한 그의 대답은 변속기는 별로 중요하지 않다고 우기는 중고차 판매원의 이야기처럼 들렸다.

정치철학자인 한나 아렌트는 오래 전에 만들어져서 더 이상 의문이 제기되지 않고 뿌리 깊게 자리잡고 있는 사상과 원리를 "굳어 있는 사고(frozen thoughts)"라고 정의했다. 아렌트는 이런 공인된 "진리"에 무사태평하게 의존하는 것은 생각이 없는 것과 비슷하다고 보았다. 즉, 이러한 행동은 각본에 따라서 자동적으로 행동하는 어미 거위, 컴퓨터, 자동조종 장치를 작동하고 있는 인간과 비슷하다는 것이다. 굳어 있는 사고가 내리는 명령에 따라서 움직이는 사람이 정보처리에서 강력한 능력을 발휘할 수도 있다. 그러나 그런 사람들은 그들의 굳어 있는 사고에 부합하는 것은 맹목적으로 받아들이지만, 그렇지 않은 생각은 충분한 증거가 있어도 받아들이지 못한다.

굳어 있는 사고는 어떤 문제의 틀을 잡거나 접근 방식의 결정에 확고한 방향성이 있을 때에 나타난다. 우리의 도전 과제는 적절한 시기에 우리의 "굳어 있는 사고"를 녹이고 재검토할 수 있도록, 그런 방식의 정신 작용에서 벗어나는 것이다. 아렌트는 굳어 있는 사고를 극복하기 위한 이런 종류의 사고를 "비판적 사고(critical thinking)"라고 불렀다. 악의 근원에 관심이 있었던 아렌트에게 비판적 사고는 도덕적 책무였다. 비판적 사고가 없는 사회는 나치 독일의 전철을 밟을 수 있으며, 그런 위험은 오늘날에도 여전히 많은 나라들에 존재한다. 아렌트는 그럼에도 놀라울 정도로 많은 사람들이 비판적으로 생각하지 않는다고 지적했다.[6] 그녀는 다음과 같이 썼다. "(비판적으로) 생각할 수 없다는 것은 무지와는 다르다. 대단히 지능이 높은 사람에게서도 나타날 수 있다."

굳어 있는 사고가 제임스 진스 경 같은 전문가에게 특히 위험하다는 것은 아이러니한 일이다. 전문가의 경우, 깊이 있는 지식은 그 전문 분야에서 일상적으로 마주치는 난관에 대해서 확실히 중요한 가치를 지닌다. 그러나 전통적인 지혜 자체에 깊이 파묻혀 있는 것은 새로운 생각의 수용이나 생산을 방해할 수 있으며, 새로움과 변화에 직면했을 때에는 족쇄가 될 수도 있다.

과학 연구를 하던 시절, 나는 많은 동료들로부터 자신의 논문을 심사하는 전문가들이 때로 고정된 관점에서 접근하여 논문을 오해한다는 불평을 듣고는 했다. 내용을 대충 읽어보고 논문을 쓴 저자가 무슨 말을 하고 있는지 안다고 지레짐작을 하기 때문이라는 것이었다. 경험 많은 골퍼가 숱한 연습을 통해서 그의 운동 피질에 각인된 타법을 바꾸기가 어려울 수 있는 것처럼, 생각을 업으로 삼는 사람도 그의 전전두 피질에 박혀 있는 습관적인 사고 방식을 없애기는 어렵다. 사진작가인 도로시아 랭의 글처럼, "무엇을 찾게 될지를 미리 안다는 것은 자신의 선입견만 사진에 담고 있다는 뜻이다.[7] 그것은 대단히 한정적이며, 종종 거짓이다."

굳어 있는 사고는 과학자들의 경력에 재앙을 가져오고 사업의 건전성에 많은 해가 된다. 그러나 이보다도 이것이 진짜 위험하게 작용하는 분야는 의학 분야인데, 공중 보건 연구자들이 최근에 들어서야 그 영향을 밝혀내기 시작했다. 이를테면, 우리는 병원에 가면 당연히 경험이 가장 많은 의료진에게 치료받기를 원할 것이다. 그러나 2014년의 한 연구에 따르면, 상대적으로 초심자에게 치료를 받는 편이 더 낫다.

이 연구는 『미국 의학 협회 저널(Journal of the American Medical Association)』에 실렸다. 수만 명의 입원 환자들에 관한 10년 치 자료를 조사한 후 이 연구에서 밝혀낸 바에 따르면, 고위험 급성 환자가 30일 내에 사망할 확률은 최고의 의사들이 학회 출장 등으로 자리를 비웠을 때 3분의 1이 더 낮아졌다.[8]

이 연구에서는 사망률이 감소한 원인이 정확히 언급되지는 않았지만, 논문의 저자들은 의사들이 저지르는 실수 대부분이 이전의 경험을 토대로 성급하게 의견을 내는 경향과 연관이 있다고 설명했다.[9] 따라서 일상적이지 않은 사례의 경우, 경험 많은 의사들은 그들의 초기 분석과 일치하지 않는, 문제의 중요한 일면들을 놓칠 가능성이 있기 때문에 판단을 그르칠 수 있다. 그 결과, 비록 신참 의사들은 손이 더 느리고 지극히 평범한 사례를 처리하는 일에서조차도 자신감이 부족하지만, 평범하지 않은 사례나 미묘한 증상의 환자들을 더 열린 마음으로 대할 수 있다.

이 놀라운 발견을 뒷받침하는 또다른 대담한 연구가 이스라엘의 한 의학 잡지에 발표되었다.[10] 이 연구에서 제기한 의문은, 굳어 있는 사고에 갇힌 의사들이 환자 개인의 특별한 상황을 충분히 살피지 않고 너무 즉각적으로 약을 처방하지는 않는지에 관한 문제였다. 특히 의사는 환자가 이미 복용하고 있는 여러 다른 약들과 그들에게 새로 처방되는 약들 사이의 상호작용을 고려해야 마땅하지만, 기계적으로 진료를 하는 의사는 그렇게 하지 않을 가능성이 있었다.

그 가능성을 조사하기 위해서, 과학자들은 노인 요양 시설에 있는 119명의 환자를 조사했다. 그 환자들은 평균적으로 하루에 7종의 약을 복용하고 있었다. 연구자들은 그들을 세심하게 관찰하면서 환자들이 복용하는 약의 절반 정도를 끊게 했다. 투약 중단으로 사망하거나 심각한 부작용을 겪은 환자는 아무도 없었다. 게다가 거의 모든 환자들에게서 건강의 **호전**이 보고되었다. 더욱 중요한 것은, 이들의 사망률이 약을 줄이지 않고 계속 복용한 대조군에 비해서 훨씬 더 낮았다는 것이다. 의학에서는 약물 치료로 생명이 연장된다고 믿고 있지만, 의사들이 모든 환자에 대해서 판에 박힌 접근법으로 일관하면 역효과를 일으킬 수도 있다.

의사나 어떤 분야의 전문가일 수 있는 우리에게 유연한 사고가 반드시 필요하다는 것은 『미국 의학 협회 저널』에 등장하는 다른 사례의 연구에도 잘 드러나 있다.[11] 한 여섯 살 소년이 행동 문제 때문에 소아과를 찾았다. 소아과 의사는 소년과 소년의 어머니와 대화를 나눈 후, 소년의 증상을 ADHD로 진단하고 심리-학습 능력 평가 의뢰서를 썼다. 그때 소년의 어머니는 지나가는 말로, 천식 환자인 소년이 최근에 기침이 심해져서 기침을 조절하기 위해서 천식 흡입기를 더 자주 사용한다고 말했다. 의사는 이미 진단을 내린 상태였지만, 열린 마음으로 이 새로운 정보를 흡수했다. 과잉 행동이 천식 흡입기 사용에 따른 부작용일

가능성이 있다고 생각한 것이다. 그는 심리-학습 능력 평가를 연기하고, 소년이 흡입기를 너무 자주 사용하지 않도록 천식을 완화하는 약을 처방했다. 그러자 문제가 해결되었다.

## 파괴적인 원칙

가장 비극적이지만 가장 뚜렷한 굳어 있는 사고의 사례들 가운데 일부는 전쟁 기록에 등장한다. 군은 굳어 있는 사고에 특히 취약한데, 군에는 전문적이고 권위적인 사고가 일상화되어 있기 때문이다. 군은 일반적으로 용인되는 원칙에 의해서 상부에서 명령하는 엄격한 규칙에 따라 작동되며, 이 규칙은 계급 순으로 하달된다. 스탠리 매크리스털 장군은 이렇게 말한다.[12] "군에는 군이 작동하는 원칙이 있다. 그 원칙 아래에서 오래 생활하면 할수록, 그것에 맞춰질 위험이 더 커진다."

매크리스털은 그것을 알고 있었을 것이다. 그는 30년 이상을 군에서 보냈고, 4성 장군이 되었다. 그는 아프가니스탄에 주둔하는 미군 사령관 겸 국제 안보지원군 사령관을 지냈고, 합동 특수전 사령부의 사령관이기도 했다. 델타포스와 레인저 부대와 네이비실을 아우르는 합동 특수전 사령부는 가장 은밀한 임무를 수행하는 팀이지만, 그들이 수행하는 대부분의 작전은 세간의 이목을 끌어서 뉴스의 머리기사를 장식하기도 한다. 이외에도 매크리스털은 사담 후세인을 체포하고 이라크의 알카에다 지도자인 아부 무사브 알자르카위를 추적한 부대를 지휘하기도 했다.

매크리스털은 현대전의 혁명을 일으켰다. 그의 작전은 적의 물리적인 위치뿐만 아니라 그들의 전화와 컴퓨터까지 공격했고, 이런 공격을 위해서 필요한 의사 결정 과정을 간소화했다. 그의 적에게는 복잡한 관료 체계가 없었으므로, 만약 그가 관료 체계를 고수하고 싶었다고 해도 그 럴 수 없었을 것이다.

매크리스털의 후임자인 데이비드 퍼트레이어스가 나에게 한 말처럼, 오늘날에는 "가장 빠른 것을 적용하는 쪽이 우세하다."[13] 따라서 다른 전쟁들이 지난 수십 년간의 충돌에서 배운 교훈을 토대로 싸웠다면, 이 제는 성공적인 전투를 위해서 즉석에서 만든 전투 이론이 필요하다. 이를 테면, 퍼트레이어스가 쓴 "대게릴라 전 지침(counterinsurgency guidance)" 은 그가 자신의 노트북에 매주 갱신하여 보관해온 기록이다.

매크리스털과 퍼트레이어스 둘 모두가 부딪친 난관 중의 하나는 이런 더 즉흥적인 접근법을 포용하도록 그들의 지휘관들을 설득하는 일이었 다. 매크리스털은 사람들이 새로운 방식과 마찰을 일으키고, 주저하게 되는 기분을 이해한다고 말한다. 그는 일반적으로 받아들여지는 오래된 군사 원칙을 따르는 것이 편하다는 사실을 잘 알고 있다. 그렇게 하면 크게 그르칠 일도 없을 것 같은 기분이다. 어쨌든 원칙은 역사적 교훈을 토대로 하기 때문이다. 그러나 고정된 원칙에 의존하는 것은 거짓된 편 안함이며, 위험한 일이다. 상황은 변하는데 원칙이 변하지 않으면 재앙 이 일어날 수도 있다.

굳어 있는 사고의 역사적 사례에 관해서 이야기를 나누는 동안, 매크 리스털과 나는 제4차 중동전쟁을 떠올렸다. 이 전쟁은 유대교의 속죄일 인 1973년 10월 6일에 이스라엘이 인접한 아랍 국가들로부터 기습 공격 을 받으면서 시작되었다. 이 이야기는 진주만 기습 공격, 1941년 6월에 일어난 독일의 소련 공격, 계산 착오와 오판으로 인한 광란에 의해서 초래된 제1차 세계대전과 함께 정치심리학과 군사심리학 분야의 고전 적 사례가 되었다.[14]

매크리스털은 이스라엘에 대한 경고로 작용했을 수도 있는 첫 번째 조짐들에 관해서 말했다. 그해 8월, 이스라엘의 군 정보 요원들은 이스라엘 북서부에 인접한 시리아가 러시아제 대공 미사일을 접경지대인 골란 고원으로 옮기고 있다고 보고했다. 그후 9월 말에는 시리아에서 대규모 군사 동원이 시작되었고, 골란 고원에 유례없이 많은 대포가 배치되었다. 한 기갑여단의 동향은 특히 놀라웠다. 이 기갑여단은 원래 평화 유지를 위해서 시리아 홈스에 주둔하고 있었다. 홈스는 당시 시리아 반정부 세력의 본거지였기 때문에 이러한 부대 이동은 대단히 위험했다. 사실 10년 후에 시리아 군은 그곳에서 대규모 작전을 벌였고, 약 1만 5,000명의 홈스 시민이 희생되었다.

이스라엘 북부에서 이런 일들이 벌어지는 동안, 남부에서는 이집트가 예비군을 소집하여 수에즈 운하를 따라서 형성된 이스라엘과의 국경 쪽으로 이동시키고 있었다. 수백 대의 탄약 트럭을 포함한 호송 행렬이 날마다 이어졌다. 한편, 예비군은 사막에 도로를 포장했고, 이스라엘 군의 진영을 내려다볼 수 있는 구조물과 운하를 건널 수 있는 배를 띄우기 위한 경사로를 만들기 위해서 밤늦게까지 일했다.

유대인들이 일상의 모든 활동을 중단하고 회당으로 기도를 하러 가는 날인 속죄일이 시작되자, 시리아의 탱크는 이스라엘보다 8배 더 우세했고 포병과 보병의 규모는 그보다 훨씬 더 우세했다. 이집트는 10만 명의 병사들과 2,000문의 대포와 중(重)박격포를 수에즈 운하 서안에 배치했다. 이스라엘은 450명의 군인과 44문의 대포를 160킬로미터에 걸쳐서 배치하고 있었다. 왜 이스라엘은 이런 엄청난 병력 강화를 위협으로 알아차리지 못했을까?

매크리스털은 나에게 다음과 같이 말한다. "군사적 기만의 본질은 적

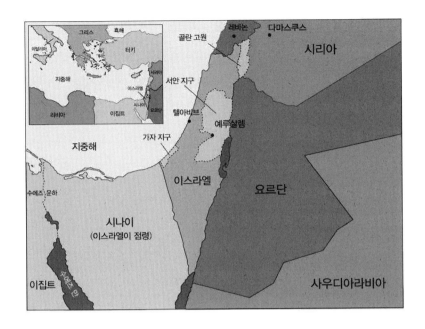

이 무엇을 믿고 있는지를 알아내어 그것에 맞춰서 움직이는 것입니다. 이스라엘이 양국의 군사 행동을 위협으로 연결시키지 못한 까닭은 아랍 국가들이 또다시 전쟁에 패할 위험에 놓이는 것을 원하지 않는다고 믿었기 때문입니다."

아랍 국가들은 이스라엘이 그렇게 추측할 것이라고 기대하고, 병력 증강을 단순히 연합 훈련일 뿐이라고 둘러댔다. 만약 그렇다고 해도 유례없는 규모의 훈련이었다. 그러나 이런 위협을 평가하고 지도부와 소통을 해야 하는 이스라엘 군 정보기관의 엘리 제이라 소장과 요나 반드만 중령은 상황을 제대로 파악하지 못했다. 시리아와 이집트의 지도자들이 이스라엘을 파괴하는 것이 목표라고 공공연히 선언했음에도, 대단히 명석하고 잘 훈련되었으며 노련한 군인인 그 정보장교들은 "군사 훈련"이라는 해명을 받아들이고 공격 가능성을 무시했다.

제이라와 반드만은 훈련 시나리오에 나타난 각각의 이상한 점에 대해서 의견을 나누었지만, 굳어 있는 사고로 인해서 확연하게 드러나는 것을 보지 못했다. 그 결과, 10월 6일의 이른 오후에 이스라엘은 양 방향에서 대대적인 기습 공격을 받았다.

　　당황한 이스라엘은 처음 이틀 동안 크게 동요했다. 10월 8일 저녁, 아랍 군이 남북 양쪽에서 진격해오자, 모셰 다얀 국방 장관은 골다 메이어 총리에게 이스라엘이 "침몰하고 있다"라고 말했다. 그러나 결국 이스라엘은 이 위기를 극복했다. 10월 24일에 휴전이 합의되었을 때, 이스라엘 군은 다마스쿠스에서 32킬로미터, 카이로에서 160킬로미터 떨어진 지점까지 밀고 나갔다. 그 결과 소련은 이집트를 지원하기 위해서 군대를 보내겠다고 위협했고, 미국은 이에 대응하여 핵무기의 경보 단계를 더 높였다.

　　이 전쟁을 치른 후, 이스라엘에서는 공격 임박을 암시하는 압도적인 증거들을 어떻게 무시할 수 있었는지를 조사하기 위한 최고 위원회인 아그라나트 위원회(Agranat Commission)가 구성되었다. 이 위원회에서 내린 결론에 따르면, 공격 임박을 암시하는 다량의 증거들이 수집되었지만 정보기관은 이전에 고수하고 있던 확신 때문에 그 증거들을 잘못 해석했다.

　　위원회가 정보 실패의 가장 중요한 원인으로 꼽은 것은 어떤 원칙에 대한 확고한 믿음이었다. 이 원칙은 그들의 분석에서 대단히 중심적인 위치에 있었기 때문에 단순히 "개념(Ha'Conceptzia)"이라고 불렸다. 개념은 1967년의 6일 전쟁 이후 이집트 지도자들의 은밀한 평가를 상세히 담은 정보 보고서에 등장했는데, 이 보고서에서는 이스라엘 공군이 이스라엘의 신속한 승리에 결정적 역할을 했다고 보았다. 이 보고서는 이집트가 공군에서 우위를 확보하기 전까지는 결코 이스라엘과 새로운 전쟁을 시도하지 않을 것이라고 단언했다. 이스라엘의 공군력이 아랍 국가들보다 단연 앞서기 때문에, 개념에 나타난 그들의 확신은 아랍이 감히 이스라엘을 공격할 수 없을 것이라는 강한 자신감의 또다른 표현이었다.

이스라엘로서는 안타까운 일이지만 아랍은 공군력 우세의 의미를 재해석했다. 이스라엘로서는 공군의 규모가 더 크다는 의미였지만, 아랍은 더 많은 대공 미사일을 도입함으로써 공군력의 효과를 낼 수 있다고 믿었다. 매크리스털의 말에 따르면, "아랍의 생각은 바뀌었고 이스라엘은 그것을 인지하지 못했다."

이스라엘은 개념을 고수하면서 조건의 변화를 이해하지 못했다. 그로 인해서 이스라엘의 정보 수뇌부는 초보자도 알아낼 수 있을 정도로 너무나도 명확한 침략 의도의 증거들을 무시하는 엄청난 일을 저질렀다.

매크리스털은 미국이 사담 후세인을 몰아내기 위해서 이라크를 침공한 이후 중동에서 마주친 난관이 제4차 중동전쟁의 교훈과 닮아 있다고 말한다. "우리는 테러리스트들에게 어떤 한계가 있을 것이라고 기대했습니다. 각본을 따르지만 잇달아 성공적인 시합을 이끌어낸 미식축구팀처럼, 우리는 거의 정형화된 접근법으로 나아갔습니다." 그러나 미군이 이라크에서 만난 알카에다는 점조직으로 기민하게 움직이는 테러 집단이었다. 매크리스털은 이렇게 설명한다. "그들은 빠르게 적응하면서 끊임없이 변하는 유기체와 같았습니다. 그래서 우리의 전략은 곧 무용지물이 되었죠. 그런 환경에서는 어제 효과를 발휘한 작전이 내일도 효과가 있으리라는 보장이 없습니다. 우리는 그들만큼 융통성 있게 대처하는 법을 배워야 했습니다. 그러나 아주 잘 자리잡은 문화가 변화되기를 기대하려면, 약간의 개혁이 필요합니다."

매크리스털이 한 일은 바로 대대적인 개혁이었다. 그의 동료인 제임스 워너 장군은 이렇게 말했다. "그는 자신에게 주어진 권한을 훨씬 뛰어넘는 행동을 했습니다.[15] 조직을 해체하고 다시 편성했습니다. 그렇게 하자, 보통은 사안이 결정되기까지 몇 달이 걸리던 숙고 기간이 몇 시간으로 줄어들었습니다."

안타깝게도 매크리스털은 다른 사람들과 의견 충돌을 자주 일으켰고, 특히 백악관과 몇 번의 심각한 마찰을 빚었다. 결국 그는 2010년에 당시 대통령이었던 오바마에 의해서 경질되었다. 그러나 그는 큰 자취를 남겼다. 리더십에 대한 『포브스(Forbes)』의 기사 내용처럼, 매크리스털의 유산은 "정보와 작전을 융합하여 전투의 혁명"을 일으킨 것이었다.[16] 그러나 매크리스털에게 이것은 단순히 유연한 사고를 적용하는 문제일 뿐이었다. 그는 나에게 "나약한 지휘관은 사전에 준비된 답을 찾고, 강한 지휘관은 적응을 한다"라고 말한다.


## 전문적인 뇌의 불리한 조건

만약 새롭거나 변화하는 상황에서 전문 지식이 우리의 사고에 방해가 될 수 있다면, 그 영향은 어느 정도일까? 『미국 의학 협회 저널』의 연구에서 연구자들은 전문성이 부족한 의사들이 그렇지 않은 의사들보다 특이한 사례의 진단과 처치 면에서 더 우월할 수 있다고 주장했지만, 경력의 햇수와 효과의 규모 사이의 관계에 대해서는 연구하지 않았다. 놀랍게도, 심리학자들은 적어도 한 가지 상황에서는 이런 관계를 수량화할 수 있었고, 그 영향의 규모는 엄청났다.

심리학자들이 연구한 상황은 체스 게임이었다. 그들의 연구는 피험자들에게 잡지나 책에서 볼 수 있는 유형의 "체스 판 형세"를 보여주는 것으로 시작되었다.[17] 이 형세에는 가상의 체스 게임을 하고 있는 말들의 위치가 그림으로 표현되어 있다. 체스 판은 한쪽 상대에게 유리하게 설계되어 있어서, 그가 "콤비네이션(combination)"이라고 불리는 적절한 행마(行馬)를 한다면 체크메이트가 될 수밖에 없다. "될 수밖에 없다"라는 것은 상대가 말을 어떻게 움직여도 이 체크메이트를 막을 수 없다는 뜻이다. 잡지 독자들에게 주어진 문제는 승리를 거둘 수 있는 콤비네이션을 찾는 것이었다.

체스 게임은 금방 끝나지 않는다. 만약 게임을 시작하면서 포도주를 한 병 땄다면, 게임이 끝날 무렵에는 식초가 되어 있을지도 모른다. 체스 애호가들은 게임에서 이기는 **방법**의 격조를 놓고도 그만큼 오래 토론할 수 있다. 이 실험에서, 일부 피험자에게는 세 번만 잘 움직이면 백이 이길 수 있는 방법이 딱 하나 있는 형세의 체스 판을 보여주었다. 나는 이것을 "1해법 체스 판"이라고 부르겠다. 다른 피험자들에게는 이길 수 있는 콤비네이션이 두 가지인 다른 형세의 체스 판을 보여주었다. 하나는 1해법 체스 판과 같은 영리한 해법이고, 다른 하나는 좀더 쉽지만 체스 전문가들이 보기에는 우아함이 부족한 해법이다. 이런 형세의 체스 판을 "2해법 체스 판"이라고 하자. 우아함이 부족한 해법이 더 눈에 띈다면 영리하고 우아한 해법을 찾는 데에 방해가 될까?

연구자들이 알아낸 바에 따르면, 1해법 체스 판에서는 충분한 시간이 주어지면 모든 피험자가 영리한 체크메이트의 수를 찾아냈다. 그러나 2해법 체스 판을 받은 피험자들은 같은 수를 찾는 데에 큰 어려움을 겪었다. 피험자들은 일단 명확하게 보이는 친숙한 체크메이트 수를 찾아내면, 더 간단하고 우아한 수를 보지 못했다. 심지어 그런 수가 있다고

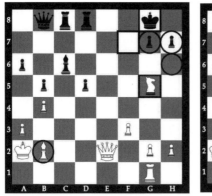
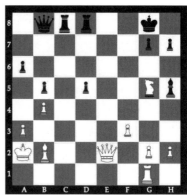

2해법 문제              1해법 문제

체스 판의 두 가지 형세: 2해법 체스 판(왼쪽)과 1해법 체스 판(오른쪽).
친숙한 해결책에서는 중요한 칸이 사각형(f7, g8, g5)으로, 최적의 해결책에서는 원(b2, h6, h7, g7)으로 표시되어 있다.[18]

말해주고 충분한 시간을 주어도 찾아내지 못했다.

이 실험은 내가 앞에서 언급한 다른 사례들과 유사한, 굳어 있는 사고의 전형이다. 이 연구를 특별하게 만들어준 것은, 체스를 두는 사람이 얼마나 숙련되어 있는지 그리고 색다른 "영리한 해법"의 발견과 관련해서 그 숙련도가 그들을 얼마나 "더 바보로" 만드는지 사이의 상관관계를 과학자들이 수량화할 수 있었다는 점이다.

수량화가 가능한 비결은 체스 경기의 점수 체계 덕분이다. 체스에는 체스를 두는 상대의 실력을 파악할 수 있는 편리한 방법이 있다. 누가 누구를 이겼는지, 그리고 그에 따른 점수를 상세히 기록하여 점수화하는 것이다. 이 점수는 이길 확률로 환산할 수 있는데, 만약 당신이 당신보다 200점 더 높은 사람과 체스 시합을 벌이면 당신이 이길 확률은 25퍼센트가 된다. 만약 400점 더 높은 사람과 시합을 한다면 이길 확률은 9퍼센트밖에 되지 않는다.

과학자들은 점수 수준이 다른 사람들의 1해법과 2해법 체스 문제 풀이를 비교했을 때, 덜 우아한 해법이 존재하는 경우에는 점수가 600점 하락하는 것과 맞먹는 효과가 나타난다는 사실을 알아냈다. 이 차이는 어마어마하다. 이 점수를 지능 검사로 바꾸어서 생각해보면 IQ가 45점이나 차이나는 것에 해당한다. 이것은 생각해볼 일이다. 전문가가 난항을 겪고 있을 때, 가끔은 초심자를 부르는 것이 해결책이 될 수도 있다.

물리학자 제임스 진스, 이스라엘의 정보장교들, 최고의 의사들, 체스 고수들은 모두 비슷한 덫에 걸렸다. 우리가 갖춘 지식이 물리학 이론이든 전쟁과 평화의 전략이든 체스의 전술이든 그외 다른 무엇이든 우리의 **지식**은 우리의 **상상** 가능성을 제한할 수 있다. 깊이 있는 지식을 쌓는 것은 대개의 경우 바람직한 일이지만, 전문가의 경우라면 굳어 있는 사고에 어떻게 대처해야 할까?

## 불화의 이득

굳어 있는 사고를 연구하는 심리학자들은 그것을 "독단적 인지(dogmatic cognition)"라고 부른다.[19] 심리학자들이 정의하는 독단적 인지는 "개인의 선입견이나 예상을 강화하는 방식으로 정보를 처리하는 경향"이다. 선불교에는 독단적 인지와는 완전히 상반되는 사고 방식의 개념인 "초심자의 마음(beginner's mind)"이라는 것이 있다. 이 접근법에서는 선입견이 적고 일상적인 상황조차도 처음 접하는 일처럼 지각하며, 과거의 경험에 미루어 자동적으로 지레짐작하지 않는다. 이것은 우리의 전문성을 버리라는 뜻이 아니라, 전문성을 가지고 있더라도 새로운 경험에 대해서 열린 마음을 유지하라는 뜻이다. 우리 대부분의 인지 방식은 초심자의 마음과 독단적 인지라는 양 극단 사이의 어딘가에 위치하고 있다.

어떤 분야의 이상적인 전문가는 방대하고 깊이 있는 지식을 갖추고 있으면서도 여전히 초심자의 마음을 유지하는 사람이다. 안타깝게도, 전문성을 얻는 것은 새로운 정보를 열린 마음으로 처리하는 것을 더 어렵게 만들 수도 있다. 어느 과학자의 글처럼, "사회적 규범은 전문가에게 비교적 독단적이고 폐쇄적인 성향을 취할 자격을 준다."[20] 이 과학자는, 그 결과 "최고의 전문가라는 자기 인식은 더 편협한 인지 방식을 이끌어낸다"라고 덧붙였다. 아마 우리 모두 그런 사람을 알고 있을 것이다.

다행스럽게도 심리학자들은 우리의 사고가 이 스펙트럼의 독단적 인지라는 극단에서 멀어지게 할 수 있는 방법을 알아냈다. 가장 효과적인 방법 중의 하나는 우리의 지적 상호작용 사이에 약간의 갈등을 도입하는 것이다.

약 반세기 전에 수행된 한 연구를 살펴보자.[21] 이 연구를 수행한 세르주 모스코비치는 홀로코스트 생존자로, 훗날 집단심리학을 연구했다. 모스코비치는 두 집단의 실험 자원자들에게 일련의 파란색 슬라이드를 보여주었다. 대조군에서는 각각의 슬라이드를 하나씩 보여주고, 한 사람씩 그 슬라이드의 색을 말하고 밝기를 추정하게 했다. 실험군에는 실험 공모자를 배치하여 파란색을 "초록색"이라고 말하게 했다. 실험 공모자들은 누구를 속였을까? 아무도 속지 않았다. 실험군의 피험자들은 정상적이지 않은 대답을 무시했다. 피험자들은 그들의 차례가 돌아오자, 대조군처럼 모두 "파란색"이라고 대답했다.

그후, 모스코비치는 모든 실험 자원자들에게 관련 없는 다른 실험에 참여해달라고 요청했다. 그러나 그것은 관련 없는 실험이 아니었다. 사실, 앞선 실험은 두 번째 실험을 위한 준비에 불과했고, 진짜 중요한 것은 두 번째 실험이었다. 이 실험에서 모든 피험자는 일련의 색상판을 보고 파란색인지 초록색인지를 구분하여 각자 종이에 쓰도록 요청받았다. 색상판의 색은 순수한 파란색과 순수한 초록색 사이에 연속적으로 분포되어 있었지만, 피험자들은 파란색 아니면 초록색으로 적어야 했다.

이 실험에서, 앞에서 대조군에 속했던 사람들이 내놓은 답은 실험군에 속했던 사람들의 답과 상당히 달랐다. 실험군의 사람들이 "초록색"으로 분류했던 색상판 중 다수를 대조군의 사람들은 "파란색"으로 보았다.

이 색상 스펙트럼에서 초록색에서 파란색에 이르는 색상 변화는 연속적이다. 초록색에서 시작하여, 점차 파란색이 도는 초록색, 초록색이 도는 파란색을 거쳐서 파란색으로 끝난다. 두 번째 실험은 본질적으로 초록색과 파란색을 가르는 선을 어디에 그을 것인지를 알아보는 실험이었다. 놀랍게도, 앞선 실험에서 파란색을 초록색으로 오인하는 상황에 노출된 실험군은 그들의 판단에 변화를 일으켰다. 대조군과 비교했을 때, 실험군은 색상판의 색을 더 쉽게 초록색으로 보았다.

다음을 생각해보자. 어떤 피험자도 앞선 실험에서 잘못된 식별에 설득되지 않았다. 그럼에도 그들은 영향을 **받았다**. 그들은 잠재의식적으로는 색상 사이의 경계선을 초록색 쪽으로 이동시키도록 설득된 것이다. 이것이 인간의 사고에서 무엇을 의미할까? 우리가 의식적으로는 반대 관점을 고려하지 않는다고 해도, 그런 관점은 약간의 노출만으로도 우리의 사고에 영향을 미칠 수 있다.

다른 실험들에서 나타나는 것에 따르면, 반대 관점은 당면한 문제에 대해서 우리의 동요를 일으킬 수 있을 뿐만 아니라, 그 반대 관점과는 연관이 없는 다른 상황에서 우리의 굳어 있는 사고를 녹일 수도 있다.[22] 그렇다. 불쾌한 일이기는 하지만, 우리와 의견이 다른 사람들과 이야기를 나누는 것은 유익하다. 따라서 만약 당신이 음모론을 싫어한다면, 그리고 미국의 달 착륙은 가짜이며 아인슈타인의 상대성 이론은 집배원으로부터 표절한 것이라는 이야기를 믿는 사람을 만난다면, "당신의 삶은 잔인한 농담입니다"라고 말하면서 자리를 피하지 말고 그와 함께 차를 마시자. 그는 당신의 사고 방식을 넓혀줄 것이며, 전문 치료사를 찾는 것보다 싸게 먹힐 것이다.

독단적 인지가 가장 심각한 사람들은 안타깝게도 반대 의견 듣기를 꺼릴 수 있다. 설상가상으로, 그들이 권위 있는 자리에 있는 경우라면 자신의 의견에 반대하는 사람들을 종종 처벌하기도 한다. 전쟁 임박의 징후들을 간과한 이스라엘의 정보장교들을 보자. 제이라 소장은 충돌 가능성을 경고한 장교들에게 승진을 기대하지 말라고 말했다.[23] 요나 반 드만 중령은 그가 작성한 서류에서 단어 하나를 바꾸자는 제안조차도 거부한 것으로 유명했다. 반대 의견을 허용하고 그것을 신중하게 고려하는 것은 확실히 생각에 도움이 될 수 있다.

이것은 대학과 회사에서 학생들과 직원들에게 다양성을 추구할 때에 얻을 수 있는 유익함 중의 하나이다. 각자가 얼마나 뛰어난 생각을 가지고 있는지와 관계없이, 다른 시각은 그 존재만으로도 뿌리 깊은 선입견과 지레짐작으로부터 자유로워질 수 있는 용기를 북돋는 정신을 만들어 낸다. 다른 시각의 존재는 더 많은 가능성을 고려하게 함으로써 더 나은 의사 결정을 내릴 수 있게 하며, 변화에 더욱 잘 반응할 수 있는 분위기를 만든다. 아그라나트 위원회에서 내린 결론의 요지도 이런 것이다. 굳어 있는 사고의 실수를 피하기 위해서, 이스라엘 정보국은 반대 의견을 내도록 권장하고 틀에 얽매이지 않고 상황과 사건을 보는 시각을 도입하는 방식으로 조직을 재편할 필요가 있었다.

우리는 세상을 경험하는 동안, 유용한 사실과 값진 교훈을 배우면서 관점을 형성한다. 시간이 흐르면서 추가되고 수정되는 우리의 관점은 세월의 흐름에 따라서 증축되고 수리되는 건물과 비슷하다. 고풍스러운 빅토리아 시대의 저택 양 옆에 최신식 부속 건물을 이어붙이는 것을 주저하듯이, 우리는 이미 형성되어 있는 자신의 세계관과 어떤 변화가 조화를 이루지 않을 때에 그 변화에 저항한다. 그러나 급속도로 발전하는 세상에서 우리는 종종 변화할 것을 요구받는다. 따라서 우리는 자신이 옳았으면 좋겠지만, 때로는 사람들로부터 틀렸다는 말을 듣는 것이 우리 자신에게는 더 이롭다는 사실은 인생의 아이러니한 진실이다.

# 9
# 정신적 차단과 생각의 여과 장치

## 백문이 불여일견이 아닐 때

내가 감수성이 예민한 어린아이였을 때, 나의 아버지는 제2차 세계대전 동안 지하에서 싸우던 젊은 시절에 힘이 되어준 이디시어의 격언 하나를 나에게 이야기해주었다. 이 격언은 "겨자무 위에 앉아 있는 벌레는 겨자무보다 더 달콤한 것은 없다고 생각한다" 정도의 뜻이다. 나의 아버지는 여기에 "그리고 만약 그 벌레가 거기에 너무 오래 앉아 있으면 모든 것이 겨자무로 보인다"라고 덧붙였다. 이는 사물을 본래의 모습과 다른 방식으로 상상하는 것에 방해가 되는 정신적인 장벽에 관한 단순한 감상이다. 제2차 세계대전 동안 레지스탕스로 활동했던 나의 아버지에게, 이 장벽은 나치를 피해서 도망자를 숨겨주거나 할 때에 유용한 도구가 되었다.

나는 학회 참석차 잉글랜드의 시골에 있는 오래된 저택에 머물렀던 어느 밤에 인간 사고의 원리에 대해서 곰곰이 생각해보았다. 우리는 함께 술을 마시다가 심야 모노폴리 게임에 빠져들었다. 지루함을 달래기 위해서 모두 말이 많아졌다. 그러나 나는 게임을 이용해서 나의 아버지의 오랜 지혜를 시험해보기로 했다. 모노폴리 게임에서는 게임판 보관 상자를 "은행"으로 쓴다. 이 상자에 1달러에서 500달러까지 다양한 게임용 지폐를 깔끔하게 쌓아두는 것이다. 보통은 자신이 은행에서 직접 잔돈을 바꾸거나, 손이 닿는 다른 사람에게 잔돈을 바꿔달라고 부탁한다. 모두가 이런 행동을 보는 것에 대단히 익숙해졌기 때문에, 나는 그들이 겨자무 속에 빠져 있는 것은 아닌지 궁금했다. 만약 내가 잔돈을 조금 틀리게 바꿔가면, 그들은 그것을 알아챌 수 있을까?

나는 은행에 손을 넣을 때마다 조심스럽게 20달러나 50달러를 놓고 100달러를 몇 장 가져와보기로 결심했다. 나는 모두가 보고 있는 자리에서 그렇게 했고, 누군가가 나를 부르기를 기다렸다. 그러나 아무도 나의 행동을 저지하지 않았고, 그래서 은행은 나의 현금인출기가 되었다. 안타깝게도 진짜 현금인출기에서는 아무도 이런 일을 할 수 없다. 따라서 이 실험은 과학자들이 가끔씩 수행하는, 실제로는 적용할 수 없는 실험의 일종이었다.

내가 게임에서 이기고 사실을 털어놨을 때, 일부 동료는 나의 말을 믿지 않았다. 그들은 바로 옆에서 일어난 일을 전혀 눈치채지 못했지만, 뻔히 보이는 무엇인가를 자신들이 보지 못했다는 생각을 받아들일 수 없었다. 그들은 나의 절도를 절대로 간과하지 않았다고 주장했다.

그들은 왜 알아채지 못했을까? 나는 잔돈을 사기 교환하면서 나를 쳐다보는 동료들을 관찰했기 때문에, 그들이 나의 행동을 눈에 담았다는 것을 알고 있었다. 그리고 그 광경은 그들의 1차 시각 피질에 기록되었을 것이다. 그러나 의식에는 결코 전달되지 않았다.

우리의 의식적인 뇌는 초당 40-60비트의 정보를 처리할 수 있다.[1] 이 정도의 정보량은 대략 짧은 문장 하나에 해당한다. 우리의 무의식은 이보다 용량이 훨씬 더 크다. 우리의 시각계는 초당 약 1,000만 비트를 처리할 수 있다. 그 결과, 우리의 1차 시각 피질이 우리의 의식에 전달할 수 있는 것은 아주 작은 일부에 불과하다. 그래서 우리의 방대한 감각 지각과 한정된 의식 사이에는 "인지 여과(cognitive filter)" 체계가 있다. 이 여과 체계는 의미가 있거나 중요한 것을 잘 걸러내서 의식에 전달하고, 나머지는 삭제한다.

나와 함께 모노폴리 게임을 한 동료들의 뇌는 나의 행동에 주의를 기울이지 않았다. 무엇이 중요한지를 결정하는 우리의 여과 장치가 의지하는 요소 중의 하나는 우리의 예상이기 때문이다. 이 요소는 우리의 믿음과 세상에 대한 과거의 경험에 뿌리를 두고 있다. 따라서 일상적으로 나타나는 사건은 위험이나 기회가 될 수 있는 새로운 사건이나 변화하는 상황에 비해서 덜 중요하게 평가되는 경향이 있다. 나의 행동은 일상적인 활동과 비슷했고 어떤 일탈도 예상되지 않았기 때문에 아무도 눈치채지 못한 것이다.

쿠니오스와 비먼의 연구에서 주장한 것처럼, 우리의 **생각**도 비슷한 여과 과정의 대상이다. 그렇기 때문에 인간의 무의식은 뛰어난 연상 작용을 할 수 있다. 가령 저녁 식사로 스파게티를 먹고 싶은지 곰곰이 생각한다고 해보자. 스파게티는 고기와 토마토 소스로 만든 볼로네즈를 연상시키고, 볼로네즈는 볼로냐를 연상시키고, 볼로냐는 이탈리아를 연상시키고, 얼마 가지 않아서는 보티첼리의 "비너스의 탄생"을 생각하게 될 것이다. 스파게티에서 미트볼을 떠올릴 수도 있다. 그다음에는 미트볼이 들어간 서브 샌드위치가 생각나고, 잠수함 모양을 닮은 서브 샌드위치에서 핵잠수함으로 생각이 옮겨갈 수도 있다. 이렇게 꼬리에 꼬리를 무는 연상을 통해서 새로운 생각들이 소나기처럼 쏟아지게 된다. 이탈리아에서 먹었던 볼로네즈 소스를 만들 수도 있고, 저녁을 먹기 위해서 볼로냐로 날아갈 수도 있고, 핵잠수함을 저녁 식사의 화제로 올릴 수도 있을 것 같다. 어떤 생각은 유용할 것이고, 어떤 생각은 그렇지 않을 것이다. 그리고 유별나거나 독창적인 생각들을 만들어내면서 갈라져 나가는 생각들을 확인하지 않고 방치한다면, 비생산적인 생각에 빠져들게 될 것이다.

우리 무의식의 여과 장치는 빠르고 수월하게 작동하여, 유용하지 않은 생각은 억누르고 더 괜찮을 것 같은 생각에 우리를 집중시킨다. 만약 욕실 바닥에 타일을 깔려고 하는 중이라면 바닥재는 대리석이나 화강암이나 리놀륨 중에서 고민을 할 것이다. 우리가 바닥재 후보로 석탄이나 박하맛 과자나 신문지를 떠올리지 않는 까닭은 우리의 무의식이 도움이 되지 않을 것 같아 보이는 후보를 가능성에서 제외하기 때문이다.

여과 과정의 부정적인 측면은, 모노폴리 게임에서 나의 동료들의 무의식이 나의 행동에 아무런 주의를 기울이지 않았을 때처럼, 이런 여과 작용이 때로는 유용한 생각의 전달을 막을 수도 있다는 점이다. 우리의 뇌가 색다르고 유용한 연상을 일으킬 수 있음에도 그것을 그냥 폐기하는 것이다.

이상적인 여과 작용의 수준은 박하맛 과자 바닥재는 검열하여 삭제하지만, 대나무나 고무처럼 바닥재로 고려할 가치가 있는 소재에 대해서는 독특한 가능성을 허용하는 것이다. 이 장에서 우리는 우리의 생각 여과 장치의 작동 방식과 기발한 생각을 억제하는 그 역할을 알아볼 것이다. 오늘날의 사회를 잘 살아가고 있다고 하더라도 틀을 벗어나는 기발한 사고는 꽤 자주 필요하다.

## 테두리를 벗어나서 생각하기

클래런스 손더스는 식료품업으로 재산을 모았다. 그는 아홉 살 방학 때 잡화점에서 일을 하면서 처음으로 돈을 벌기 시작했다. 10년 후, 그는 식료품 도매점에서 판매를 하기 시작했다. 그러던 1916년 늦여름 어느 날, 손더스는 식료품점을 열고자 하는 한 백화점의 부탁으로 집에서 500킬로미터가 넘게 떨어진 인디애나 주의 테러호트에 다녀오게 되었다. 그곳에 있는 혁신적인 설계를 했다고 소문이 난 상점을 염탐해달라는 것이었다.

1916년의 식료품점은 여전히 19세기 방식으로 돌아가고 있었다. 당시에는 통조림과 포장된 식품의 제조 기술이 이미 발명되어 생산 공장에서 쓰이고 있었기 때문에 모든 것을 큰 상자나 자루에 담아 보관할 필요가 없었음에도, 식료품점에서는 모든 상품을 계속 계산대 뒤에 보관했다. 그래서 손님은 사고 싶은 것을 점원에게 말한 다음, 점원이 그 물건을 꺼내서 가격을 매기고 봉지에 담아줄 때까지 기다려야 했다. 가게가 한산하면 점원은 별로 할 일이 없었다. 그러나 가게가 바빠지면, 길게 줄을 서서 기다리고 있는 손님들로 인해서 압박을 받았다. 이런 비효율성 때문에 식료품업은 투자 대상으로 좋지 않았고, 그래서 백화점은 더 좋은 방법이 있는지를 알아보기 위해서 손더스에게 진상 조사를 맡긴 것이다. 그러나 손더스가 보기에 테러호트의 상점에는 더 많은 수익을 낼 수 있을 것 같은 마법은 없어 보였다.

찜통 같은 기차를 타고 집으로 돌아오는 길에, 손더스는 밀밭과 옥수수밭이 펼쳐진 단조로운 들판과 칙칙한 마을들을 바라보았다. 예전에도 여러 번 보았기 때문에 보통이라면 의식적으로 주의를 기울이지 않았을 평범한 풍경이었다. 낙담한 그가 성과 없던 여행에 대해서 생각에 잠겨 있는 동안, 기차는 돼지 농장 옆을 천천히 지나고 있었다. 그곳에서는 어미 돼지 한 마리가 새끼 돼지 여섯 마리에게 젖을 먹이고 있었다. 미국 중서부 시골이라는 겨자무 위에서는 특별할 것도 없는 풍경이었다. 그러나 손더스는 누군가가 그의 얼굴에 식료품업으로 돈을 벌 수 있는 청사진을 들이미는 느낌을 받았다. 새끼 돼지들은 스스로 젖을 먹고 있었다. 인간 고객들도 스스로 물건을 가져가게 하면 어떨까? 식료품점을 다시 설계하면, 고객들이 원하는 상품을 선반에서 직접 꺼내게 할 수 있을 것이다.

식료품업에 종사하고 있는 다른 모든 사람들과 마찬가지로, 손더스 역시 고정된 관점 안에서 생각해왔기 때문에 고객이 알아서 물건을 고르는 새로운 체계를 마음속에 떠올리지 못했다. 그러나 돼지 농장에서 본 풍경은 새롭고 더 나은 방식에 대한 구상을 그에게 선사했다. 고향 마을로 돌아온 그는 백화점 측에 성과가 없었던 임무에 대해서 말했지만, 자신의 구상에 대한 이야기는 하지 않았다. 대신 그는 이후 몇 달에 걸쳐, 자신의 구상을 실행에 옮기기 위해서 필요한 물품들을 개발했다. 쇼핑 바구니, 가격표, 선반과 판매대가 있는 통로, 가게 입구에 있는 계산대와 같은 이런 모든 것들은 오늘날에는 당연한 것으로 여겨지지만, 손더스 이전에는 존재하지도 않았다.

손더스는 1916년에 첫 식료품점을 열었고, 1917년에는 새로운 식료품점 설계에 관한 특허를 획득했다. 그는 자신의 식료품 체인점에 새끼 돼지(piglet)에서 딴 "피글리 위글리(Piggly Wiggly)"라는 상호를 붙였다. 6년 내, 피글리 위글리 매장은 29개 주의 1,200곳으로 늘어났고, 손더스는 큰 부자가 되었다. 피글리 위글리 매장은 오늘날에도 있으며, 대부분의 매장은 주로 미국 남부에 있다.

손더스의 생각은 수수께끼의 답처럼 듣는 순간 분명해진다. 그러나 만약 그 생각이 손더스보다 다른 식료품점 운영진의 머릿속에 먼저 떠올랐더라도, 그 사람의 의식에 전달될 수 있을 정도로 충분히 유망하게 고려되지 않았을 것이다. 당시의 가장 뛰어난 사업가들은 다른 상점의 영업 비밀을 훔쳐오기 위해서 염탐꾼을 보낼 정도로 식료품점 사업의 문제점을 해결하고자 하는 의지가 간절했지만, 아무도 스스로 해결 방법을 고안하지는 못했다.

뇌의 생각 여과 장치는 어떻게 작용하며, 우리는 적절한 생각이 삭제되는 것을 어떻게 극복할 수 있을까? 손더스가 해결한 것과 같은 실생활의 문제는 너무 복잡해서 통제된 과학 실험을 통해서는 분석하기가 어렵다. 그러나 과학자들은 틀을 벗어난 사고의 메커니즘을 연구하기 위해서 좀더 추상적인 문제를 찾아냈고, 이 문제의 해결에는 본질적으로 같은 기술이 요구되었다. 이런 문제들 중에서 가장 많이 연구된 것은 손더스가 깨달음을 얻기 2년 전에 발표된 샘 로이드의 『퍼즐 백과(Cyclopedia of Puzzles)』에 처음 실린 한 수수께끼였다. 이 수수께끼는 나온 지 100년이 넘었지만 지금도 매달 몇 편의 새로운 학술 논문에서 논의되고 있다. "9점 문제(nine-dot problem)"라고 알려진 이 수수께끼는 241쪽의 왼쪽 그림과 같이 배치된 점들을 4개의 직선으로 모두 연결하는 문제인데, 왔던 길을 다시 돌아가거나 선이 끊겨서는 안 된다.

문제는 단순하지만, 힌트를 주거나 생각할 시간을 충분히 주어도 이 문제를 풀 수 있는 사람은 아주 드물다.[2] 이 문제를 해결한 피험자가 한 명도 없는 실험이 많았고, 대부분의 실험에서도 문제를 푼 사람이 열 명 중 한 명 미만이었다. 문제가 본질적으로 너무 어렵기 때문에 해답을

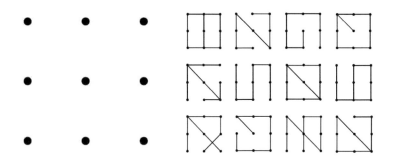

본 사람들 중에서도 3분의 1 이상이 1주일 후에는 다시 풀지 못했다. 우리도 한번 풀어보자. 대다수의 사람들은 위의 오른쪽 그림들과 같은 모양으로 선을 그을 것이다. 그러나 이 모양들은 모두 선이 4개보다 많다.

9점 문제의 해결이 쉽지 않다는 것은 우리 뇌의 작용 방식을 잘 보여준다. 앞에서 보았던 것처럼, 우리는 세상을 "날 것 그대로" 관찰하지 않는다. 우리가 무엇을 보는지(그리고 보지 않는지)는 거기에 무엇이 있는지를 알아내는 것 이상의 기능이 있다. 또 그것은 우리가 무엇을 보는 것에 익숙한지, 그리고 무엇을 기대하는지에 의존한다. 만약 모노폴리 게임을 할 때 정직한 게임 참여자들에 익숙하다면, 은행에서 속임수를 쓰는 사람을 주의 깊게 보지 못할 것이다. 점원이 손님들에게 상품을 내어주는 모습에 익숙하다면, 손님이 스스로 상품을 찾을 수 있다는 생각에 도달하기 어려울 것이다. 그리고 9개의 점이 사각형이라는 익숙한 형태로 배열되어 있다면, 우리 뇌는 그 사각형의 테두리 밖에 있는 공간을 끌어들여서 선을 그으려는 생각을 걸러내게 될 것이다. 그러나 9점 문제를 해결하려면 그 상상의 테두리를 뚫고 나가야만 한다. 242쪽의 왼쪽에 있는 해답을 보자.

9점 문제의 해결을 위해서 요구되는 독창적인 사고가 그야말로 글자

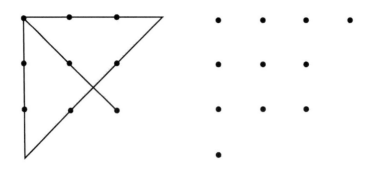

그대로 테두리 밖으로 나가야 하는 것이기 때문에, 우리는 이렇게 고정 관념을 허무는 독창적인 사고를 테두리를 벗어나는 사고(thinking outside the box)라고 부른다. 심리학자들이 이 문제가 언급된 수많은 논문들을 발표한 이유 중의 하나는, 피험자들의 문제 해결률을 높일 수 있는 방법을 찾아서 우리의 인지 여과 장치가 작동하는 방식을 밝히기 위해서였다.

　문제 해결률을 높이는 데에 도움이 되는 한 가지 방법은 위의 오른쪽 그림과 같이 2개의 점을 의도적으로 추가하는 것이다. 2개의 점을 추가함으로써 이어야 할 점들은 더 많아졌지만, 문제를 풀기 위해서 그림의 경계 밖으로 나갈 필요가 없기 때문에 피험자의 다수가 첫 번째 시도에서 문제를 풀 수 있었다.[3] 문제 해결률을 높이는 또다른 방법은 9개의 점 둘레에 큼직한 테두리를 그리는 것이다.[4] 그러면 우리의 뇌는 점들을 통해서 정의되어 있던 가상의 테두리를 없애고, 문제를 풀기 위한 공간이 있는 더 크고 새로운 테두리를 받아들인다. 다시 말해서, 이제 문제는 우리에게 훨씬 더 쉬운 "테두리 안에서" 생각하는 방식으로 해결될 수 있다.

　우리 뇌의 인지 여과 장치는 시간이 흐르면서 형태를 갖춘다. 날마다 조금씩 어떤 신경 반응은 강화되고, 어떤 신경 반응은 억제된다. 그 결과 주위의 환경에 잘 적응한 뇌는 과거에 작용했던 렌즈를 통해서 세상

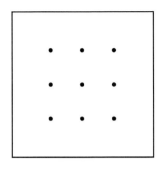 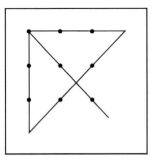

을 해석하도록 맞춰져 있다. 그렇기 때문에 우리는 익숙한 상황에는 재빠르게 대처할 수 있지만, 어떤 문제를 해결하는 데에는 제약을 받을 수도 있다. 9점 문제를 풀기 어려운 것도 바로 이런 제약 때문이다. 기하학적 경계에 대한 우리의 감각은 너무나 단단히 뿌리 박혀 있다. 해답을 찾으려면 이 경계를 침범해야 하는데, 우리의 무의식에서 일어나는 검열로 인해서 해답을 찾지 못하는 것이다.

지금까지 우리는 9점 문제를 제시하는 방식을 바꿈으로써, 점들이 연결되는 방식에 관해서 우리의 무의식이 느끼는 저항을 완화할 수 있다는 것을 알았다. 여러 가지 새로운 도전, 더 일반적으로 말하면 혁신과 창의적인 문제 해결에 성공하기 위해서는 종종 정신적으로 탈바꿈을 해야 하는데, 이런 탈바꿈은 9점 문제에서 점들 주위에 문제 해결을 위한 공간을 만드는 것과 비슷하다.

최근에 과학자들은 생각에 도움이 되지 않는 이런 경계를 물리적으로 제거하는 방법을 찾아냈다. 피험자의 뇌에서 중심 구조의 작동을 줄이는 것이다. 앞으로 확인하게 될 것처럼, 이 기술을 이용한 실험으로 과학자들은 우리의 정신적 차단을 일으키는 물리적 메커니즘에 대한 깊이 있는 시각을 얻었다.

## 우리의 생각 여과 체계

2012년, 두 명의 오스트레일리아 과학자는 "호기심 때문에" 8개월의 기간에 걸쳐서 9점 문제를 연관이 없는 실험의 말미에 포함시켰다.[5] 그들의 실험에 참여한 30명의 피험자 중에서 문제 풀이에 성공한 사람은 딱한 명이었다. 연구자들은 그 한 명에게 강한 흥미를 느꼈는데, 그 이유는 그가 어린 시절에 머리에 심각한 외상을 입은 특이한 병력을 가지고 있었기 때문이다. 연구자들에게 이것은 흥미를 돋우는 단서였다. 외상이 그의 뇌에 있는 생각 여과 메커니즘을 약화했을까? 안타깝게도 그의 뇌에서 손상을 입은 위치를 정확하게 찾아내기가 어려웠기 때문에, 그들의 연구는 더 이상 진척을 보지 못했다.

오늘날 과학자들은 최첨단 기술을 이용해서 우리의 인지 여과 장치를 형성하는 구조의 정확한 위치를 특정하여 연구하는 것이 **가능해졌다**. 이 기술로 과학자들은 건강한 사람에게 뇌 손상을 입었을 때와 비슷한 효과를 낼 수 있다. 게다가 과학자들이 볼 때, 이 뇌 손상은 양질의 뇌 손상이다. 한곳에 집중시킬 수 있고, 위치를 정확히 지정할 수 있으며, 무엇보다도 피험자에게 미치는 효과가 일시적이기 때문이다.

뇌에 전기장을 가하는 이 방법의 토대가 된 기술은 고대 이집트와 그리스 시대까지 거슬러올라간다. 고대에는 두통이나 간질을 완화하기 위해서 전기를 일으키는 발전 어류(electric fish)를 두피 위에 올려놓았다. 이 요법이 효과가 있었는지는 아무도 모르지만, 고대인들의 치료 성공률은 그다지 좋지 않았다. 이집트를 예로 들면, 으깬 생쥐를 상처 치료용 연고로 쓰기도 했고, 악어의 똥을 피임약으로 쓰기도 했다. 악어 똥 피임약은 이집트인의 마음속에 있는 신비주의적인 이유가 아니더라도,

오늘날에도 충분히 효과가 있을 것 같다.

오늘날 우리는 전자기 발전기(electromagnetic generator)를 이용하여 전기장을 가한다. 발전기는 뇌의 특정 신경 회로에 순간적으로 전자기 에너지를 가하여 일시적인 교란을 일으킨다. 전기 자극이 두개골 외부에서 이루어지기 때문에, 이 기술은 "경두개 자극(transcranial stimulation)" 이라고 불린다. 아직까지는 일부 정신 장애를 치료하는 용도로 연구되고 있는 기술이지만, 특정 표적을 정확하게 겨냥할 수 있기 때문에 이미 뇌 연구에서 중요한 기술이 되었다.

이를테면, 한 연구에서는 사방 5센티미터인 정사각형의 "스펀지 전극"을 물에 적셔서 용감한 피험자들의 두피에 붙였다.[6] 탄력 접착 붕대로 고정된 전극은 뇌의 인지 여과 체계에 있는 한 구조를 겨냥해서 전략적으로 붙여졌다. 그런 다음에 절반의 피험자들에게 약한 전류를 흘렸는데, 말 그대로 순간적으로 치고 들어온 전류는 피험자 뇌의 일부에 활동 둔화를 일으켰다. 대조군인 다른 피험자들에게는 전류를 흘려보낸다고 말하고 실제로는 그렇게 하지 않았다. 그런 다음 모든 피험자에게 9점 문제를 풀게 했다. 실험의 초기 단계에는 모든 피험자가 문제를 풀지 못했다. 그러나 시간이 지난 후 대조군의 피험자들은 문제를 계속 풀지 못한 반면 경두개 자극으로 여과 장치를 공격당한 피험자들은 그들 중 40퍼센트가 문제를 풀 수 있었다.

이 실험과 다른 실험들을 통해서, 과학자들은 복잡한 인지 여과 체계의 조각들을 하나씩 맞춰가기 시작했다. 그들이 밝혀낸 중요한 구조 중의 하나는 전두엽 중에서 전전두 피질의 바깥쪽에 위치한 뇌 조직인 외측 전전두 피질이다. 연구자들은 경두개 자극을 이용하여 이 구조를 억제하면, 피험자들의 유연한 사고 능력이 개선된다는 것을 발견했다.[7] 피험자들은 더 뛰어난 창의력과 독창성을 발휘했고, 더 깊은 통찰로 문제를 해결하게 되었다.

전전두 피질은 모든 포유류들에게 있지만, 내가 제4장에서 말했듯이 외측 전전두 피질은 오로지 **영장류**에만 있다.[8] 우리의 "실행 뇌", 그중에서도 특히 인지 여과 체계에서 핵심적인 부분인 외측 전전두 피질은 우리 인간이 복잡한 일련의 행동을 계획하여 실행할 수 있는 능력을 향상했다.[9] 그런 기능에는 생각 여과 장치가 필요하다. 앞에서 설명했듯이, 행동이 요구되는 목표나 상황에 직면하면 우리의 상향식 뇌는 가능성이 있는 반응을 만드는 일에 착수하는데, 이 반응의 대부분은 실효성이 없다. 그러면 우리의 외측 전전두 피질은 하향식 통제를 수행함으로써, 일부 가능성에만 집중하고 나머지 다른 가능성은 의식의 고려 대상에서 제외한다.[10] 그렇게 하는 이유는 만약 우리가 계단 꼭대기에서 아래로 내려가려고 하고 있다면, (전전두 피질이 완전히 발달하지 않은 어린이가 아닌 한) 날개를 펄럭거리면서 날아서 내려간다거나 엉덩이로 미끄럼을 타면서 내려가는 것은 생각하지 않기 때문이다.

대부분의 뇌 구조가 그렇듯이, 외측 전전두 피질의 기능은 그 부분이 손상된 환자들의 행동을 통해서 가늠해볼 수 있다. 나의 아버지는 뇌졸중을 앓고 나서 그런 환자가 되었다. 만약 당신이 무척 배고픈 상태에서 햄버거 가게의 탁자를 향해서 가고 있다고 상상해보자. 당신은 이미 음식을 받은 손님의 옆을 지나가고 있다. 당신의 감정적 뇌는 배고픔을 느끼고, 식사 중인 그 손님의 음식에 손을 뻗어서 무엇인가를 낚아챌 수도 있다. 그러나 "문명화된" 세계에서 규칙을 지키며 살아가는 우리의 외측 전전두 피질은 1차적으로 드는 그런 생각을 억제하기 때문에, 우리는 그것을 고려조차 하지 않는다. 그러나 나의 아버지는 어느 날 다른 이의 탁자에 놓인 감자튀김을 보고, 그 옆을 지나가면서 그 감자튀김을 한 움큼 집어 들었다. 뇌졸중으로 손상된 아버지의 뇌는 남의 음식에 손을 대는 행동에 관한 가능성을 검열하여 삭제하지도 않았고, 그러면 안 된다는 쪽으로 생각이 기울지도 않았다.

우리의 뇌는 10퍼센트밖에 활용되지 않는다고들 말한다. 그러나 이것은 사실이 아니다. 우리는 뇌의 전체를 활용한다. 다만 생각의 여과 장치를 조절하거나 정신의 작동 방식을 바꾸는 것이 이로운 경우가 있다는 측면에서 보면, 아직 개발되지 않은 잠재력은 분명히 존재한다. 경두개 자극은 이런 잠재력을 개발하는 한 가지 방법이다. 사실, 경두개를 자극하는 "생각하는 모자(thinking cap)"는 이미 가정용으로 시판되고 있다. 이런 가정용 장치가 효과가 있는지, 더 나아가 안전한지는 아직 확실하지 않다. 많은 신경과학자들은 앞에서 묘사한 것과 같은 실험에서 동료들이 사용한 장치가 피험자들에게 해로울 수도 있다는 두려움 때문에 경두개 자극을 활용한 실험을 거부하고 있으며, 일부 대학의 윤리 위원회는 이런 실험을 승인하지 않고 있다. 다음 장에서는 대뇌 피질에 전원을 연결하지 않고도 우리의 마음을 열 수 있는 다른 수단들을 알아볼 것이다.


## 미숙함이여, 영원하라

몇 년 전, 당시 열한 살이던 나의 딸 올리비아는 아흔 살이던 나의 어머니에게 "얼굴이 건포도 같다"라고 말했다. 나의 어머니는 그 비유에 미묘한 아름다움 따위는 담겨 있지 않다는 것을 알았지만, 유쾌하게 받아들였다. 만약 당신의 뇌가 어떤 사람의 모습과 말린 과일 사이에 연상

작용을 일으킨다면, 그 연상은 마음속에 간직하는 것이 가장 좋다. 그렇기 때문에 우리는 아이들에게 "말하기 전에 먼저 생각하라"는 충고를 하는 것이다. 그러나 만약 아이들이 그런 충고를 너무 자주 들으면, 그 충고에 지나치게 신경을 쓴 나머지 아예 생각을 떠올리는 것조차도 막아버리는 습관이 생길 수도 있을 것이다.

독창적인 사고를 하려면 먼저 생각이 자연스럽게 흘러나오도록 해야 하고, 그 질(또는 적절성)을 걱정하는 것은 그다음이 되어야 한다. 그렇게 하더라도 생각의 가치는 확정하기 어려울 수 있다. 과학과 예술에서 대표적인 역설 중의 하나는 탁월함과 괴상함이 항상 쉽게 구별되지는 않는다는 것이기 때문이다.

이를테면, 몇 년 전에 두 명의 과학자가 상온 핵융합에 관한 발상 하나를 내놓았다. 책상 위에 올려놓을 수 있는 간단한 장치를 이용하여 본질적으로 무한한 에너지를 만들 수 있다는 것이었다. 물리학자들은 이 발상을 괴상한 소리로 치부했고, 실제로도 그렇다는 것이 증명되었다. 그런데 몇 년 전에 또다른 물리학자들도 미친 소리로 들리는 괴상한 발상을 내놓았다. 이들은 자연에서 발견되지 않는 특이한 시청각적 특성을 지닌, 다시 말해서 눈에 보이지 않는 투명한 것이 되게 하는 복합 재료를 인공적으로 만들 수 있다고 주장했다. 이 역시 괴상한 소리로 들렸기 때문에, 그들은 조롱의 대상이 되었다. 그러나 결국 그들의 생각은 타당한 것으로 증명되었고, 금속이나 플라스틱의 미세 격자(microlattice)로 만드는 그들의 "메타 소재(metamaterial)" 개념은 오늘날 과학에서 가장 인기 있는 주제 중의 하나가 되었다. 심지어 과학자들은 특별한 색을 띠는 빛이 비추는 조건에서는 "눈에 보이지 않는" 작은 물체를 만들기도 했다(연구자들은 이런 제한 조건을 제거하기 위한 연구를 진행하고 있다).

밥 컨스도 보자. 그의 발명품들은 하나같이 괴상하면서도 뛰어났다. 먼저 1950년대에는 모발 영양제가 분사되는 빗을 만들었다. 조금 괴상한 물건이었다. 그의 다음 발명품인 간헐적으로 작동하는 와이퍼도 처음에는 그렇게 여겨졌다. 가다 서다를 반복하는 와이퍼를 누가 필요로 하겠는가? 그러나 뚜껑을 열고 보니, 차량 소유자들에게는 필요했다. 컨즈는 이 와이퍼 하나로 수천만 달러를 벌었다.

노벨상을 2회 수상한 라이너스 폴링은 혁신의 과정을 다음과 같이 요약했다.[11] "좋은 생각을 얻는 방법은 아주 많은 생각을 하고, 나쁜 생각은 버리는 것이다." 혁신의 과정은 어두운 골목과 막다른 길이 가득한 과정이다. 따라서 네이선 미어볼드가 나에게 한 말처럼, "누군가가 실패라는 선택지는 없다고 말한다면, 그 사람은 거짓말을 하고 있거나 따분한 일을 하고 있다는 의미이다. 세상이 찾고 있는 중요한 문제를 풀다가 실패했다면, 실패는 선택지에 있는 것이다. 그리고 실패도 괜찮다." 미어볼드는 재판에서 진 적이 한번도 없다고 떠벌리는 변호사를 만났을 때를 떠올렸다. 미어볼드는 그 변호사에게 "아, 그래서 쉬운 사건만 맡는군요!"라고 말했다.[12]

우리는 인생을 살아가면서 괴상한 생각이나 틀린 생각에 대해서 비난하는 것을 목격하고 위축될 수도 있다. 그리고 지식과 경험을 축적하는 동안 우리의 인지 여과 장치는 검열을 더 강화할지도 모른다. 그러나 성공한 과학자, 발명가, 예술가는 대개 그런 것에 굴하지 않고, "계속 나아가는" 능력을 유지한다.

예술가의 "계속 나아가기"에 대한 사례들 중에서 가장 선명하고 매력적인 이야기 중의 하나는 인디애나 존스 시리즈의 고전 영화인 「레이더스(Raiders of the Lost Ark)」의 탄생에 얽힌 이야기이다. 이 영화의 윤곽을 잡기 위해서 조지 루카스와 스티븐 스필버그, 그리고 각본가인 로렌스 캐스던은 1978년 로스앤젤레스에서 며칠 동안 회의를 했다. 회의 내용은 녹음이 되었고, 90쪽을 빽빽하게 채운 녹취록이 지금도 남아 있다. 그 녹취록을 읽으면, 천재들도 크게 대단하지는 않다는 생각이 들 것이다. 내로라하는 영화 제작자들이 내놓는 생각들 가운데 일부는 꽤나 비루했기 때문이다.

이를테면, 주인공에게 상대역을 만들어주기로 결정한 이 영화의 제작자들은, 주인공과 상대 여성이 영화 속에서 만났을 때 두 사람 사이에 이미 어떤 사연이 있어야 한다고 생각했다. 그들은 두 사람의 사연이 약 10년 전으로 거슬러올라가도록 만들고 싶었다. 그러나 영화 속에서 그녀의 나이를 스무 살쯤으로 하고 싶기도 했다. 이것은 터무니없는 생각이었다. 그렇게 되면 두 사람 사이에 "사연"이 생길 무렵, 그녀의 나이는 열 살쯤이어야 했다. 그러나 영화계의 세 거장은 그들의 "형편없는 생각"에서 받아들일 수 없는 것을 걸러내기 위해서 계산을 시도했다. 여기에 그들이 한 논의가 있다.[13]

루카스 : 그 둘을 아주 강하게 결속시켜야 해요. 연대감이 있는 거지.
캐스던 : 나는 두 사람이 이미 한때 알았던 사이였으면 좋겠어요. 그러면 일부러 연대감을 만들 필요가 없으니까.
루카스 : ……남자가 이 소녀를 아주 어렸을 때 알았을 수도 있어요. 그 소녀가 열한 살 때 둘 사이에 일이 있었던 거죠.
캐스던 : 그리고 그는 마흔두 살이었고.
루카스 : 그는 12년 동안 그녀를 보지 못했고, 이제 그녀는 스물두 살.

이거 정말 이상한 관계군.

스필버그: 여자 나이를 스물두 살보다 더 올리는 것이 좋겠어요.

루카스: 그는 서른다섯 살이고, 10년 전인 스물다섯 살 때 그녀를 알았
어요. 그리고 그녀는 겨우 열두 살. 그 당시 그녀의 나이가 조금
어려도 재미있을 것 같네요.

스필버그: 그리고 막무가내로 그녀가 그를 유혹하는 걸로.

루카스: 열다섯 살이 딱이네. 조금 충격적인 생각이라는 것은 알아요.
하지만 흥미롭잖아…….


인디애나 존스를 아동 성범죄자로 만들려는 발상은 남성 우월주의적
인 시각에서 여성을 보는 일이 드물지 않은 할리우드라고 해도, 폐기된
생각들 가운데 가장 충격적인 생각 중 하나였을 것이다. 다행히도, 인디
애나 존스의 연인을 나이가 조금 더 많게 설정해서 문제를 해결하자는
스필버그의 의견이 받아들여졌다.

나는 생각 여과의 문제에 대해서 세스 맥팔레인과 이야기를 나누었
다. 그는 오랜 기간 동안 방영된 인기 텔레비전 프로그램인 「패밀리 가
이(Family Guy)」와 영화 「19곰 테드(Ted)」를 만들었다. 그는 에미상을
수상했고, 그래미상 후보에 오르기도 했으며(가수이기도 하다), 과학 다
큐멘터리의 고전인 「코스모스(Cosmos)」를 다시 제작하기도 했다.[14] 그
러나 『뉴요커(New Yorker)』지에 실린 인물 소개처럼, 그는 할리우드의
"일등 양아치(No. 1 Offender)"로 가장 잘 알려져 있다. 그가 만드는 극
중 인물은 인종차별과 성차별을 하며 상스러울 때가 많다는 평을 듣는
다. 심지어 『롤링 스톤(Rolling Stone)』은 "세스 맥팔레인 혐오하기"라는
제목의 기사를 냈다. 나는 그에게, 사람들로부터 부정적인 반응이 나올

것이라는 위협이 새로운 아이디어를 내는 그의 능력에 어떤 영향을 미치는지를 물었다.

그는 이렇게 말했다. "당신이 말하는 것이 옳지 않게 여겨지고, 대중이 당신을 따라할 것이라고 느낀다면, 창조적으로 자유로운 마음가짐을 유지하기는 어렵습니다.[15] 대중매체에서 당신을 파괴하려고 엄청나게 시도할 테니까요. 그러나 오늘날에는 그런 일이 빈번합니다. 나에게는 별로 영향을 끼치지 못해요. 이 업계에 있는 사람들은 누구나 영향을 받습니다. 그들이 인정을 하든지 인정을 하지 않든지 말이죠. 대중매체는 여러 모로 창의력의 적입니다."

우리가 대화를 했던 때는 늦은 오후였다. 당시 맥팔레인은 그의 책상에서 갖가지 새싹을 섞어놓은 가벼운 샐러드를 점심으로 먹고 있었다. 그는 "그녀를 고용하기 전에는 트리스킷 크래커나 데블 독스 빵을 저녁으로 먹었다"라고 말했다. 그에게는 그런 식사가 더 잘 어울릴 것 같다. 낡은 티셔츠를 걸치고 야구 모자를 쓴 소년 같은 그의 모습은 40대 중년의 남자라기보다는 아직 어수룩한 대학교 2학년생과 더 비슷해 보였고, 그의 식습관은 조금 발전했지만, 생각하는 방식은 여전히 소년인 것 같았다. 나는 그의 그런 점에 매혹되었지만, 평론가들이 싫어하는 것도 그의 그런 점이다.[16] 이를테면 『엔터테인먼트 위클리(*Entertainment Weekly*)』는 맥팔레인에 대한 비평에서 "대학교 2학년생 같은 그의 유별난 미숙함"을 지적했다.

내가 그에 대한 비평을 화제로 꺼낸 이유는 창작업 종사자들에게는 미성숙한 마음이 꼭 나쁜 것만은 아니기 때문이다. 교사들의 말을 들어보면, 아이들은 말도 안 되는 짓에 대해서 이야기를 하거나 행동에 옮기는 것을 두려워하지 않는다. 그런 면에서, 우리는 억제를 완화하고 스스로 검열하지 않은 생각이 흘러나오게 할 때마다 아이처럼 행동하고 있는 것이다.

아이들이 유연한 사고를 하는 한 가지 이유는 아직까지 문화의 영향을 완전히 흡수하지 않았고 인생 경험이 풍부하지 않기 때문이다. 어릴 때에는 무엇이든지 다 할 수 있다. 그러나 몇십 년이 지나면, 언젠가 분홍 사탕으로 장식된 과자 집에서 살겠다던 어린 시절의 꿈을 부동산 업자에게 알리고 싶지 않게 될 것이다.

또다른 이유는 어린아이의 뇌의 물리적 상태에서 유래한다. 아이들이 성숙하는 동안, 더 기본적인 운동이나 감각 영역의 뇌 기능이 먼저 발달하고, 뒤이어 공간적 방위, 말하기, 언어와 연관된 영역이 발달한다. 실행 기능과 관련된 전두엽은 그다음에야 발달한다. 전두엽 안에서는 전전두 피질이 늦게 발달하고, 외측 전전두 피질이 가장 늦게 성숙한다. 생각의 여과 작용과 관련된 부분이 발전하지 않는 한, 아이들은 자연스럽게 아무런 제약 없이 유연한 사고를 한다.[17] 그러나 어른이 되면서 즉흥적이고 예측할 수 없는 특성은 서서히 사라진다. 그후에는 유연하게 생각하기 위해서 훨씬 더 많은 노력을 해야 한다.

어린아이처럼 상상력이 풍부한 상태로 무엇인가에 다가가는 것은 맥팔레인의 특기이다. 그가 알아낸 것은 자신이 그런 상태에 있을 때 몇몇 사람들은 자신을 싫어하게 된다는 것이었다. 또다른 사람들은 그의 여과 없이 "미성숙한" 유머가 그들의 어른다움을 내려놓게 만들고, 다른 때라면 민망하게 느껴질 수 있는 사회적으로 올바르지 않은 행동을 보며 웃게 만든다고 여긴다.

그리스 신화에서 마블 코믹스에 이르기까지, 영웅은 특별한 능력을 가진다. 우리 각자도 특별한 능력을 가지고 있으며, 그 능력은 우리가 살아가는 동안 변화한다. 초심은 청년이 지닌 헤라클레스의 괴력이다. 반면 전문성과 효과의 유무를 직감적으로 아는 능력은 성숙한 사람이 지닌 동물적인 감각이다. 작가이자 시인인 어슐러 K. 르 귄은 "창의적인 어른은, 살아남은 어린아이"라는 말을 했다고 한다.[18] 그러나 어린아이의 정신은 우리의 뇌에서 사라지지 않는다. 다만 끄집어내기가 더 어려워질 뿐이다. 우리 모두의 머릿속에는 짓궂고 상상력이 풍부한 말썽꾸러기 어린아이와 합리적이고 자기 검열을 하는 어른의 신경망이 모두 존재한다. 외측 전전두 피질에 있는 여과 장치는 두 신경망 중 어느 쪽을 우세하게 할 것인지에 대한 결정을 돕는다. 다음 장에서는 이런 여과 장치에 대한 조율이 우리가 누구인지에 어떤 영향을 미치고, 우리가 그것을 어떻게 조절할 수 있는지를 알아볼 것이다.

# 10
# 좋은 놈, 미친 놈, 이상한 놈

## 세상은 요지경

1951년, 『워싱턴 곤충학회 회보(*Proceedings of the Entomological Society of Washington*)』에 매사추세츠 대학교의 뛰어난 과학자인 제이 트래버의 논문 한 편이 발표되었다.[1] 트래버는 하루살이에 대한 획기적인 연구를 한 것으로 잘 알려져 있었지만, 이번 논문에서는 자신의 몸이 일반적인 집먼지진드기에 얼마나 지독하게 감염되었는지를 고도의 전문적인 용어를 써가며 극도로 상세하게 다루었다. 그녀의 설명에 따르면, 집먼지진드기를 없애기 위해서 일반적으로 하는 샴푸를 사용한 방법은 효과가 없었다. 이 거미류 벌레는 죽지 않고 몸의 다른 곳으로 이동할 뿐이었다. 트래버는 해충 전문가 몇 사람의 도움을 얻어서, DDT(살충제)가루에서부터 리졸에 이르기까지 22종의 독성 화학물질을 사용해 스스로 집먼지진드기를 퇴치하려고 해보았다. 그러나 어떤 방법도 효과가 없었다.

트래버의 사례에서 주목할 점은, 집먼지진드기는 인간에게 기생하지 않는 것으로 알려져 있다는 점이다. 집먼지진드기는 인간의 침구에 서식하면서 피부에서 떨어져 나온 각질을 먹고 살며, 알레르기 반응을 일으키기는 하지만 기생을 하지는 않는다. 또 살충제에 대한 내성이 강하지도 않다. 따라서 제이 트래버가 날마다 썼다는 DDT와 다른 화학물질에 죽었어야 한다. 게다가 기이하게도, 당연히 있어야 할 진드기가 그녀의 피부 각질 표본에서는 검출되지 않았다.

트래버가 논문까지 발표했지만, 결국 과학자들은 제이 트래버가 집먼지진드기에 감염되지 않았다는 결론을 내렸다. 그후 한 연구자는 그녀를 가리켜서, 지금까지 마주친 다른 미친 과학자들을 모두 가짜로 만들어버리는 "진정한 미친 과학자"라고 불렀다. 그러나 진정한 미친 과학자들은 어디에나 있다.

과학자들만 그런 것이 아니다. 유연한 사고를 선호하는 분야라면 어떤 분야든지 이상한 행동을 하는 종사자의 비율이 평균보다 더 높다는 연구 결과가 있다.[2] 이런 "괴짜들" 중에서 유명한 사람을 몇 명만 살펴보자. 시인이자 화가인 윌리엄 블레이크는 자신의 여러 작품과 정신적으로 교감을 나누었다고 확신했다. 억만장자 사업가인 하워드 휴스는 베벌리 힐스 호텔의 "무균" 객실에서 몇 시간씩 나체로 앉아 있는 습관이 있었는데, 그는 분홍색 냅킨으로 생식기를 가리고 흰색 가죽 의자에 앉아 있기도 했다. 지오데식 돔(geodesic dome)을 만든 건축가 벅민스터 풀러는 몇 년 동안 자두와 스테이크와 젤로(Jell-O) 젤리와 차만 먹었고, 1920년부터 1983년까지 15분마다 기록을 남겼다. 작곡가 겸 가수인 데이비드 보위는 가장 활발히 활동을 하던 1970년대에 우유와 고추로만 연명했다.

마흔 살의 니콜라 테슬라(1856-1943)

그다음으로, 대단히 훌륭한 발명가 니콜라 테슬라가 있다.[3] 그는 환각과 원하지 않는 것이 보이는 괴로움을 겪었다(테슬라는 그가 발명한 가장 유명한 것 중의 하나인 교류 전기에 대한 발상이 그런 환각에서 나왔다고 믿었다). 말년에 그는 비둘기를 매우 열정적으로 좋아했다. 집 근처에 있는 뉴욕의 브라이언트 공원에서 비둘기에게 모이를 줄 수 없는 날이면, 그 일을 대신 해줄 심부름꾼을 고용했다. 결국 테슬라는 특별한 비둘기 한 마리에게 남다른 애착을 느끼게 되었다. 그의 말에 따르면, 그 비둘기는 "날개 끝이 회색인 순백색의 아름다운 새였고……암컷"이었다. 그는 「뉴욕 타임스(*The New York Times*)」의 한 과학 기자에게 이렇게 말했다. 그 비둘기는 "나를 이해했고 나는 그 비둘기를 이해했어요. 나는 그 비둘기를 사랑했어요. 그래요, 나는 한 여인을 사랑하는 남자처럼 그 비둘기를 사랑했고, 그녀도 나를 사랑했어요……. 그녀는 내 삶의 기쁨이었어요. 그녀에게 내가 필요하다면, 다른 것은 아무것도 중요하지 않아요." 이들의 사랑은 부리와 깃털이 있다는 것만 제외하면, 우리가 추구하는 그런 종류의 사랑이었다.

이런 이야기들 중에는 유명한 것도 많고 유명하지 않은 것도 많다. 이것들은 단순히 재미난 일화일까, 아니면 괴짜 성향과 유연한 사고 능력 사이에 정말로 의미 있는 연관성이 있다는 의미일까?

이 의문의 해답을 향한 첫 번째 진전은 1960년대에 행동유전학자인 레너드 헤스턴의 연구에서 나왔다.[4] 조현병의 유전적 요소에 흥미를 가지고 있던 헤스턴은 입양아 중에서 친모가 조현병 환자인 아이들을 연구했다. 놀랍게도, 조현병 환자인 어머니에게서 태어난 건강한 아이들 중 절반은 남다른 예술적 감각과 남다른 괴짜 성향을 나타냈다. 헤스턴에 따르면, 그 아이들은 조현병을 앓지는 않았지만, "예술적 재능을 지녔고 삶에 적응하는 방식이 독창적이었다.[5] 이런 성향은 대조군에서는 일반적이지 않았다." 이 연구 결과는 희석된 조현병은 이로울 수도 있다는 것을 암시한다. 즉, 적은 "용량"의 조현병 유전이 아이들에게 유연하게 생각하는 성향과 규범을 따르지 않고 행동하는 성향을 둘 다 부여한다는 것이다. 만약 그렇다면, 조현병의 "용량"이라는 것은 무엇을 의미하며, 어떻게 측정할 수 있을까?

## 광기의 측정

심리학자들이 만든 "조현형(schizotypy)"이라는 용어는 이렇게 조현병을 물려받은 것처럼 보이는 아이들이 속한 한 무리의 성격적 특성을 설명하기 위한 말이다. 조현형 성격을 가진 사람은 약한 "용량"의 조현형 성격과 완전한 조현병을 양 극단으로 하는 스펙트럼의 어딘가에 위치할 것이다. 심리학자들은 이 스펙트럼에서 사람들이 어디쯤에 위치하는지를 알아보기 위해서, 이 용량의 크기를 측정하는 다양한 성격 검사를 오랜 시간에 걸쳐서 개발했다. 아래의 설문은 이런 검사 중의 하나이다.[6] 자신의 조현형 정도를 측정하고 싶다면, 다음 22개 항목의 질문에 예 또는 아니오로 답을 하고, "예"라고 답한 항목의 개수를 세어보면 된다.

1. ___ 가끔씩 사람들은 내가 그들에게 냉담하고 나에게 거리감이 있다는 것을 알아차린다.

2. ___ 아무것도 보이지 않지만, 누군가 또는 어떤 힘이 주위에 있다고 느낀 적이 있다.

3. ___ 사람들은 때로 나에게 특이한 버릇이나 습성이 있다고 말한다.

4. ___ 나는 때때로 내가 생각하고 있는 것을 다른 사람이 알 수도 있다고 확신한다.

5. ___ 평범한 사건이나 사물이 나에게 특별한 신호인 것처럼 느껴진 적이 있다.

6. ___ 어떤 사람들은 내가 대단히 기이한 사람이라고 생각한다.

7. ___ 친구와 있을 때조차도 경계를 해야 한다고 느낀다.

8. ___ 대화를 하는 동안 내가 조금 얼빠져 있고 나를 파악하기 어렵다는 것을 알아차리는 사람들이 있다.

9. ___ 사람들의 말이나 행동에 숨겨진 위협이나 비방을 종종 찾아낸다.

10. ___ 물건을 살 때, 다른 사람들이 나를 신경 쓰고 있다는 느낌을 받는다.

11. ___ 익숙하지 않은 사람들과 엮이는 사회적 상황이 대단히 불편하다.

12. ___ 점성술, 미래 예측, UFO 관찰, 초능력, 육감 따위를 경험한 적이 있다.

13. ___ 나는 때로 특이한 방식으로 단어를 쓴다.

14. ___ 나에 대해서 다른 사람들에게 너무 많은 것을 알리지 않는 편이 낫다고 생각한다.

15. ___ 사회적인 행사가 있을 때 전면에 나서지 않는 경향이 있다.

16. ___ 평소에는 느끼지 못했던 아득한 소리에 갑자기 주의를 빼앗긴 적이 있다.

17. ___ 종종 사람들에게 이용당하지 않도록 주의를 기울이고는 한다.

18. ___ 나는 사람들에게 "가까이" 다가가는 것이 불가능하다고 느낀다.

19. ___ 나는 이상하고 특이한 사람이다.

20. ___ 내가 말하고 싶은 것을 사람들에게 명확하게 전달하기 어렵다.

21. ___ 내가 잘 모르는 것에 대해서 사람들과 이야기하는 것이 대단히 불편하게 느껴진다.

22. ___ 내 감정은 혼자 간직하는 편이다.


"예"라고 답한 문항의 수 : ___


약 1,700명을 대상으로 이 설문을 실시한 한 연구에서는, 사람들이 예라고 답한 문항의 수가 평균 약 6개였다. 만약 예라고 답한 문항의 개수가 2개 이하라면, 이들 중 대략 하위 25퍼센트에 속한다. 예라고 답한 개수가 13개 이상이면, 이 조사에서 대략 상위 10퍼센트에 속한다. 이 설문 조사는 과학자들이 방향을 제대로 잡았다는 것을 의미한다. 시간이 지날수록, 이런 검사에서 높은 점수를 받은 사람들은 특이하며 유연한 사고, 특히 확산적 사고를 하는 기술에 소질이 있는 것으로 나타났다.[7]

1960년대와 1970년대의 연구에서 일단 조현형 성격 유형을 유연한 사고와 기이한 행동과 연결시키게 되자, 심리학자들은 이런 특성을 담당하는 뇌의 영역을 결정하는 연구에 초점을 맞추었다. 이런 신비를 밝힐 수 있을 정도의 수준으로 영상 기술이 발달하기까지 수십 년이 걸렸다. 그러나 그후에도 이 문제는 규명이 어려운 것으로 드러났다. 높은 조현형을 나타내는 사람은 생각과 행동 측면에서는 뚜렷한 차이를 보일지 모르지만, 뇌 활동을 관찰하면 높은 조현형의 특징을 감지하기 어려울 수 있기 때문이다. 최근에는 연구를 세밀하게 조정하는 것이 가능해졌지만, 그렇게 해서 연구자들이 얻은 성과에는 그다지 놀라운 것이 없을지도 모른다. 앞의 장에서 내가 설명했던 것처럼, 기이함과 유연함의 연관성은 뇌에서 인지 여과 체계의 활동이 감소할 때에 나타난다는 것이 그들의 결론이다.[8]

인지 여과 장치가 느슨해지면, 조현형의 정도가 높아지고 독창적인 생각과 규범을 벗어난 행동을 하려는 경향이 증가한다. 반면 엄격한 여과 장치는 심리학자들이 인지 억제(cognitive inhibition)라고 부르는 상태를 만들어서 관습적인 생각과 행동으로 이끈다. 만약 조현형 점수가 높다면, 정신없이 몰아치는 이런 시대에 평균적으로 더 쉽게 문제를 해결할 수도 있다. 조현형 점수가 높은 사람은 새롭거나 변화하는 상황에 특히 잘 적응하기 때문이다. 그러나 이 분포에서 가장 높은 점수대를 나타내는 사람들은 조리에 맞게 처신하기가 어려울 수도 있다.

『뷰티풀 마인드(A Beautiful Mind)』에 묘사된 수학자 존 내시의 경우를 보자. 조현형 성격을 지닌 내시는 인지 여과 장치가 낮게 조정되어 있었기 때문에, 그에게 노벨상을 안겨준 게임 이론처럼 대단히 창의적인 온갖 발상을 떠올릴 수 있었다. 그러나 안타깝게도 내시는 획기적인 연구를 한 이후에는 완전한 조현병으로 발전해서 오랜 기간 동안 연구를 하지 못했을 뿐만 아니라 정상적인 생활도 불가능했다. 그 기간 동안 그의 머릿속에 떠올랐을지도 모르는 찬란한 수학적 발상들은 터무니없는 생각들과 뒤섞여 사라졌다.

기이함과 명석함의 원천이 종종 같다는 사실은 마침내 조현병에서 회복한 내시가 친구와 나눈 대화에서 분명하게 드러난다. 병을 앓던 동안, 그는 저 멀리 우주에서 온 외계인들이 자신에게 세상을 구하라는 임무를 맡겼다고 믿었다. 그가 건강을 다시 회복했을 때, 내시의 친구는 어떻게 그런 "정신 나간" 생각을 믿을 수 있었느냐고 물었다. 내시는 이렇게 답했다. "초자연적인 존재에 대한 생각은 수학적 발상이 떠올랐을 때와 똑같은 방식으로 나에게 다가왔네.[9] 그래서 진지하게 받아들였지."

내시는 극단적인 사례였지만, 텔레파시나 주술적 의식이나 행운의 부적 같은 다른 기이한 것들을 믿는 사람들도 외측 전전두 피질과 다른 여과 회로의 활동이 유달리 약하다는 것이 영상 연구를 통해서 밝혀졌다.[10] 심지어 이런 경향의 변화는 일생에 걸친 뇌의 변화와도 연결시킬 수 있다. 초자연적인 현상에 대한 믿음은 어린아이가 성장하는 동안 그들의 외측 전전두 피질이 완전히 발달하면서 점차 줄어든다. 반대로 노년이 되면, 외측 전전두 피질의 활력이 감퇴되고 인지 억제가 약해지면서 초자연적인 현상에 대한 믿음이 증가한다.

많은 위대한 사상가들은 조현형 분포에서 최상위에 해당하는 마음을 지녔을 것이다. 끊임없이 독창적인 생각을 하는 사람들은 행동과 차림새와 관계에서도 기이하게 보일 정도로 독창적인 경우가 많다. 그들은 비둘기와 사랑에 빠지기도 하고 외계인과 대화를 나누기도 한다. 이런 사람들의 경우, 제구실을 할 수 있을 정도의 인지 억제 기능은 있지만, 대부분의 다른 사람들이 부적절하다고 여기는 생각을 버릴 수 있을 정도의 인지 억제 기능은 없다. 그리고 때때로 그런 생각들 중에 세상을 뒤바꾸는 발상이 들어 있다.

## 유연한 성격, 예술에서 과학까지

다양한 창조적인 작업을 하기 위해서 요구되는 무의식적인 유연한 사고의 정도는 천차만별이다. 여기에 다양한 수준의 의식적 능력이 결합되면, 분석적 사고를 통한 변형과 구체화가 이루어진다. 이를테면, 음악이라는 창조적 스펙트럼의 한쪽 끝에는 재즈 연주자들과 같은 즉흥 연주를 하는 예술가들이 있다. 그들은 억제 기능을 낮추고 무의식적으로 만들어지는 생각 속으로 빠져드는 특별한 재능을 지녀야 할 것이다. 재즈의 기본기를 배우는 과정에서는 고도의 분석적 사고가 요구되겠지만, 연주를 하는 동안에는 분석적 사고 방식은 그다지 중요한 요소가 아니다. 이 스펙트럼의 반대편 끝에는 교향곡이나 협주곡 같은 복잡한 형식의 음악을 작곡하는 사람들이 있다. 이들에게는 상상력뿐만 아니라 치밀한 계획과 꼼꼼한 수정을 할 수 있는 능력도 필요하다. 편지와 다른 이들의 보고에 따르면, 모차르트의 음악조차도 그에 대한 일화에서 묘사된 것처럼 완성된 형태로 그의 의식에 저절로 생겨난 것이 아니었다. 오히려 그는 오랜 시간을 들여서 무의식적으로 떠오른 생각을 분석하고 고심하면서 다시 고쳐나갔다. 이는 과학자들이 순간적으로 떠오른 통찰의 싹을 하나의 이론으로 키워나가는 과정과 흡사했다. 모차르트는 다음과 같이 말했다.[11] "나는 음악 속에 빠져 있다……. 하루 온종일 음악만 생각한다. 나는 실험하고, 연구하고, 다시 고심하는 것이 좋다……."

서로 다른 창작 분야에서 성공하기 위해서 필요한 사고 방식의 유형과 그 일에 종사하는 사람들의 성격이 완벽하게 일치하지는 않지만, 내가 이 장을 시작하면서 인용한 일화들은 어느 정도 상관관계가 있다는 것을 암시한다. 잉글랜드의 그레이터맨체스터 주에서 전문 음악인으로 활동한 전력이 있는 심리학자 제프리 윌스는 한 연구에서 즉흥 재즈의 "황금기"(1945-1960)에 세계를 풍미한 40인의 선구자에 대한 전기들을 조사했다.[12]

윌스의 발견에 따르면, 이들은 음악적으로 기존 재즈의 형식을 따르지 않는 선구자였을 뿐만 아니라 사생활 측면에서도 다른 창작 분야 종사자들에게서 보이는 것보다 훨씬 더 거침이 없었다. 쳇 베이커는 약물 중독자였다. 그가 즐겨 찾은 마약은 "다른 사람들은 목숨을 잃을까 두려워할 정도로 강한 종류"인 스피드볼이었다. 티머시 트레드웰과 존 벨루시도 코카인과 헤로인을 섞은 스피드볼의 환각에 빠진 적이 있었다. 찰리 파커는 엄청난 대식가였고, 두 시간 동안 위스키 16잔을 마셨다고 알려져 있다. 마일스 데이비스는 온갖 물질을 오남용했고, 여러 사람과 성적인 관계를 맺었으며, 난잡한 파티와 관음을 즐겼다. 몇몇 거장은 경주용 자동차를 좋아하는 속도광이었다. 무모한 운전으로 악명이 높았던 스캇 라파로는 스물다섯 살의 나이에 자동차 사고로 사망했다. 이들의 삶을 상세하게 다룬 윌스의 논문은 과도한 감각 추구에 대한 묘사가 많아서 지루하게 느껴질 지경이다. 그의 논문에는 내가 언급한 인물들 이외에도 아트 페퍼, 스탠 게츠, 세르주 샤로프, 덱스터 고든 등이 더 등장했다.

만약 재즈 선구자들이 유연한 사고가 유리하게 작용하는 직업군의 스펙트럼 중에서도 특별히 무모한 집단에 속한다면, 그 스펙트럼의 반대편 극단에는 과학이 있다. 과학에서 만들어지는 발상은 아름다움이나 독특함 이상의 것이 있어야 한다. 바로 실험 결과와 일치해야 하는 것이다.

재즈 음악은 대부분의 사람들에게는 너구리가 칠판을 긁는 소리로 들릴 수도 있지만, 로어 맨해튼의 지하 공연장은 그런 연주를 듣기 위한 청중으로 만원을 이루기도 한다. 그러나 수은을 금으로 바꾸기 위한 과학자의 방법은 성공할 수도 있고 그렇지 않을 수도 있다.* 그렇기 때문에 과학에서는 유연한 사고가 중요하지만, 추가적인 기술도 그만큼 중요하다. 아무렇게나 튀어나오는 새로운 생각을 다듬고, 분석적 사고를 통해서 의문을 제기하고 그것을 발전시킬 수 있는 강력한 능력도 똑같이 필요한 것이다.

만약 재즈의 거장들처럼 "뭔들 어때"라는 식의 성격을 가진 사람이라면, 과학 분야에서 성공을 거두기는 어렵다. 그래서 과학자로 성공한 사람들은 괴짜이거나 "광기가 있는" 사람일지는 모르지만, 대체로 극단성과 위험성이 덜한 별종들이다. 내가 개인적으로 알고 있는 과학자들 중에는 매일 대학 식당에서 점심을 먹지만 양념만 먹는 실험물리학자도 있고, 머리를 주황색으로 염색하고 사과 문신을 한 중년의 신경과학 교수도 있고, 눈송이에 집착하는 물리학 교수도 있고, 미국의 민속 음악이나 재즈를 연주할 때에 쓰는 현악기 밴조(banjo)에 집착하는 노벨상 수상자도 있다. 더 유명한 인물에 대한 사례도 있다.[13] 알베르트 아인슈타인은 의사가 파이프 담배 피우는 것을 금지한 후부터는 거리에서 담배

---

* 1941년, 과학자들은 정말로 수은을 금으로 바꾸었다. 원자로에서 수은에 중성자를 충돌시킴으로써 연금술의 오랜 꿈을 이루었다.

꽁초를 주워서 냄새를 맡았다. 아이작 뉴턴은 성서에 숨어 있는 세상의 종말에 관한 단서를 찾기 위해서 성서를 수학적으로 분석했다. 이 위대한 과학자들은 유연한 사고를 하는 사람들이었다. 그러나 전문 분야와 사생활에서 모두 실행 뇌를 작동시킴으로써, 이들은 내가 앞에서 소개한 선구적인 음악인들에 비해서 행동을 온건하게 할 수 있었다.

전문 분야마다 장려되는 사고 방식은 다르다. 그러나 음악가, 과학자, 그외 다른 분야에서 독창적인 사고를 하는 사람들은 모두 정돈된 분석적인 사고가 약간은 필요하다. 그래야만 참신한 발상을 유용하거나 매력적이거나 조화롭거나 설득력 있는 창조적 산물로 바꿀 수 있기 때문이다. 심리학자들이 생각하는 조현형 성격의 사람과 진짜 조현병 환자 사이의 중요한 차이는 그들의 집중 능력이다. 더 일반적으로 말해서, 정돈된 분석적인 지능을 적용할 수 있는 능력이다. IQ가 더 높은 사람일수록, 흔히 인지 억제의 저하를 통해서 나타나는 수많은 이상한 생각을 마음속에서 더 잘 억누르기 때문에 인간 사회에서 제 기능을 못하게 되지는 않는 것으로 보인다.[14] 생각을 구체화하고 발전시키는 것은 매우 어렵기 때문에 내시 외에는 조현병이나 다른 심각한 정신 장애를 가진 환자들이 과학이나 예술 분야에서 두각을 나타낸 사례가 거의 없다.[15]


## 내면의 지킬 박사와 하이드 씨

1940년대에 어린 시절을 보낸 주디스 서스먼은 늘 자신의 상상을 표출할 방법을 찾아다녔다.[16] 그 방법은 때로는 인형 놀이였고, 때로는 춤을 추는 것이었다. 때로는 풍선을 들고 몇 시간을 걸어 다니는 것이었고, 이야기와 인물을 만들어내는 것이었다. 1950년대가 되자, 풍선을 들고 다니던 소녀는 뉴욕 대학교의 학생이 되었다. 대학에서 그녀는 마음가짐이 남다르고 분석적 사고를 좋아하는 한 남자를 만났다. 1960년대에는 결혼을 하여 두 아이를 둔 가정주부가 되었다. 그녀는 곧 넓은 집을 가지게 되었지만, 그녀의 유연한 마음속에 항상 끓어오르고 있는 생각들을 끄집어낼 공간은 없었다. 그녀는 어머니의 역할을 무척 좋아했기 때문에 한편으로는 활짝 피어나고 있었지만, 다른 한편으로는 시들어가고 있었다. 그녀는 나에게 이렇게 말했다. "나의 역할이 점점 비참하게 느껴졌어요. 딱히 무엇인가를 하겠다는 불타는 욕망은 없었어요. 다시 창의적인 사람이 되고 싶다는 마음이 간절하다는 것만 알았어요. 나의 그런 면을 놓칠 수가 없었죠." 그래서 그녀는 글을 써보기로 결심했다.

자유 시간은 거의 없었지만, 서스먼은 글쓰기를 가장 우선순위에 두었다. 거의 빨래나 저녁 식사 준비를 하는 것만큼 중요하게 여긴 것이다. 그녀는 글쓰기에 집중하는 자신의 모습이 남편에게는 지금까지의 것들을 뒤엎으려는 시도처럼 보인다는 것을 눈치챘다. 남편의 입장에서는 그와 결혼한 현명한 여자가 이제 자신을 배신하고 있는 것으로 보였다. 친구들도 도움이 되지 않았다. 가사에 충실하지 않은 주부를 그다지 곱게 보지 않던 시대였기 때문이다. 그녀는 편집자들에게 원고를 보냈지만 그들로부터도 격려를 받지 못했다. 그녀는 이렇게 말했다. "처음으로 거절 편지를 받았을 때는 울었어요. 그리고 2년 동안 계속 퇴짜만 맞았죠."

그러나 서스먼은 계속 글을 썼고, 1969년에 결혼한 후 얻은 주디 블룸이라는 이름으로 첫 책을 발표했다(그녀와 그녀의 남편이었던 존 블룸 변호사는 1976년에 이혼했다). 이후 수십 년 동안, 블룸이 쓴 청소년 소설과 네 편의 성인 소설은 엄청난 베스트셀러가 되었고, 몇 편은 「뉴욕 타임스」 베스트셀러 순위에서 1위를 차지하기도 했다. 블룸의 책은

1,000만 권 이상의 판매고를 기록하면서, 한편으로는 수십 개의 문학상을 받기도 했다. 그래서 그녀는 보기 드물게 상업적인 면에서나 비평면에서나 모두 성공을 거두었다.

그녀는 왜 주변의 만류에도 불구하고 결혼 생활을 희생하면서까지 글쓰기에 매달렸을까? 그녀는 나에게 다음과 같이 말했다. "일단 글을 쓰기 시작하면서 갑자기 아침에 일찍 일어나고 싶어졌어요. 글쓰기는 그 시절에 나를 구원해주었어요. 왜냐하면 나의 삶에서 필요한 것은 상상이었기 때문이죠. 내가 건강하기 위해서, 살기 위해서 필요했어요. 상상은 내 삶의 일부입니다."

윌리엄 제임스와 지그문트 프로이트는 주디 블룸을 이해했을 것이다. 비록 그들은 우리 머릿속에서 일어나는 상향식 대 하향식 경쟁에 대해서는 아무것도 몰랐지만, 경직된 분석적 방식과 창의적인 유연한 방식의 사고 둘 다 우리 모두에게 중요한 부분을 차지한다고 주장했다. 어떤 의미에서 보면, 우리 모두는 한 몸 안에 생각이 다른 두 사람을 가지고 있는 것이다.

다음 실험을 생각해보자. 연구자들은 피험자들에게 여러 삼단논법이 참인지를 분석해달라고 요청하고, 피험자들이 분석을 하는 동안 그들의 뇌를 fMRI로 촬영했다.[17] 일부 삼단논법은 다음과 같은 추상적인 유형이었다. "모든 A는 B이다. 모든 B는 C이다. 따라서 모든 A는 C이다." 다른 삼단논법에는 의미가 담겨 있었다. "모든 개는 애완동물이다. 모든 애완동물은 털이 있다. 따라서 모든 개는 털이 있다"와 같은 식이었다.

순수한 논리학의 관점에서 보면, 이 두 종류의 삼단논법은 동일하다. "A"라는 문자가 단어("개")로 바뀐 것과 같은 차이는 조금도 중요하지 않다. 그러나 우리의 연상 뇌에서 이것은 엄청난 차이이다. 문자 "A"는 그냥 문자 "A"일 뿐이다. 그러나 "개"라는 단어에는 수없이 많은 의미와 감정이 달라붙게 되며, 그 의미와 감정은 개인마다 모두 다르다.

컴퓨터는 두 종류의 삼단논법이 참인지를 모두 동일한 분석적 사고를 활용하여 분석할 것이다. 분석적 사고는 컴퓨터가 할 수 있는 사고의 유형이기 때문이다. 그리고 아마 당신은 이 삼단논법들이 동일한 구조를 가지고 있기 때문에 인간도 그렇게 할 것이라고 생각할지도 모른다. 그러나 사실 인간의 뇌는 두 종류의 삼단논법에 꽤 다른 방식으로 접근한다. 추상적인 글자와 연관된 삼단논법의 참, 거짓 여부를 판단할 때와 의미가 담긴 단어들로 이루어진 삼단논법을 판단할 때, 피험자들은 서로 다른 신경망 구조를 활용했다. 그 신경망의 정확한 구성에 관한 내용은 여기에서는 중요하지 않다. 중요한 것은 그 신경망이 다르다는 것이다.

우리 모두의 내면에는 다른 방식으로 생각하는 두 사람이 존재한다. 논리학자와 시인, 이 둘의 경쟁에서 우리의 사고와 발상이 나온다. 우리 모두는 독창적인 생각이 저절로 만들어지는 방식과 생각을 합리적으로 세심하게 살필 수 있는 방식 사이를 오갈 수 있다. 그리고 우리의 성공은 필요할 경우 생각하는 방식을 바꿀 수 있는 능력에 어느 정도 달려 있다.

블룸과 대화를 나누면서, 나는 그녀가 자신의 일면에 대해서 예리하게 파악하고 있는 것이 있다면, 그것은 서로 다른 두 가지 사고 방식 사이를 오갈 수 있는 능력이라고 느꼈다. 평소 그녀의 사고는 깔끔하고 정돈되어 있다. 그러나 소설을 쓸 때에 블룸은 "다른 사람이 된 것 같다"라고 말한다. "내가 글을 쓰는 까닭은 내 안에 다른 누군가가 있기 때문입니다. 그리고 스스로를 표출해야 합니다. 그러나 책이 출판된 후에 그것을 읽으면, 나는 종종 '내가 정말 이렇게 썼단 말이야?'라고 생각합니다." 나는 그녀의 말뜻을 안다.

# 11
# 해방

## 모두 함께 취해보자

몇 년 전, 한 과학자가 젊은 시절에 경험했던 대마초에 대한 글을 썼다.[1] 그는 이전에 몇 번 대마초를 피워본 경험이 있었지만 아무 느낌도 받지 못했다. 이제 그는 친구 집 거실에 등을 대고 누워서 다시 시도를 해보는 중이다. 그의 눈은 천장으로 흩어지는 대마초의 연기를 하릴없이 쫓고 있었다. 그런데 갑자기 연기가 자동차 모양이 되었다. 대충 두루뭉술한 형태의 차가 아니라, 세세한 부분까지 제대로 표현된 아주 작은 폴크스바겐이었다. 휠캡과 트렁크의 잠금장치까지도 알아볼 수 있었다. 허공에 정말 자동차가 있을 수 있을까? 정신이 멀쩡했다면 이런 미친 생각은 인지 여과 과정에서 삭제되었을 텐데 대마초를 피우자 고스란히 남아 있었다. 이런 미친 생각이 의식에 떠올랐지만, 그의 분석적 뇌는 그것이 환상임을 알려주었다. 그는 드디어 환각을 경험한 것이 분명하다고 추론했다.

젊은 과학자는 그 순간에 자신이 약에 취하는 것을 좋아한다는 사실을 알았다고 말했다. 나에게 이것은 그다지 대단한 고백은 아니었다. 어머니가 만들어준 구운 간 요리보다 초콜릿 밀크셰이크를 더 좋아한다는 것을 알았을 때와 비슷한 느낌이었다. 그러나 그 시절에는 대마초에 대한 사회적 통념이 대체로 부정적이었다. 대마초를 피우는 것도 당연히 불법이었다. 게다가 대학교수 위원회는 보편적 세계에 대한 지식을 더하는 연구자를 좋아하는데, 대마초를 피우는 것이 재미있다는 발견은 그들이 생각하는 지식이 아니었다. 그래서 이 과학자는 결국 대마초에 대한 글을 써서 발표할 때, 이제 막 싹을 틔우기 시작한 자신의 경력을 보호하기 위해서 미스터 X라는 익명을 사용했다.

그는 과학자로서 대마초에 취한다는 것이 무슨 의미인지에 주목했다. 그가 묘사했듯이, 대마초를 피웠을 때 그는 지각이 있었고 일상생활에서는 이상하게 여겨질 만한 연상을 했다. 그러나 마치 존 내시의 외계인처럼, 그 상태에서는 완벽하게 합리적으로 느꼈다. 대마초는 그의 유연한 사고 능력을 강화했고, 그는 그 경험을 통해서 우리가 미쳤다고 하는 사상가들의 마음을 이해할 수 있었다고 썼다.

또 그는 전에는 한번도 경험해보지 못한 방식으로 음악과 미술을 받아들이는 느낌을 받았고, "주위의 모든 생물, 무생물과 교감하는 감정"이 생겼다. 심지어 그가 경험한 도취 상태에는 "종교적 측면"과 감각적 측면도 있었다. "자유 연상은……대단히 풍성한 통찰을 만들어낸다……. 대마초는 섹스의 쾌락도 강화한다. 한편으로는 대단히 강렬한 감각을 일으키면서, 한편으로는 오르가슴을 지연시킨다. 수많은 영상들이 정신없이 눈앞을 지나가는 것도 한몫을 한다."

약간의 광기, 특이한 연상, 일상 너머에 있는 세계와 접하는 느낌, 예술적 감수성의 고조, 오락에 대한 민감성, 1969년에 한 과학자가 자신의 경험을 토대로 쓴 약물에 따른 도취 상태에 대한 상세한 묘사는 이제 막 과학자들이 이해하기 시작한 조현형 성격과 놀라울 정도로 유사하다.

지금까지 대부분의 역사에서, 우리는 마음을 변화시키는 물질이 유연한 사고에 어떤 영향을 미치는지를 해독할 기술이 없었다. 그리고 기술적으로 해독이 가능해진 이후에는 그런 물질들을 사용하는 것이 불법이었기 때문에 연구자들은 연구할 엄두를 내지 못했다. 1970년에 『네이처』지에 발표된 그런 소수의 초기 연구 중의 하나는 캘리포니아 대학교 데이비스 캠퍼스의 한 심리학자가 수행한 것이었다.[2] 최고의 농과대학인 이 학교는 당시 대마초의 사용과 재배의 가장 큰 중심지에서 멀지 않은 곳에 있었다. 이 연구에서, 연구자는 "대마초 사용 경험자"라고 칭한 대마초 상습 사용자 153명을 대상으로 설문조사를 실시했다. 이 설문조사를 통해서 그들의 경험을 설명하게 한 다음, 가장 공통된 반응을 표로 만들었다.

오늘날 그 내용을 읽으면, 대마초 경험담을 쓴 과학자가 그랬듯이 대마초의 효과와 유연한 사고의 능력 향상 사이에 나타나는 뚜렷한 유사성에 주목하게 된다. 아이디어의 창안, 확산적 사고, 통합적 사고처럼 인지 여과의 개방으로 인해서 도움을 받는 기술들이 향상되는 것이다. 가장 많이 나타나는 정서는 다음과 같았다.

"마음속에서 훨씬 더 독창적인 생각들이 나온다."

"직관적으로 옳은 방식으로 생각하고, 논리 법칙을 따르지 않는다."

"진부한 격언이나 대화가 새로운 의미로 다가오는 것 같다."

"저절로, 나에 대한 통찰이……떠오른다."

"서로 모순된 두 생각을 더 잘 수용하려고 한다."

최근에 한 친구는 나에게 더 건강하게 살기 위해서 술을 줄이고 대마초를 더 많이 피울 계획이라고 말했다. 그 친구의 말은 요즘 서구 세계를 휩쓸고 있는 대마초의 용인과 비범죄화 추세를 잘 보여준다. 이런 새로운 사회적 분위기는 이 약물의 유익함에 대한 일화적 보고들을 조사하려는 실험의 수를 약간 증가시켰다.

이런 실험들의 일환으로 2012년에 진행된 한 연구에서는 160명의 대마초 사용자들을 모집하여 그들에게 2회에 걸친 실험에 참여해줄 것을 요청했다.[3] 1회차 실험에서는 피험자들에게 실험에 참여하기 전에 최소 24시간 동안 대마초를 삼가게 한 다음, 타액 표본을 채취하여 상태를 확인했다. 2회차 실험에서는 피험자들이 소지하고 있는 대마초를 가져와서 실험실에서 피우게 했다.

2회의 실험 모두에서 피험자들은 유연한 사고를 측정하기 위한 일련의 검사를 받았다. 이를테면, 60초 안에 네발 동물이나 과일의 이름을 생각나는 대로 많이 말하게 하여 유창성을 측정하고, 쿠니오스와 비먼이 했던 CRA 검사처럼 주어진 세 단어와 연관된 한 단어를 찾는 검사를 통해서 확산적 사고를 조사했다.

결과는 대단히 흥미로웠다. 맑은 정신일 때 검사에서 높은 점수를 받은 사람들은 대마초에 그다지 영향을 받지 않았다. 그러나 맑은 정신일 때 검사 결과가 좋지 않았던 사람들은 대마초를 피우자 점수가 올랐다. 실제로, 정신이 맑을 때에 확산적 사고 점수가 낮았던 피험자는 대마초에 취한 상태에서는 다른 이들만큼 좋은 점수를 받았다. 대마초가 그들의 사고에서 독창성을 증대시킨 것이다.[4] 이 실험을 수행한 과학자들에 따르면, 그런 기량으로 볼 때 "자연적 환경에서 대마초 흡연은" 조현형 형질의 "유의미한 증가를 유발했다."

대마초가 그런 반응을 유발했다는 결과는 대마초가 뇌에 어떤 영향을 미치는지를 안다면 그리 놀라운 일이 아니다. 대마초의 유효 성분인 THC라는 화학물질은 전전두엽의 여과 기능을 억제한다고 알려져 있다. 확실히, 정신이 맑을 때에 유연한 사고 검사에서 좋은 결과를 낸 사람들은 그 여과 장치가 본래 낮게 설정되어 있어서 대마초 흡연에 따른 개선 효과가 크지 않았을 것이다. 반면 다른 사람들은 개선의 여지가 더 많았고, THC가 그 역할을 한 것이다. 그런 측면에서 보면, 대마초는 유연한 사고를 균일한 수준으로 올려주는 약물이다. 대마초는 우리의 유연한 사고 잠재력을 최대치까지 끌어올려주지만, 만약 이미 그 수준에 도달해 있다면 효과가 미약하다.

그 익명의 과학자는 다음과 같이 글을 마무리했다. "대마초가 불법이라는 것은 부당하다. 이는 점점 더 정신없고 위험해지는 세상에 간절히 필요한 평온함과 통찰, 감수성과 유대감을 만드는 데에 도움이 되는 약물의 완전한 활용을 막는 것이다." 그 과학자가 세상을 떠나고 20여 년이 지나자 그의 소망이 이루어지기 시작했다. 그의 본명은 칼 세이건이었다.


## 취중진담

대마초의 장점에 관해서는 세이건이 옳았다. 그러나 모든 약이 그렇듯이, 대마초에도 부작용이 있을 수 있다. 특히 우려되는 점은 만약 높은 수준의 조현형을 나타내기 시작한 사람이라면, 대마초로 인해서 정신병의 문턱을 넘게 될 수도 있다는 사실이다.[5] 비치 보이스의 초기 멤버이자 리더인 브라이언 윌슨에게 일어난 일도 어쩌면 대마초 때문일지 모른다. 윌슨은 20세기의 가장 영향력 있고 혁신적인 음악가 중 한 사람이었다. 그는 대중음악의 작곡에 관현악곡 구조를 도입한 독특한 접근법으로 1960년대에 수많은 히트곡을 만들어냈다. 그의 음악은 동시대인들에게 영감을 주었고, 그 덕분에 캘리포니아는 뉴욕을 대신하는 대중음악의 중심지로 확장되었다. 심지어 그는 제작 기술에도 혁명을 가져왔다. 그는 녹음 기간을 정해두고 직접 독특한 편곡과 악기 구성을 실험했다. 오늘날에는 이것을 "스튜디오 연주"라고 부르고 아주 흔한 일이 되었지만 1960년대 초반에는 들어본 적도 없는 일이었다.

월슨은 1964년에 기분 전환을 위해서 대마초를 피우기 시작했다.[6] 얼마 지나지 않아, 그는 창작에 대마초를 활용하기 시작했다. 그는 단순하고 평범한 록 스타일의 편곡을 버리고 자신만의 독특한 스타일로 발전시킬 수 있었던 것이 대마초로 인한 영감 때문이라고 믿었다.[7] 그러나 월슨은 1963년부터 희미한 목소리가 들리기 시작했는데, 대마초를 피우기 시작하면서부터 증세가 눈에 띄게 악화되었다. 그는 세세한 일에 집착하기 시작했다. 베이스 기타의 프렛 보드 표면에 묻지를 레몬 오일의 상표나 자신의 회계사가 모든 세법을 준수하고 있는지 여부와 같은 별로 중요하지 않은 세부 사항뿐만 아니라, 바닥에 깔린 타일의 수나 자신의 접시에 있는 콩알의 수와 같은 무의미한 것에도 집착했다. 1966년이 되자 그는 집에 있는 수영장에서만 인터뷰를 진행했는데, 집안에는 숨겨진 녹음 장치가 가득하다고 확신했기 때문이다.

월슨은 1982년에 조현 정동 장애 진단을 받았다.[8] 이 병은 조현병과 양극성 장애의 요소를 둘 다 가지고 있는 질환으로, 대마초 과용으로 유발되었을 수 있다. 월슨이 대마초를 하지 않았다면 그의 병이 어떻게 진행되었을지는 아무도 모르지만, 그의 사례는 경고의 메시지를 담고 있다. 대마초는 우리 뇌에서 힘의 균형을 조절하는 데에 도움이 될 수는 있지만, 어떤 사람에게는 위험할 수 있다.

걸출한 화가, 음악가, 작가들이 그들의 성공에 한몫을 했다고 주장하는 다른 화학물질도 있다. 음악가인 프랭크 바라노는 이렇게 말했다. "어떤 날에는 말로 다 표현할 수 없을 만큼 화끈하고 독창적인 생각들이 머릿속에 가득 찬다. 또 어떤 날에는 주류 판매점이 문을 닫는다." 이런 경험담은 적어도 기원전 424년까지 거슬러올라간다. 아리스토파네스는 『기사(Hippeis)』라는 희곡에 다음과 같이 썼다. "남자는 술을 마시면 부자가 되고 성공한 사람이 된다……. 어서 나에게 술을 한 잔 달라. 그래야 술로 마음을 적시고 똑똑한 말을 하게 될지니."

최근 과학에서는 알코올이 유연한 사고에 유익한 효과를 낼 수도 있다는 사실이 확인된 것으로 보인다. 이를테면, 2012년에 알코올 관련 연구가 수행되었는데 이는 같은 해에 수행된 대마초 연구와 비슷했다.[9] 이 연구에서는 사교를 위해서 정상 범위의 음주를 하는 20대 40명을 정보 사이트 크레이그리스트(Craigslist)를 통해서 모집했다. 이들 중 절반에게는 충분한 보드카와 크랜베리 주스를 주고 법적으로 술에 취한 상태가 되게 했다. 나머지 절반은 크랜베리 주스만 마시게 했다. 그런 다음 그들 모두에게 유연한 사고가 필요한 문제를 풀게 했다. 술에 취한 피험자들은 문제의 약 60퍼센트를 풀었고, 취하지 않은 피험자들은 40퍼센트를 풀었다. 게다가 얼큰하게 취기가 오른 학생들은 문제를 더 빨리 풀었다.

알코올은 집중을 흐트러뜨림으로써 사고 과정을 느슨하게 만들어줄 수 있지만 너무 느슨해져서 궤도를 완전히 이탈하게 만들기 십상이기 때문에, 사고의 보조 역할을 하기에는 문제가 있다. 대마초도 마찬가지이다. 두 경우 모두, 그 대가는 조현형이 되느냐 조현병에 걸리느냐의 문제와 흡사하다. 사업 전략을 짜는 동안에 하는 술 한두 잔, 대마초 한 대는 생각의 폭을 넓혀줄 수 있지만, 너무 지나치면 그 생각들은 무용지물이 되거나 앞뒤가 맞지 않을 수 있다.

오늘날 인기 있는 또다른 약물 연구 분야는 환각제이다. 1960년대에 몇몇 과학자들이 LSD의 효과를 연구했다. 그러나 환각제는 "기분 전환용" 약물 중에서 해가 가장 적고 중독성이 가장 낮지만, 이런 물질들은 1971년에 향정신성 물질에 대한 국제 협약에 의해서 사실상 전 세계적으로 거의 전부 금지되었다. 이 협약에서는 과학과 의료 목적을 위한 예외를 허용했지만, 수십 년 동안 사실상 후속 연구가 이루어지지 않았다. 그러나 최근 들어서 사회적으로 약물을 대하는 태도가 너그러워지면서, 환각제에 대한 과학적 탐구가 재개되었고 새로운 연구들도 활발하게 나오고 있다.

형체를 드러내고 있는 상황은 매혹적이다. 과학자들은 환각제 체험에 대한 보고를 특정 구조나 뇌 속에서 일어나는 과정과 연결시키기 시작하고 있다. 이를테면, LSD와 실로시빈(psilocybin, "마법의" 버섯)을 사용하는 사람들은 종종 깊은 "자기 초월(self-transcendence)"을 느낀다. 마치 자신과 외부 세계의 경계가 사라지고 있는 것처럼 자아에 대한 감각이 약해지는 것이다. 옥스퍼드 대학교의 한 연구진은 환각제를 피험자의 정맥에 주입한 다음 fMRI로 그들의 뇌를 영상화함으로써 환각제의 해부학적 연관성을 알아냈다.[10]

옥스퍼드의 연구진은 LSD와 실로시빈이 초기 설정 연결망의 요소에 영향을 준다는 것을 발견했다. 제6장에서 언급한 초기 설정 연결망은 실행 뇌가 우리의 사고 과정을 지휘하고 있지 않을 때에 활성화되는 구조이다. 초기 설정 연결망은 우리의 자아 감각을 발달시키고 강화하는 데에 도움을 주는 마음의 내적 대화에서 중요한 역할을 한다. 따라서 약물과 자의식 약화의 연관성은 예상하지 못한 일은 아니다. 그러나 우리는 제6장에서 초기 상태가 유연한 사고에서 중요한 역할을 한다는 것을 확인했다. 그래서 옥스퍼드의 연구진은 LSD와 실로시빈이 유연한 사고를 향상하는지 혹은 방해하는지 의문이 들었다. 이 문제에 대한 연구는 아직 진행 중이다.

유연한 사고에 미치는 영향이 비교적 잘 알려져 있는 환각제는 남아메리카의 아야와스카(ayahuasca)이다. 아야와스카는 아마존의 원주민들이 밀림의 덩굴식물로 만든 향정신성 차[茶]이다. 칠레계 미국인 소설가인 이사벨 아옌데를 포함한 몇몇 작가들은 그들의 작품에서 아야와스카에 취했을 때의 효과에 대해서 이야기했다. 아옌데의 책은 5,000만 권 이상의 판매고를 기록하고 30여 개 나라의 언어로 번역되었다. 그런 그녀는 작가로서의 한계에서 벗어나기 위해서 역겨운 맛이 나는 이 차에 자신을 내맡겼다. 아옌데에게 아야와스카는 마음을 이완시키고 생각을 다시 샘솟게 하는 변화를 경험하게 한 차였다. 그녀는 이렇게 말했다. "그것은 일찍이 해본 적 없는 가장 강렬한, 정신이 아득해지는 경험이었어요.[11] 나에게 매우 깊은 의미를 보여주었고 대단히 중요했으며 나의 내면에 있는 많은 공간을 열어주었죠."

피험자들은 아야와스카를 억지로 마시고 45-60분이 지난 후부터 이 역겨운 차의 효과를 느끼기 시작한다. 환각을 보고 강렬한 감정을 느끼고 정신적 유창성이 눈에 띄게 증가하는 것을 경험한다. 특히 눈을 감고 있을 때에는 그 속도가 더 빨라진다. 더 중요한 것은, 떠오르는 생각도 평소에 비해서 더 다양하다는 점이다. 그래서 이 피험자들은 확산적 사고 검사에서 대단히 놀라운 성적을 낸다. 그러나 아야와스카나 다른 약물로 강화된 그들의 유연한 사고에는 양날의 검과 같은 측면이 있다. 유연한 사고 능력의 향상을 위해서 분석적 사고 능력을 희생시키기 때문이다.

이 역한 맛이 나는 차 몇 모금은 어떻게 우리가 생각하는 방식에 이렇게 광범위한 영향을 미칠 수 있을까? 나는 제4장에서 우리의 대뇌 피질에 있는 신경의 층위 구조에 관해서 이야기했다. 각각의 반구에서 가장 상위 단계는 엽이다. 엽은 다양한 모듈로 구성되며, 각 모듈은 저마다 하위 모듈로 이루어져 있고 이런 방식으로 계속 내려가다 보면 개개의 뉴런에 이른다. 지금까지 우리가 확인한 180개의 모듈과 하위 모듈은 거미줄처럼 얽힌 복잡한 신경망을 통해서 신호를 주고받는다. 그 모든 신경망 중에서 가장 신비로운 부분은 융통성 있는 상향식 과정과 실행 명령이 하달되는 하향식 과정이 결합된 정보의 흐름이다. 아야와스카에는 이런 정보의 흐름에 개입하여 하향식 조절을 약화하고 상향식 과정의 영향을 증대시키는 기능이 있는 것으로 보인다.[12]

그로 인한 결과 중의 하나는 전전두 피질에서 관장하는 인지적 통제가 느슨해지는 것이다. 아야와스카가 유발하는 신경 신호 전달의 방해 효과는 대마초와 술에 비해서 훨씬 더 광범위하고 심각하다. 지각과 현실의 경험을 크게 변질시키고, LSD와 실로시빈처럼 자아 감각까지도 바꾸어놓는다.

아야와스카가 어떤 작용을 하는지에 대한 메커니즘을 더욱 자세하게 밝히려면 더 많은 연구가 필요하다. 그러나 그 후속 연구와 유연한 사고를 강화하는 알약은 아주 먼 미래의 이야기만은 아닐 수도 있다. 일부, 특히 실리콘 밸리에서는 미세 용량의 LSD와 같은 "업무 수행용 환각제"가 이미 사용되고 있다. 이와 함께, 바이반스(vyvanse)나 애더럴(adderall)

같은 분석적 사고에 도움이 되는 집중력 강화 약물은 중독의 위험이 있지만 대학가에 널리 퍼져 있고, 알츠하이머 환자들에게 도움을 주기 위한 기억력 강화 약물도 개발 중이다.

어쩌면 언젠가 미래에는 우리의 지적 능력 전반을 강화해줄 이런 약물들을 안전하고 알맞게 혼합한 칵테일 약을 구하게 될지도 모른다. 만약 그렇게 된다면, 분명히 큰 논란이 일어날 것이다. 어떤 사람들은 모든 향정신성 약물을 거부한다는 이유로 그 약의 사용을 반대할 것이다. 또 어떤 사람들은 금전적 여유가 있어야만 그 약의 도움을 받을 수 있기 때문에 불공정성을 지적할 것이다. 아니면 해로운 부작용에 대한 우려가 나올 수도 있다. 또다른 일부는 인간의 지능 향상으로 과학과 의학에 관련된 위대한 발견을 이끌어낼 수도 있고, 모두를 위한 삶의 질을 향상하는 혁신이 일어날 수도 있다고 생각할 것이다.

앞으로 연구가 어떻게 진행될지는 모르지만, 아직은 아야와스카 알약을 찾아다니지는 말자. 그런 약물에 의해서 정신적 위계질서가 붕괴되면서 야기되는 부정적인 측면은 터무니없이 강력하기 때문이다. 아옌데는 악마를 보았다고 말했다.[13] 또 자신이 이틀 동안 겁에 질린 네 살짜리 어린아이처럼 바닥에 몸을 웅크리고 덜덜 떨면서 구역질을 하고 웅얼거렸다는 것도 알았다. 그녀는 다음과 같이 말했다. "어떤 시점에는 죽음의 경험 속으로 들어갔다고 생각해요. 나는 더 이상 육신도, 영혼도, 정신도, 다른 어떤 것도 아니었죠. 무엇이라고 형언할 수 없는 온전하고 절대적인 공허감뿐이었어요." 아야와스카는 그녀가 작가로서의 한계를 넘을 수 있도록 해주었다. 그러나 그녀는 "다시는 경험하고 싶지 않다"라는 결론을 내렸다.

## 피로의 한 줄기 희망

우리는 인지 여과 장치를 약화하는 약물과 알코올의 작용이 유연한 사고를 강화할 수도 있다는 것을 확인했다. 다행히도, 우리에게는 유연한 사고를 자유롭게 하는 더 자연스러운 방법이 있다. 이를테면 2015년에 프랑스의 한 연구진은 어려운 지적 문제에 도전하기 전에 단순한 활동으로 실행 뇌를 피곤하게 하면, 유연한 사고를 하는 뇌의 활동을 더 효과적으로 촉발할 수 있다는 것을 증명했다.[14]

프랑스 과학자들은 피험자들이 사이먼 과제(Simon task)라고 하는 지루한 연습을 하게 함으로써 그들의 실행 뇌를 피로하게 만들었다. 사이먼 과제에서는 피험자들에게 왼쪽이나 오른쪽을 가리키는 화살표들이 나타나는 컴퓨터 화면을 보여주는데, 그 화살표들 중의 하나는 항상 화면의 중앙에 위치한다. 피험자들은 중앙에 나타나는 화살표가 가리키는 방향에 따라서 키보드의 왼쪽이나 오른쪽 방향키를 눌러야 한다.

이 실험을 잘 하려면 피험자는 중앙에 나타나는 화살표에 집중하기 위해서 다른 화살표들의 영향을 억제해야 한다. 이런 억제를 가능하게 하는 것은 피험자의 전전두 피질이다. 그리고 이 실험의 피험자들처럼 이런 과제를 40분 동안 쉬지 않고 하면, 정신적으로 피곤해진다.

사이먼 과제로 피험자들의 실행 뇌 기능을 둔화시킨 후, 연구자들은 피험자들에게 유연한 사고 문제를 풀게 했다. 피험자들이 풀어야 하는 문제는 양동이, 신문지, 벽돌처럼 집에서 흔히 볼 수 있는 물건들의 한 묶음을 보고 그 물건들의 활용법을 주어진 몇 분 동안 최대한 많이 생각해내는 것이었다. 피험자들의 답은 그들의 생각한 방법의 개수, 독창성 같은 기준에 따라서 점수로 매겨졌다(같은 생각을 해낸 다른 피험자의 수도 판단 기준이었다). 그런 다음 그들의 점수를 사이먼 과제를 하지 않고 문제를 푼 대조군의 점수와 비교했다.

연구자들이 알아낸 바에 따르면, 피험자들은 실행 기능이 크게 약화되었을 때에 활용 방법의 개수와 독창성 측면에서 모두 유의미하게 우월했다. 우리는 대개 머리가 맑을 때가 생각을 하기에 가장 적합한 때라고 추측하지만, 이 결과는 유연한 사고에서는 완전히 "지쳤다"라고 느낄 때에 최고의 능력을 발휘하게 될 수도 있다는 것을 암시한다. 우리가 업무 일정을 관리할 때 이런 점을 염두에 두면 좋을 것이다. 창의적인 생각을 해야 한다면, 한동안 집중력이 필요한 지루한 일에 전력을 기울인 다음 그런 생각을 하는 것이 나을 수도 있다.

이 프랑스 연구진은 개인의 생활 리듬에 관해서도 의문을 제기했다. 모든 사람들이 똑같이 하루 중 특정한 시간에 머리가 가장 잘 돌아간다고 느끼지는 않지만, 사람들의 유형에 따라서 대략 "아침형 인간"과 "저녁형 인간"으로 나눌 수 있다.[15] 실제로 심장박동, 체온, 각성 정도, 전전두 피질의 실행 기능 같은 우리의 신체 작용이 일정한 일주기 리듬을 따른다는 것은 연구로 확인되었다. 이런 일주기 리듬은 사람마다 모두 다르며, 뇌간 바로 위에 위치한 시상하부(hypothalamus)에 있는 약 2만 개의 뉴런 뭉치가 이 리듬을 관장한다. 따라서 당신이 진득하게 앉아서 스프레드시트를 작성하거나 전문적인 글을 읽거나 다른 분석적인 작업을 수행하기 위해서 집중하기에 가장 효율적인 시간이 아침이나 저녁인데에는 마땅한 생리적 이유가 있는 것이다. 그런데 프랑스 연구진의 결과는 거기에 새로운 제안을 더했다. 당신의 유연한 사고 능력이 절정에 달하는 순간은 또다른 일과가 끝났을 때, 즉 분석적 사고 능력이 가장 약해졌을 때일지도 모른다는 것이다.

2011년, 미시간 주립대학교의 두 과학자는 같은 대학의 학생 223명을 대상으로 이 문제를 조사했다.[16] 학생들은 "아침형－저녁형" 설문 조사를 통해서 어떤 범주에 속하는 인간형인지 결정되었다. 연구자들은 학생들에게 무작위적으로 오전 8시 30분－9시 30분 또는 오후 4시－5시 30분에 실험에 참여하라고 요청했다. 다시 말해서, 실험에 참여하는 시각에 어떤 학생은 최상의 상태였고 어떤 학생은 최악의 상태였다.

실험에 참여한 학생들에게는 종이와 연필이 주어졌고, 풀어야 할 문제는 6개였다. 문제당 주어진 시간은 4분이었다. 6문제 중 3문제는 제5장에 나왔던 마샤와 마저리 문제와 비슷한 수수께끼였다. 같은 날 같은 부모에게서 태어났지만 쌍둥이는 아닌 이유를 찾는 이런 수수께끼를 해결하려면, 피험자는 그들이 가지고 있던 본래의 사고 틀을 재구성해야 한다. 마샤와 마저리 문제를 예로 들면, 문제를 읽고 마음속에 떠올린 두 소녀만 있는 그림을 버려야만 마샤와 마저리가 세쌍둥이라는 해답을 얻을 수 있다는 뜻이다. 나머지 3문제는 간단한 "분석적" 문제였다. 이런 유형의 문제를 풀기 위해서 세심한 집중이 필요할 수도 있다. 그러나 체계적으로 해결할 수 있으며 유연한 사고가 요구되지는 않는다. 이를테면 다음과 같은 문제들이다. "밥의 아버지는 밥보다 나이가 세 배 더 많다. 4년 전에는 밥의 아버지가 밥보다 나이가 네 배 더 많았다. 밥의 아버지와 밥의 나이는 몇 살일까?"

상태가 최상인 시간에 실험에 참여한 학생은 분석적 문제를 더 잘 푼 반면, 전전두 피질이 온전히 제 능력을 발휘하지 않고 있을 시간에 실험에 참여한 학생은 수수께끼를 더 잘 풀었다. 연구자들의 글에 따르면, "집중력이 더 흐트러진" 피곤한 사람은 "그들의 지식 연결망에서 검색 범위가 더 넓어진다." 이런 검색 범위의 확장으로 유연한 사고가 요구되는 문제를 더 잘 해결하게 된다는 것이다.

이는 아침에 정신이 멍한 사람이나 저녁이면 녹초가 되어 집중할 할 수 없는 사람들에게 좋은 정보이다. 나의 경우에는 많은 것이 이해가 되었다. 나는 "야행성 인간"이다. 나는 과학 연구가 늦은 오후 시간에 가장 잘 되었다. 반면 아침에는 거의 혼수상태여서, 달걀을 깨서 알맹이는 싱크대에 버리고 프라이팬에는 달걀 껍데기만 넣고 부치고는 했다. 그런데 글쓰기는 그렇게 무능해지는 몽롱한 아침시간에 더 잘 된다는 것을 오래 전부터 알고 있었다.

이제 나는 그 이유를 이해한다. 과학 연구에서 성공을 거두기 위해서는 독창적인 발상이 필요하지만, 일단 좋은 생각을 떠올린 뒤에는 결과를 얻기까지 꽤 오랜 시간 동안 연구에 매진해야 한다. 그러기 위해서는 대부분의 시간을 분석적 상태로 지내야 하기 때문에, 나는 밤에 과학 연구가 잘 되었다. 반면 글을 쓸 때에는 거의 항상 유연한 사고를 해야 하므로, 아침마다 발생하는 나의 실행 뇌의 "장애"가 글쓰기에는 장점으로 작용하는 것이다. 그래서 나는 나의 신체 리듬에 귀를 기울이는 법을 배웠다. 어떤 활동은 아직 눈꺼풀이 무거울 때에 가장 잘 되고, 어떤 일은 힘겨운 하루를 보내고 눈 밑에 다크서클이 짙어진 이후에 하는 것이 최적이다.


## 걱정을 접고 행복해지자

1930년 9월 22일, 위스콘신 주의 밀워키에 위치한 북아메리카 수녀회의 원장 수녀는 미국의 다른 곳에 있는 젊은 수녀들에게 편지를 보내서 그들의 삶에 관한 300단어 분량의 글을 써달라고 부탁했다.[17] 대부분 20대

초반이었던 수녀들은 어린 시절의 일들 중 특별히 기억나거나 교훈적이었던 일들과, 그것이 신앙생활에 미친 영향에 대한 이야기를 글에 포함시켜달라는 요청을 받았다. 손으로 직접 쓴 그 글들에는 정보와 감정이 담겨 있었을 뿐만 아니라 글을 쓴 방식을 통해서 수녀 개개인의 성격도 드러났다.

마침내 그 글들은 하나로 엮였고, 수십 년 동안 그대로 남아 있었다. 그렇게 60년이 흐른 뒤, 이 글은 은퇴한 수녀들에게 초점을 맞춰서 연구를 하던 켄터키 대학교의 장수 연구자들 3인에게 우연히 발견되었다. 놀랍게도 그 글을 쓴 수녀들 중에서 180명이 이 연구자들의 연구 대상자였다.

심상치 않은 기회라는 것을 감지한 연구자들은 수녀들의 글에서 정서적인 내용을 분석하여, 긍정적인 것과 부정적인 것과 중립적인 것으로 분류했다. 그런 다음, 이후 9년에 걸친 연구를 통해서 수녀들의 개인적 성향과 그들의 수명 사이의 상관관계를 표로 나타냈다. 그들의 결론은 놀라웠다. 가장 긍정적인 성향의 수녀들은 가장 긍정적이지 않은 수녀들보다 약 10년을 더 오래 살았다.

이 연구는 "긍정심리학(positive psychology)"이라는 새로운 분야의 탄생에 일조했다. 사람들의 정신적인 문제와 정신 질환에 초점을 맞추는 대부분의 심리학과 달리, 긍정심리학은 긍정적인 감정의 강화를 주목적으로 한다. 긍정심리학은 우리가 성공을 거두는 데에 도움이 되는 힘을 활용하는 방법이고, 『포춘(Fortune)』에서 선정한 500대 기업으로부터 인기를 얻을 수 있는 접근법이다. 행복한 노동자가 더 생산적이고 창조적이라는 것이 연구를 통해서 밝혀졌기 때문이다. 긍정심리학은 약물이나 기술에 의존하지 않고 우리의 인지 여과 장치를 늦출 수 있는 새로운 방법을 알려준다. 방법은 간단하다. 기분을 좋아지게 하면 된다.

그것이 어떤 효과가 있는지를 이해하기 위해서 먼저 긍정적 정서와 부정적 정서가 어떻게 다른지를 생각해보자.[18] 공포, 분노, 슬픔, 역겨움 같은 부정적 정서는 심장박동의 증가나 구토 같은 자율 신경계의 반응을 이끌어낸다. 이런 자율 신경계의 반응은 부정적 정서가 지닌 진화적 목적을 잘 보여준다. 각각의 반응은 특정 방식으로 행동하려는 욕구와 연관이 있다.* 부정적 정서는 무엇인가 잘못되었다는 것을 의미한다. 선사시대까지 부정적 정서는 어떤 위험이 도사리고 있다는 것, 우리가 어떤 행동을 취해야 한다는 것을 의미했다. 분노는 공격을 부추기고, 공포는 우리를 달아나게 하고, 역겨움은 삼킨 것을 뱉어내게 만든다. 이와 대조적으로, 서로 다른 긍정적 정서에서 나오는 자율 신경계의 반응은 구별되지 않는다. 행복이 유발하는 특별한 욕구도 없고, 평온함으로 인한 자동적 반응도 없고, 고마움에 따른 반사적 반응도 없다.

부정적 정서는 특정 행동 반응에 즉각적인 집중을 일으키므로, 인지여과 장치를 통과할 수 있는 가능성의 범위를 좁아지게 한다. 그 결과, 기분이 나쁘면 유연한 사고가 제대로 되지 않는다. 이를테면, 한 실험에서는 피험자들에게 비극적인 상황에 놓인 영화를 보여줌으로써 부정적 정서를 유발했다. 부정적 정서가 만들어낸 분석적 마음가짐으로 인해서

---

* 오늘날의 "문명" 세계에서는 부정적 정서에 따른 반응으로 취할 수 있는 행동이 사실상 없다고 할 수 있다. 가령, 운전 중에 다른 차가 무례하게 끼어들거나 경적을 울리면 화가 치밀지만, 우리가 할 수 있는 최선의 대응은 아무 반응도 하지 않는 것이다. 우리 뇌는 반응을 하도록 만들어져 있기 때문에 이런 상황에서 무반응이 요구된다는 사실은 불안감을 불러일으킬 수도 있다. 뇌는 반사적으로 반응을 준비하는데, 만약 우리가 반응을 하지 않으면 그로 인해서 발생하는 좌절감과 무력감은 관리하기 어려울 수도 있다.

피험자들은 새로운 단어를 연상하는 과제를 잘 해내지 못했다.

좋은 기분은 다르다. 긍정적 정서에는 특정 행동이 딸려오지 않기 때문에 집중 범위가 좁아지지 않는다. 그렇다면 긍정적 정서는 어떤 **작용**을 할까? 미시간 대학교의 심리학자인 바버라 프레드릭슨은 긍정적 정서는 부정적 정서와 정반대의 작용을 한다고 제안했다.[19]

프레드릭슨의 주장에 따르면, 긍정적 정서는 일반적인 경우보다 더 폭넓은 생각과 행동을 고려하게 한다. 새로운 관계를 만들고 지지망을 확장시키고 주위 환경을 탐색하고 열린 마음으로 정보를 흡수하도록 권장한다. 이런 활동들은 복원력을 증가시키고 스트레스를 낮춘다. 그렇기 때문에 행복한 생각은 생존과 장수에 도움이 된다.

프레드릭슨은 우리 뇌가 그런 집중력 강화를 이루려면 인지 여과 장치를 통과할 수 있는 가능성의 영역을 넓혀야 할 것이라고 추론했다. 그래야 문제와 마주쳤을 때 더 넓은 범위에서 해답을 고심할 수 있기 때문이다. 그녀의 가설은 실험으로 뒷받침되었다.[20] 실험을 통해서, 긍정적인 기분은 약물에 취한 것과 비슷한 효과를 내어서 더 독창적인 생각들이 의식 위로 떠오를 수 있게 해준다는 사실이 드러났다.

한 연구에서는 재미난 비디오를 보거나 맛있는 다과를 먹고 기분이 좋아진 피험자들이, 같은 시간 동안 기분과 관련 없는 활동을 한 대조군보다 유연한 사고 검사에서 상당히 좋은 성적을 냈다. 이것을 역전시킨 상황 역시 성립했다. 유연한 사고를 성공적으로 적용하여 어떤 문제를 풀면, 보상 회로가 자극되고 기분이 좋아진다는 사실이 밝혀진 것이다. 결과적으로, 긍정적인 기분과 창조적인 문제 해결 능력이 서로를 강화하는 선한 회로가 형성된다.

긍정적인 기분이 뇌에 미치는 효과를 아는 것도 좋지만 더 중요한 것은 긍정심리학이 그것을 이룰 수 있는 방법을 제공한다는 점이다. 유연한 사고를 기르고자 하는 열의에 관계없이, 긍정심리학의 교훈은 확실히 생활에 유용하다.

어떤 명령은 자명하지만, 우리는 그렇게 해야 한다는 것을 알면서도 잘 따르지는 않는다. 이를테면 소설 읽기나 따뜻한 물로 목욕하기처럼 간단한 것이라도 즐거운 활동을 하는 것은 이롭다. 또는 좋았던 일을 잠시 떠올리거나 좋은 소식을 축하하거나 친구들의 좋은 소식에 함께 기뻐해주는 것도 좋다.

긍정심리학에서 장려하는 것 중에서 가장 유명한 활동은 "감사 연습"이다.[21] 날마다 규칙적으로 감사한 일을 세 가지씩 적는 연습을 하는 것이다. 감사한 일은 화창한 날이 될 수도 있고, 자신의 건강에 대한 좋은 소식이 될 수도 있다. 다른 이를 위한 일을 할 때 우리가 느끼는 만족감에 대한 연구를 활용한 활동도 있다. 이를테면, 평균적으로 사람들은 자신보다는 다른 사람을 위해서 돈을 쓸 때 더 기분이 좋다. "친절 연습"이라고 불리는 이런 활동은 감사 연습과 비슷하며, 기록하는 내용이 다른 이들에게 베푼 친절이라는 정도만 다르다. 이외에 다른 "목록 작성" 연습에 대한 연구도 있었다. 각각의 경우, 이 연습들이 지닌 효과의 핵심은 자신에 대한 긍정적인 정보를 마음에 새기게 하는 것으로 보인다.

그다음으로는 방어적 접근법이 있다.[22] 이것은 우리 마음에 주기적으로 침투할 수 있는 부정적 생각을 제거하는 방법에 대한 조언이다. 첫 단계는 나쁜 생각을 인정하면서 곧바로 억누르려고 하지 않고 그것을 받아들이는 것이다. 받아들임은 충격을 완화하는 경향이 있기 때문이다. 그다음, 그런 생각을 하는 사람이 자신이 아니라 친구라고 상상한다. 그 친구에게 당신은 어떤 조언을 할 것인가? 만약 그 친구가 업무에서 실수를 했다면 그 친구의 실적이 전반적으로 좋다는 점을 언급하고, 절대로 실수를 하지 않을 것이라는 기대는 부당하다고 말해줄 수도 있다. 이제 그 조언을 자신에게 어떻게 적용할지에 초점을 맞춰보자. 이 방어적 접근법은 효과가 매우 뛰어나며 우울증에도 도움이 되는 것으로 밝혀졌다.

통찰과 발견을 위해서 우리의 마음을 여는 방법에 관한 모든 원칙들 중에서 내가 깨달은 최고의 것은, 행복은 그 자체로 목적일 뿐만 아니라 우리의 정신적 생산성을 높이기 위한 전략이 될 수도 있다는 점이다. 우리 중에는 기분이 좋아지게 하기 위해서보다는 업무 완수를 위해서 필요한 것에 초점을 맞추고 살아가는 사람들이 있다. 바쁘게 살아가는 그들의 일정에 긍정적 기분의 함양을 추가해야 할 이유가 있다는 것은 좋은 일이다.


## 뜻이 있는 곳

몇 년 전, 우리 집과 이웃한 작은 집에 살던 나의 어머니에게 믹서를 바꿀 일이 생겼다. 당시 어머니의 나이는 80대 후반이었다. 나는 어머니에게 전자제품 판매점인 베스트 바이(Best Buy)에 태워다드릴 테니 거기에서 믹서를 사자고 말했다. 어머니는 "싫다"고 말했다. "그건 너무 힘들잖니. 널 귀찮게 하고 싶지 않구나." 어머니는 무엇이든지 그렇게 답했다. 만약 내가 식료품 300달러어치를 사러 차를 타고 마트에 가려고 하는데, 돌아오는 길에 어머니에게 무지방 우유 한 통을 사다드리겠다고 말해도 어머니는 나의 제안을 거절했다. 어머니는 내가 식료품 봉지 14개를 들 수는 있지만, 거기에 우유 팩 하나를 더 들면 너무 무거워서 탈장이 될 것처럼 말했다.

사실 어머니는 독립적이라는 자부심이 있었다. 1.6킬로미터 떨어진 식료품점에 거의 매일 걸어 다녔고, 도와주겠다는 제안을 무능하다는 비난으로 받아들였다. 그러나 베스트 바이는 식료품점이 아니었다. 버스를 타고 가야 하는데, 관절염이 있는 어머니의 다리로 계단을 오르내리는 것은 무리였다. 나는 잠시 생각을 하고 어머니에게 이렇게 말했다. "그럼 온라인으로 사세요. 어떻게 하는지 보여드릴 테니, 이리 와보세요. 혼자 주문하실 수 있을 거예요."

나의 어머니는 한번도 컴퓨터를 사용해본 적이 없고, 돋보기를 쓰고 큰 글씨로 된 책만 읽었다. 그러나 어머니는 온라인으로 주문을 하기로 했다. 공들여서 가장 싼 것을 찾아낸 후, 비교적 수월하게 대금을 지불했다. 나는 어머니에게 배송료가 추가될 것이라는 이야기를 하지 않았다.

며칠 후, 갑자기 찾아간 어머니의 집 주방에 믹서가 놓여 있었다. 나는 웃으면서 말했다. "보세요, 얼마나 쉬워요! 이제 세상이 달라졌다니까요." 그러나 어머니는 웃지 않았다. "믹서가 문 앞에 떡하니 있는 것을 보니 참 좋더라. 그런데 믹서가 작동하지 않아서 실망스럽구나. 환불은 어떻게 받아야 하니? 바뀐 세상 때문에 속이 다 쓰리다."

그랬다. 그 믹서는 불량품이었다. 우리는 나의 집으로 가서 믹서를 판매한 웹사이트에 들어가보았지만, 명확한 환불 정책을 찾기가 어려웠다. 물건을 반송하려면 우체국까지 가야 할 뿐만 아니라 배송료까지 어머니가 지불해야 했다. 꽤 많은 시간을 허비한 후, 나는 어머니에게 잘못된 제안을 한 점에 대해서 사과하고 그냥 포기하라고 말했다. 싸구려 인터넷 물건에 대해서는 그쯤에서 끝내려고 했다. 그러나 어머니는 그럴 수 없었다. 어머니는 "뜻이 있는 곳에 길이 있다"라고 말했다.

그것은 내가 자라는 동안 어머니가 즐겨 하던 말이었다. "히브리 학교에서 내준 숙제와 내일 치를 수학 시험 공부를 어떻게 둘 다 끝내요?!" 뜻이 있는 곳에 길이 있다. "두 시간 동안 눈을 쓸어서 어떻게 영화 보러 갈 돈을 벌 수 있어요?!" 뜻이 있는 곳에 길이 있다.

만약 내가 화성에 세탁소를 열고 싶다고 말해도, 가장 가까운 고객이 4억 킬로미터 떨어진 곳에 있다는 사실은 나의 어머니에게는 별로 문제가 되지 않을 것이다. 나는 그 일을 충분히 할 수 있는 것으로 결정되어 버리는 것이다. 어머니가 왜 그런 태도를 가지게 되었는지를 깨달은 것은 내가 조금 더 나이가 든 뒤의 일이었다. 뜻이 있는 곳에 길이 있다는 교훈은 나치의 노역장에서 살아남기 위해서, 사랑하는 사람들을 모두 잃고 혈혈단신에 무일푼으로 엘리스 섬에 도착한 후, 이 나라에서 괜찮은 삶을 일구어나가기 위해서 어머니 스스로 터득한 생존법이었다.

다음날 저녁, 어머니가 아직 불량품 믹서에 대해서 고심하고 있을 것이라고 예상한 나는 그 이야기를 하려고 어머니 집에 들렀다. 그러나 어머니 집의 부엌 쪽 출입구로 들어서자마자 나는 깜짝 놀랐다. 어머니의 싱크대 위에는 똑같은 믹서가 두 대 놓여 있었다.

어머니는 나에게 이렇게 말했다. "베스트 바이에 가서 교환을 하려고 했지만, 영수증이 없어서 안 된다고 하더라. 그래서 하나를 더 샀는데, 하루 종일이 걸렸다. 이제는 일을 하지 않아서 그나마 다행이지." 어머니는 이번 주에 막 은퇴를 한 사람처럼 말했지만, 지난 27년 동안 일을 하지 않았다.

어머니는 결과에 만족한 것처럼 보였다. 어머니가 불량품 때문에 버린 돈에 대해서 의외로 빨리 극복해서 나는 깜짝 놀랐다. 어머니답지 않았기 때문이다. 내가 만약 어릴 적에 오렌지를 반쯤 먹고 버렸다면,

어머니는 마치 내가 벽난로에 100달러 지폐를 마구 던져넣고 있다는 듯이 쳐다보았을 것이다. 어머니와 잠시 이야기를 하고 나오는 길에 나는 고장 난 믹서를 쓰레기통에 내다버리려고 집어 들었다. 그러나 어머니는 그냥 놔두라면서 나에게 말했다. "내가 믹서를 또 산 이유가 뭐라고 생각하는 거니? 나는 믹서를 모으고 있는 것이 아니다." 나는 어리둥절했다.

"방법을 알아냈다고 말했잖니. 고장 난 믹서하고 오늘 산 영수증을 들고 내일 다시 찾아갈 생각이다. 이번에는 교환을 해주겠다고 하겠지만 나는 환불을 요구할 거다. 처음 산 믹서가 값이 더 쌌기 때문에, 살 때의 값보다 더 많은 돈을 환불받을 수 있을 게다." 어머니는 경주에서 3관왕을 한 사람처럼 의기양양하게 웃었지만, 어머니가 받게 될 "상금"을 계산해보니 3.17달러에서 네 번의 버스 요금을 뺀 액수였다.

지금까지 나는 사업과 과학과 예술에서 유연한 사고의 적용과 그 성과들에 관해서 많은 이야기를 했지만, 나의 어머니가 생각해낸 아이디어처럼 단순히 하루를 잘 보내려고 애쓰다가 마주치게 된 작은 아이디어도 중요하다. 나는 어머니의 뜻이 있는 곳에 길이 있다라는 주문이 이 책에서 얻을 수 있는 것들 가운데 하나가 되기를 희망한다.

우리는 많은 난관들에 부딪친다. 그리고 때로는 그런 난관들은 극복할 수 없는 것처럼 느껴지기도 한다. 그러나 인간의 뇌는 충분한 시간과 보살핌을 통해서 이런 문제들을 수없이 많이 해결해왔다. 불량품 믹서를 받은 날, 나의 어머니의 뇌에서는 어느 정도의 네오필리아가 여러 선택권을 탐색할 마음을 불러일으켰다. 어머니의 보상 체계는 돈을 돌려받을 방법을 찾아낼 때까지 계속 궁리를 하도록 동기를 부여했다. 뉴런의 초기 설정 연결망이 만든 연상 덕분에 어머니는 마침내 교묘한 계획을 세울 수 있었다. 그 사이 실행 구조는 어머니가 계속 집중력을 유지할 수 있게 해주었고, 인지 여과 장치는 수많은 이상한 발상들 속에서 허우적거리지 않게 해주었다.

나의 어머니의 나이는 이제 95세이다. 몇 년 전에 어머니는 흐릿한 안개에 휩싸이기 시작했고, 시간이 흐를수록 그 안개는 점점 더 짙어지고 있다. 이제 어머니에게 새로운 생각을 떠올리거나 창의적인 접근을 하는 것은 어려운 일이 되었다. 과학자들의 말에 따르면, 그 이유는 뉴런 사이의 연결이 약해져서 함께 작용을 하는 구조들 사이에 소통이 잘 되지 않기 때문이다.[23] 우리가 늙어가면서 뉴런의 연결이 점차 줄어드는 동안 힘의 균형은 바뀌고 조화는 무너진다. 이 책을 쓰면서, 나는 그런 과정에 대한 약간의 이해를 제공하려고 노력했다. 이러한 과정을 아는 것이 우리 자신이나 우리가 사랑하는 사람에게 그런 쇠퇴가 시작되었을 때에 우리에게 위안을 주기 때문이 아니라, 이 과정을 알아야만 우리에게 능력이 있는 동안 그 능력의 대부분을 활용할 수 있기 때문이다.

앞의 장들에서 나는 유연한 사고가 어떻게 일어나는지를 설명했다. 각자의 성향을 평가할 수 있는 설문도 제공했다. 그리고 유연한 사고를 기르는 방법과 유연한 사고를 가로막는 장벽을 극복하는 방법을 간단히 설명했다. 내가 제시한 방법들 중에서 어떤 것은 당신에게 잘 맞고 어떤 것은 그렇지 않을 수도 있다. 인간의 마음에는 누구에게나 두루 잘 맞는 **만병통치약** 같은 방법이 없다. 나는 시끄럽고 분주한 기차역 한가운데와 공항에서 책을 쓰고 있는 디팩 초프라를 본 적이 있다. 물리학자 리처드 파인먼은 패서디나에 있는 토플리스 바에서 탄산음료를 마시면서 아이디어를 얻고 수식을 푸는 것을 좋아했다(그곳에 토플리스 바가 생기기 전에는 에스파냐 음식을 파는 타파스 바에 다녔다). 한편, 「가필드

(Garfield)」를 그린 만화가 짐 데이비스는 마음의 평화를 방해받지 않고 작품을 구상하기 위해서 나흘 동안 호텔 방에 혼자 처박혀 있어야 했다고 말했다. 캘리포니아 대학교 산타크루즈 캠퍼스에 있는 한 사무실에서 혼자 연구를 하는 조너선 프랜즌은 복도 끝에서 인도인 교수가 전자레인지에 카레를 데우는 냄새에도 쉽사리 집중이 흐트러지고는 한다. 나 같은 경우에는 정해진 시간 안에 반드시 해야 하는 일이 있다고 느끼면 창의적인 일을 할 수 없다. 그래서 오전 10시에 일을 시작하면서 오후 4시에 미트로프를 오븐에 넣어야 한다는 것을 알고 있으면 하루 일을 다 망치게 된다. 내가 자기 이해를 강조하는 이유 중의 하나가 바로 이런 차이 때문이다. 우리가 어떻게 반응하여 움직이는지를 잘 생각해서 우리가 따를 최적의 습관을 선택할 수 있는 사람은 우리 자신뿐이다.


## 유연한 자가 살아남는다

나의 아버지는 제2차 세계대전 기간에 독일의 군수품 공장에서 아동 노역 감독관으로 일할 당시에 있었던 한 사건을 나에게 이야기해주었다. 아버지 역시 노역을 했고, 독일이라는 전쟁 기계의 작은 톱니바퀴였다. 독일이 몰랐던 것은 나의 아버지가 그 지역의 나치를 반대하는 지하 조직의 지도자이기도 했다는 점이다.

나의 아버지가 감독하던 아이들은 공장에 있는 닭과 염소와 다른 가축들을 돌보는 일을 했다. 아버지에게 그 아동 노동자들에 대한 설명을 한번도 해달라고 하지 않았던 것이 이제는 후회가 된다. 아동 노동자들은 30명이 한 집단으로 구성되며, 아버지는 날마다 정확히 새벽 5시에 점호를 하기 위해서 아이들을 집합시켜야 했다. 그런데 어느 날 아침,

아이들을 둘러보던 아버지는 크게 놀랐다. 인원이 31명이었다.

아버지의 눈에 들어온 새로운 아이는 낯익은 얼굴이었다. 아홉 살 정도 된 그 소년의 부모는 몇 주일 전에 붙잡혀 목숨을 잃었다. 아버지는 그 소년도 죽었을 것이라고 생각했지만, 어떻게 잘 숨어 있었던 것이다. 그때까지는 말이다.

소년은 영문을 잘 모르는 것처럼 보였다. 왜 줄을 세웠는지를 이해하지 못한 것이 분명했다. 수를 세려고 한다는 것도 몰랐고, 정원이 30명인 곳에서 관리자가 31명을 받아들이지 않을 것이라는 사실도 몰랐다.

소년은 혼란에 빠진 얼굴로 나의 아버지를 쳐다보았다. 아버지는 이 비정상적인 상황을 설명할 방법을 찾기 위해서 빠르게 궁리를 해보았지만, 머릿속이 새하얘졌다. 소년은 그 자리에서 총살될 수도 있었다. 아버지도 마찬가지였다. 아니, 다른 아이들까지 모두 죽을 수도 있었다. 게슈타포가 어떻게 행동할지는 아무도 몰랐다. 게슈타포의 관리는 아버지를 쳐다보았다. 몇 초가 지났지만 아버지는 여전히 아무 생각도 떠오르지 않았다. 아이들의 목숨이 아버지의 상상력에 달려 있었지만 아버지는 그들에게 실망을 안겨주었다.

바로 그때, 도망자 소년이 앞으로 걸어 나왔다. "제가 지난달에 아파서 의무실에 있었습니다." 이렇게 말머리를 꺼낸 소년은 지어낸 이야기를 한동안 청산유수로 풀어놓았고, 짜증이 난 게슈타포 관리는 소년의 이야기를 중단시켰다. 그러더니 자신의 클립보드에 메모를 했다. 소년은 아버지에게 "이제 31명이에요"라고 말하고 제자리로 돌아갔다.

아버지는 그로부터 30년이 흐른 뒤에 나에게 그 이야기를 해주었다. 그렇게 오랜 시간이 흘렀음에도 이야기를 하는 동안 아버지의 눈에는 아직도 눈물이 고였다. "어린아이였지만 어른 같았다. 머리가 아주 빨리 돌아갔지. 이야기를 지어내는 솜씨가 아이작 바셰비스 싱어나 맬러머드 같았어." 아버지는 소년의 상상력을 두 명의 위대한 유대인 작가와 같은 수준에 올려놓았다. 그로부터 얼마 후, 아버지를 포함한 공장의 모든 사람들은 집단 수용소로 보내졌다. 아버지는 소년이 수용소에서 살아남았는지는 알지 못했지만, 소년은 적어도 그 날까지는 그의 유연한 사고 능력 덕분에 살아남았다.

사람들은 다양한 측면에서 인간이 다른 종과는 다르다고 말한다. 같은 종의 일원을 죽이는 것은 그런 일면의 하나가 아니다. 늑대나 침팬지처럼 공격성이 있는 많은 종들도 같은 종을 죽인다.[24] 그러나 인간의 살육은 다른 동물이 행하는 것과는 다르다. 우리는 희생자로 지목된 대상이 이야기를 지어내어 스스로를 구할 수 있는 유일한 종이다. 그 차이는 두 방향에서 작용하는데, 두 가지 모두 우리가 상상을 할 수 있기 때문에 가능하다. 첫째는 우리에게 이야기를 만들 수 있는 능력이 있기 때문이고, 둘째는 우리가 그 이야기에 설득될 수 있기 때문이다.

전쟁은 혼란의 시기이다. 전쟁은 급격한 변화를 가져오기 때문에 전시에는 융통성과 적응력이 필요하다. 그런 면에서, 우리가 살아가는 오늘날의 시대는 평화로운 지역조차도 전쟁이 벌어진 시기와 무척 비슷하다. 최근 우리는 기술혁명과 정보혁명을 목격하고 있으며, 경제적, 정치적, 사회적 격변을 겪고 있다. 신기한 컴퓨터 응용 프로그램과 놀라운 과학적 발견들이 속속 나오고 있으며, 세계화로 인해서 우리의 지적, 문화적 자산은 엄청나게 풍성해졌다. 그러나 우리는 전례 없는 새로운 딜레마에도 직면하고 있다.

우리의 삶에 밀려들고 있는 새로움과 변화로 인해서, 가정과 사회 모두 그 어느 때보다도 정신없이 돌아가고 있다. 우리의 삶에는 끊임없이 정보가 쏟아지고 있으며, 주변을 둘러싸고 있는 화면과 장비들 덕분에 우리는 수십, 수백, 심지어 수천 명의 다른 사람들과 쉴 없이 접촉을 하느라 완벽한 휴식을 거의 즐기지 못하고 있다.

오늘날 성공을 거두기 위해서는 현재 밀려들고 있는 지식과 정보를 잘 다루어야 할 뿐만 아니라, 미래를 예측할 줄도 알아야 한다. 변화가 너무도 급작스럽게 진행되므로, 지금 효과가 있는 것이라도 내일이면 시대에 뒤떨어진 것이 될 수 있기 때문이다. 오늘날의 세상은 움직이는 과녁이다.

우리의 뇌는 정보처리 장치이자 문제 해결 도구이다. 그리고 우리의 분석 기술은 오늘날 우리가 직면하고 있는 난관을 극복할 때에 확실히 중요한 역할을 한다. 그러나 오늘날 그보다 더 중요한 것은 참신하고 종종 엉뚱하기도 한 생각을 떠올릴 수 있는 유연한 사고라는 마술이다. 어떤 생각은 무용지물로 판명날 수도 있겠지만, 어떤 생각은 현대의 생존 문제를 해결하는 데에 필요한 혁신적인 해결책이 될 수도 있을 것이다. 오늘날의 삶에서 성공을 거두려면, 우리는 그런 적응 기술을 연마해야 한다.

다행히도 우리는 마음이 어떻게 작동하고 있는지를 꽤 많이 이해하기 시작한 시대를 살아가고 있다. 우리의 뇌가 어떻게 유연한 사고를 만드는지와 관련된 각각의 과정과 체계를 설명함으로써, 사고에 대한 당신의 생각에 변화가 생겼기를 바란다. 그리고 생각의 작동을 조절하고 바꿀 수 있는 방법에 대한 설명을 통해서 그런 작용을 할 수 있는 도구 같은 것을 얻었기를 바란다. 더 유연한 사고를 하는 사람이 되기 위해서 스스로 할 수 있는 일은 아주 많기 때문이다.

# 감사의 글

영화가 끝나면, 출장 뷔페 업체에서부터 캐스팅 담당자에 이르기까지 고마운 모든 사람들의 이름이 10분 동안 올라가는 크레디트 화면이 나온다. 그러나 영화와 달리 책에는 저자의 이름만 들어간다. 글쓰기는 기본적으로 혼자서 하는 일이며 때로는 외로운 작업이다. 그러나 가끔은 공동의 노력이 중요할 때도 있다. 나는 『유연한 사고의 힘』을 쓰면서, 이 책에 인용한 수백 명의 명민하고 헌신적인 과학자들의 연구에서 큰 도움을 받았고, 한편으로는 친구들과 동료들로부터도 큰 도움을 받았다. 그들은 이 책에 표현된 생각들과 내가 그 생각들을 표현하는 방식에 관해서 꽤 멋진 조언들을 해주었다. 내가 초고를 들고 그들을 찾아가 괴롭히고, 잦은 질문으로 성가시게 해도 결코 화를 내는 법이 없었고, 나의 문자나 이메일이나 전화를 무시하지도 않았다. 그들에게 피학적인 성향이 있는 것이 아니라면, 대단히 너그럽고 고결한 사람들인 것이 분명하다. 그들이 어느 쪽이든지 이 자리를 빌려서 감사의 인사를 전하고 싶다. 나의 아내이자 날카롭고 비판적인 시각을 갖춘 최고의 편집자, 도나 스콧은 큰 사랑과 응원과 지혜를 주었다. 펭귄 랜덤 하우스의 재능 있고 상상력 풍부한 나의 담당 편집자 에드워드 캐스텐마이어는 중요하고 의미심장한 여러 가지 제안을 해주었고, 이 책이 모양을 갖추어가는 과정을 처음부터 끝까지 도와주었다. 그의 조수인 스텔라 탠도 귀중한 제안들을 해주었다. 나의 유능한 대리인이자 친구인 수전 긴즈버그는 열정적인 지지와 솔직하고 통찰력 있는 조언을 해주었고, 언제나 그렇듯이 우리의 유연한 사고를 길러줄 근사한 와인을 챙겨주었다. 펭귄 랜덤 하우스의 조지핀 캘스와 앤드루 웨버, 라이터스 하우스 에이전시의 스테이시 테스타, 그리고 휘트니 필링도 도움과 조언을 주었다. 제니퍼 맥뉴는 멋진 삽화를 만들어주었다.

유익한 조언을 해준 랠프 아돌프스, 톰 벤턴, 토드 브룬, 안토니오 다마시오, 잭 헤일럼, 키스 홀리오크, 크리스토프 코흐, 존 쿠니오스, 톰 라이언, 알렉세이 플로디노프, 니콜라이 플로디노프, 올리비아 플로디노프, 찰스 니콜레, 스탠리 오로페사, 샌퍼드 펄리스, 마크 라이클, 베스 라시바움, 랜디 로겔, 마이런 숄스, 조너선 스쿨러, 캐런 월턱, 내 원고의 교정, 교열을 맡은 편집자 윌 파머에게도 감사를 전하고 싶다. 마지막으로 인터뷰를 해준 랠프 아돌프스, 낸시 앤드리아슨, 마크 비먼, 주디 블룸, 안토니오 다마시오, 짐 데이비스, 진 파이웰, 조너선 프랜즌, 시드니 해리스, 빌 T. 존스, 존 쿠니오스, 네이선 미어볼드, 스탠리 매크리스털, 레이첼 무어, 데이비드 퍼트레이어스, 제임스 워너에게도 고마움을 전한다. 그들의 친절한 도움 덕분에 나는 많은 것을 이해하게 되었고, 이 책의 이야기도 아주 풍성해졌다.

300

# 주

## 서론

1. 이 이야기는 다음 자료들을 종합한 것이다. Randy Nelson, "Mobile Users Are Spending More Time in Pokémon GO Than Facebook," July 12, 2016, https:// sensortower.com/blog/pokemon-go-usage-data; Randy Nelson, "Sensor Tower's Mobile Gaming Leaders for April 2016," May 9, 2016, https://sensortower.com/blog/ top- mobile-games-april-2016; Andrew Griffin, "Pokémon Go Beats Porn on Google as Game Becomes Easily One of the Most Popular Ever," July 13, 2006, http://www. independent.co.uk/life-style/gadgets- and-tech/news/pokemon-porn-pornography-google- netherlands-uk-canada-a7134136. html; Marcella Machado, "Pokémon Go: Top 10 Records," July 21, 2016, http://www. chupamobile.com/blog/2016/07/21/pokemon-go- top-10-records; Brian Barrett, "Pokemon Go Is Doing Just Fine," *Wired*, September 18, 2016; Sarah Needleman, " 'Pokémon Go' Adds Starbucks Stores as Gyms and PokéStops," *Wall Street Journal*, December 8, 2016, http:// www.wsj.com/articles/pokemon- adds-starbucks- stores- as-gyms- and-pokestops-1481224993; and Erik Cain, " 'Pokemon Sun' and 'Pokemon Moon' Just Broke a Major Sales Record," *Forbes*, November 30, 2016.

2. Andrew McMillen, "Ingress: The Friendliest Turf War on Earth," https://www.cnet.com/news/ingres-the-friendliest-turf-war-on-earth/February 17, 2015.

3. Geoff Colvin, "Why Every Aspect of Your Business Is About to Change," *Fortune*, October 22, 2015.

4. John Tierney, "What's New? Exuberance for Novelty Has Benefits," *New York Times*, February 13, 2012.

5. J. G. White et al., "The Structure of the Nervous System of the Nematode *Caenorhabditis elegans*: The Mind of a Worm," *Philosophical Transactions of the Royal Society B* 314 (1986): 1–340.

6. Carola Petersen et al., "Travelling at a Slug's Pace: Possible Invertebrate Vectors of *Caenorhabditis* Nematodes," *BMC Ecology* 15, no. 19 (2015).

7. Temple Grandin and Mark J. Deesing, *Behavioral Genetics and Animal Science* (San Diego: Academic Press, 1998), chapter 1.

## 제1장 변화의 즐거움

1. "To Serve Man (*The Twilight Zone*)," *Wikipedia*, https://en.wikipedia.org/wiki/To_Serve_Man_(The_Twilight_Zone).

2. Claudia Mettke-Hofmann et al., "The Significance of Ecological Factors for Exploration and Neophobia in Parrots," Ethology 108 (2002): 249–72; Patricia Kaulfuss and Daniel S. Mills, "Neophilia in Domestic Dogs (*Canis familiaris*) and Its Implication for Studies of Dog Cognition," *Animal Cognition* 11 (2008): 553–56; Steven R. Lindsay, *Handbook of Applied Dog Behavior and Training*, vol. 1: *Adaptation and Learning* (Ames: Iowa State University Press, 2000). 집에서 기르는 개의 진화에 대해서 더 알고 싶다면 다음을 보라. J. Clutton-Brock, "Origins of the Dog: Domestication and Early History," in *The Domestic Dog: Its Evolution, Behaviour, and Interactions with People*, ed. J. Serpell (Cambridge: Cambridge University Press, 1995); Carles Vilà, Peter Savolainen, et al., "Multiple and Ancient Origins of the Domestic Dog," *Science* 276, no. 5319 (June 13, 1997): 1687–89.

3. Mark Ware and Michael Mabe, *The STM Report: An Overview of Scientific and Scholarly Journal Publishing* (The Hague, Netherlands: International Association of Scientific, Technical and Medical Publishers, 2015); Bo-Christer Björk et al., "Scientific Journal Publishing: Yearly Volume and Open Access Availability," *Information Research: An International Electronic Journal* 14, no. 1 (2009); and Richard Van Noorden, "Global Scientific Output Doubles Every Nine Years," *Nature NewsBlog*, May 7, 2014.

4. Andre Infante, "The Evolution of Touchscreen Technology," July 31, 2014, http://www.makeuseof.com/tag/evolution-touchscreen-technology.

5. 인용문의 출처는 다음과 같다. Julie Battilana and Tiziana Casciaro, "The Network Secrets of Change Agents," *Harvard Business Review*, July–August 2013, 1; and David A. Garvin and Michael A. Roberto, "Change Through Persuasion," *Harvard Business Review*, February 2005, 26.

6. Patricia Meyer Spacks, *Boredom: The Literary History of a State of Mind* (Chicago: University of Chicago Press, 1995), 13.

7. David Dobbs, "Restless Genes," *National Geographic*, January 2013.

8. Donald C. Johanson, *Lucy's Legacy* (New York: Three Rivers Press, 2009), 267; Winifred Gallagher, *New: Understanding Our Need for Novelty and Change* (New York: Penguin Press, 2012), 18–25.

9. 다음의 사례를 보라. Luca Pagani et al., "Tracing the Route of Modern Humans Out of Africa by Using 225 Human Genome Sequences from Ethiopians and Egyptians," *American Journal of Human Genetics* 96 (2015): 986–91; Huw S. Groucutt et al., "Rethinking the Dispersal of *Homo sapiens* Out of Africa," *Evolutionary Anthropology: Issues, News, and Reviews* 24 (2015): 149–64; Hugo Reyes-Centenoet al., "Genomic and Cranial Phenotype Data Support Multiple Modern Human Dispersals from Africa and a Southern Route into Asia," *Proceedings of the National Academy of Sciences* 111 (2014): 7248–53.

10. Richard P. Ebstein et al., "Dopamine D$_4$ Receptor (D4DR) Exon III Polymorphism Associated with the Human Personality Trait of Novelty Seeking," *Nature Genetics* 12 (1996): 78–80.

11. L. J. Matthews and P. M. Butler, "Novelty-Seeking DRD₄ Polymorphisms Are Associated with Human Migration Distance Out-of- Africa After Controlling for Neutral Population Gene Structure," *American Journal of Physical Anthropology* 145 (2011): 382-89; and Chuansheng Chen et al., "Population Migration and the Variation of Dopamine D₄ Receptor (DRD₄) Allele Frequencies Around the Globe," *Evolution and Human Behavior* 20 (1999): 309-24.

12. Matthews and Butler, "Novelty-DRD₄ Polymorphisms."

13. Ned Zeman, "The Man Who Loved Grizzlies," *Vanity Fair*, October 2, 2009.

14. From Rick H. Hoyle et al., "Reliability and Validity of a Brief Measure of Sensation Seeking," *Personality and Individual Differences* 32 (2002): 401-14. 이 척도는 사실 감각 추구 성향을 측정하기 위해서 설계되었다. 감각 추구는 "다양한 새로운 것과 강렬한 자극과 경험을 추구하고, 그런 경험을 위해서 위험도 감수하는 경향"으로 정의되는데, 새로운 것의 추구와 높은 상관관계를 나타낸다. 다음을 보라. W. F. McCourt et al., "Sensation Seeking and Novelty Seeking: Are They the Same?" *Journal of Nervous Mental Disorders* 181 (May 1993): 309-12.

15. 17-75세에 관해서는 다음을 보라. Peter Eachus, "Using the Brief Sensation Seeking Scale (BSSS) to Predict Holiday Preferences," *Personality and Individual Differences* 36 (2004): 141-53. 18-26세에 관해서는 다음을 보라. Richard Charnigo et al., "Sensation Seeking and Impulsivity: Combined Associations with Risky Sexual Behavior in a Large Sample of Young Adults," *Journal of Sex Research* 50 (2013): 480-88. 13-17에 관해서는 다음을 보라. Rick H. Hoyle et al., "Reliability and Validity of a Brief Measure of Sensation Seeking," *Personality and Individual Differences* 32 (2002): 401-14.

## 제2장 생각이란 무엇인가

1. Carl Zimmer, *Soul Made Flesh* (New York: Atria, 2005), 108-10.

2. Karl Popper, *All Life Is Problem Solving* (Abingdon, UK: Routledge, 2001), 100.

3. Toshiyuki Nakagaki et al., "Intelligence: Maze-Solving by an Amoeboid Organism," *Nature* 407 (September 28, 2000): 470.

4. "Thinking," Dictionary.com, http://www.dictionary.com/ browse/thinking.

5. Bryan Kolb and Ian Whishaw, *Introduction to Brains and Behavior* (New York: Worth, 2006), 527.

6. Ellen J. Langer et al., "The Mindlessness of Ostensibly Thoughtful Action: The Role of 'Placebic' Information in Interpersonal Interaction," *Journal of Personality and Social Psychology* 36 (1978): 635-42.

7. Andrew Christensen and Christopher L. Heavey, "Gender and Social Structure in the Demand/Withdraw Pattern of Marital Conflict," *Journal of Personality and Social Psychology* 59 (1990): 73.

8. William James, *Memories and Studies* (1911; repr., New York: Longmans, Green, 1924), 237.

9. 다음의 사례를 보라. Amishi P. Jha et al., "Mindfulness Training Modifies Subsystems of Attention," *Cognitive, Affective, & Behavioral Neuroscience* 7 (2007), 109–19; James Carmody and Ruth A. Baer, "Relationships Between Mindfulness Practice and Levels of Mindfulness, Medical and Psychological Symptoms and Well-Being in a Mindfulness- Based Stress Reduction Program," *Journal of Behavioral Medicine* 31 (2008), 23–33.

10. George Boole, *The Claims of Science*, vol. 15 (Oxford, UK: Oxford University Press, 1851), 15–16.

11. Stephen Hawking, *God Created the Integers* (Philadelphia: Running Press, 2005), 669–75.

12. Douglas Hofstadter, *Gödel, Escher, Bach* (New York: Vintage, 1979), 25.

13. Margaret A. Boden, *The Creative Mind: Myths and Mechanisms* (London: Routledge, 2004), 16.

14. "Artificial Intelligence," *60 Minutes*, October 9, 2016, http://www.cbsnews.com/news/60-minutes-artificial-intelligence-charlie-rose-robot- sophia.

15. M. A. Boden, "Creativity and Artificial Intelligence," *Artificial Intelligence* 103 (1998): 347–56. 브라이언 이노의 앱은 블룸이라고 불린다.

16. Randy Kennedy, "A New Year's Gift from Brian Eno: A Growing Musical Garden," *New York Times*, January 2, 2017.

17. Michael Gazzaniga et al., *Cognitive Neuroscience: The Biology of the Mind*, 4th ed. (New York: W. W. Norton, 2014), 74.

18. David Autor, "Polanyi's Paradox and the Shape of Employment Growth," National Bureau of Economic Research Working Paper No. 20485, 2014.

19. Quoc Le et al., "Building High-Level Features Using Large Scale Unsupervised Learning," in *Proceedings of the 29th International Conference on Machine Learning*, ed. John Langford and Joelle Pineau (Madison, Wis.: Omnipress, 2012), 81–88.

20. 샌퍼드 펄리스의 심포지엄의 기조 강연에서 한 이야기이다. 2017 Perliss Law Symposium on Criminal Trial Practice, April 1, 2017.

제3장 우리는 왜 생각을 하는가

1. Eugénie Lhommée et al., "Dopamine and the Biology of Creativity: Lessons from Parkinson's Disease," *Frontiers in Neurology* 5 (2014): 1–11.

2. Kurt Vonnegut, *If This Isn't Nice, What Is?* (New York: Rosetta, 2013), 111.

3. Nancy Andreasen, "Secrets of the Creative Brain," *The Atlantic*, July–August 2014.

4. EVR에 관한 자료의 출처는 다음과 같다. Paul J. Eslinger and Antonio R. Damasio, "Severe Disturbance of Higher Cognition After Bilateral Frontal Lobe Ablation: Patient EVR," *Neurology* 35 (1985): 1731–37; Antonio Damasio, *Descartes' Error: Emotion, Reason, and the Human Brain* (New York: Avon, 1994), 34–51; 그리고 2015년 11월 10일 랠프 아돌프스와 저자와의 대화이다. 아돌프스는 EVR을 연구한 과학자 중의 한 사람이다.

5. Wilhelm Hofmann and Loran F. Nord-gren, eds., *The Psychology of Desire* (New York: Guilford, 2015), 140.

6. Kimberly D. Elsbach and Andrew Hargadon, "Enhancing Creativity Through 'Mindless' Work: A Framework of Workday Design," *Organization Science* 17 (2006): 470-83.

7. William James, *The Principles of Psychology*, vol. 1 (New York: Henry Holt, 1890), 122.

8. Barry Schwartz, *The Paradox of Choice: Why More Is Less* (New York: Ecco, 2004); Barry Schwartz et al., "Maximizing Versus Satisficing: Happiness Is a Matter of Choice," *Journal of Personality and Social Psychology* 83 (2002): 1178.

9. Peter Milner, "Peter M. Milner," Society for Neuroscience, https://www.sfn.org/~/media/ SfN/Documents/TheHistoryof Neuroscience/ Volume%208/PeterMilner.ashx.

10. R. C. Malenka et al., eds., *Molecular Neuropharmacology: A Foundation for Clinical Neuroscience*, 2nd ed. (New York: McGraw-Hill Medical, 2009), 147-48, 367, 376. 학술적으로 정확하게 말하면, 현재 가장 중요한 학설에서는 도파민 반응이 사실 "예측 오류(prediction error)"에 의해서 유발된다고 본다. 보상의 획득과 보상의 기대라는 점에서 차이가 있다. See Michael Gazzaniga et al., *Cognitive Neuroscience: The Biology of the Mind* (New York: W. W. Norton, 2014), 526-27.

11. S. Mithen, *The Prehistory of the Mind: The Cognitive Origins of Art and Science* (London: Thames and Hudson, 1996); Marek Kohn and Steven Mithen, "Handaxes: Products of Sexual Selection," *Antiquity* 73 (1999): 518-26.

12. Teresa M. Amabile, Beth A. Hennessey, and Barbara S. Grossman, "Social Influences on Creativity: The Effects of Contracted-for Reward," *Journal of Personality and Social Psychology* 50 (1986): 14-23.

13. Indre V. Viskontas and Bruce L. Miller, "Art and Dementia: How Degeneration of Some Brain Regions Can Lead to New Creative Impulses," in *The Neuroscience of Creativity*, ed. Oshin Vartanian et al. (Cambridge, Mass.: MIT Press, 2013), 126.

14. Amabile, "Social Influences on Creativity," 14-23.

15. Kendra S. Knudsen et al., "Animal Creativity: Cross-Species Studies of Cognition," in *Animal Creativity and Innovation*, ed. Alison B. Kaufman and James C. Kaufman (New York: Academic Press, 2015), 213-40.

16. Geoffrey Miller, "Mental Traits as Fitness Indicators: Expanding Evolutionary Psychology's Adaptationism," *Annals of the New York Academy of Sciences* 907 (2000): 62-74.

17. Martie G. Haselton and Geoffrey F. Miller, "Women's Fertility Across the Cycle Increases the Short-Term Attractiveness of Creative Intelligence," *Human Nature* 17 (2006): 50-73.

18. Bonnie Cramond, "The Relationship Between Attention-Deficit Hyperactivity Disorder and Creativity," 1994년 4월 루이지애나 주의 뉴올리언스에서 열린 미국 교육학회회의에서 소개된 논문이다. http://files.eric.ed.gov/fulltext/ ED371495.pdf.

19. George Bush, "Attention-Deficit/Hyperactivity Disorder and Attention Networks," *Neuropsychopharmacology* 35 (2010): 278-300.

20. N. D. Volkow et al., "Motivation Deficit in ADHD Is Associated with Dysfunction of the Dopamine Reward Pathway," *Molecular Psychiatry* 16 (2011): 1147-54.

21. Dan T. A. Eisenberg et al., "Dopamine Receptor Genetic Polymorphisms and Body

Composition in Undernourished Pastoralists: An Exploration of Nutrition Indices Among Nomadic and Recently Settled Ariaal Men of Northern Kenya," *BMC Evolutionary Biology* 8 (2008): 173–84.

22. Michael Kirton, "Adaptors and Innovators: A Description and Measure," *Journal of Applied Psychology* 61 (1976): 622–45; Michael Kirton, "Adaptors and Innovators: Problem-Solvers in Organizations," in *Readings in Innovation*, ed. David A. Hills and Stanley S. Gryskiewicz (Greensboro, N.C.: Center for Creative Leadership, 1992), 45–66.

23. Dorothy Leonard and Jeffrey Rayport, "Spark Innovation Through Empathetic Design," *Harvard Business Review on Breakthrough Thinking* (1999): 40.

## 제4장 당신의 두뇌 속 세상

1. Rodrigo Quian Quiroga, "Concept Cells: The Building Blocks of Declarative Memory Functions," *Nature Reviews: Neuroscience* 12 (August 2012), 587–94.

2. Shay Bushinsky, "Deus Ex Machina–a Higher Creative Species in the Game of Chess," *AI Magazine* 30, no. 3 (Fall 2009): 63–70.

3. Robert Weisberg, *Creativity* (New York: John Wiley and Sons, 2006), 38.

4. Bushinsky, "Deus Ex Machina," 63–70.

5. Cade Metz, "In a Huge Breakthrough, Google's AI Beats a Top Player at the Game of Go," *Wired*, January 27, 2016.

6. Derek C. Penn et al., "Darwin's Mistake: Explaining the Discontinuity Between Human and Nonhuman Minds," *Behavioral and Brain Sciences* 31 (2008): 109–20.

7. Charles E. Connor, "Neuroscience: Friends and Grandmothers," *Nature* 435 (2005): 1036–37.

8. Quiroga, "Concept Cells," 587–94.

9. L. Gabora and A. Ranjan, "How Insight Emerges," in *The Neuroscience of Creativity*, ed. Oshin Vartanian et al. (Cambridge, Mass.: MIT Press, 2013), 19–43.

10. Bryan Kolb and Ian Whishaw, *Introduction to Brains and Behavior* (New York: Worth, 2006), 45, 76–81, 157.

11. Hasan Guclu, "Collective Intelligence in Ant Colonies," *The Fountain* 48 (October–December 2004).

12. Deborah Gordon, "The Emergent Genius of Ant Colonies," TED Talk, February 2003, http://www.ted.com/talks/deborah_gordon_digs_ants.

13. Nathan Myhrvold, interviewed by author, January 15, 2016.

## 제5장 관점의 힘

1. Greg Critser, *Fat Land: How Americans Became the Fattest People in the World* (New York: Houghton Mifflin, 2004), 20–29.

2. Geoff Colvin, "Why Every Aspect of Your Business Is About to Change," *Fortune*, October 22, 2015.

3. Michal Addady, "Nike Exec Says We'll Be 3D Printing Sneakers at Home Soon," *Fortune*, October 7, 2015.

4. Vinod Goel et al., "Differential Modulation of Performance in Insight and Divergent Thinking Tasks with tDCS," *Journal of Problem Solving* 8 (2015): 2.

5. Douglas Hofstadter, *Gödel, Escher, Bach* (New York: Vintage, 1979), 611-13.

6. Robert Weisberg, *Creativity* (New York: John Wiley and Sons, 2006), 306-7.

7. Edna Kramer, *The Nature and Growth of Modern Mathematics* (Princeton, N.J.: Princeton University Press, 1983), 70.

8. Shinobu Kitayama and Ayse K. Uskul, "Culture, Mind, and the Brain: Current Evidence and Future Directions," *Annual Review of Psychology* 62 (2011): 419-49; Shinobu Kitayama et al., "Perceiving an Object and Its Context in Different Cultures: A Cultural Look at New Look," *Psychological Science* 14 (May 2003): 201-6.

9. Scott Shane, "Why Do Some Societies Invent More Than Others?" Working Paper Series 8/90, Wharton School, September 1990. 일부 국가는 특정 연도의 자료가 없어서 제외되었다.

10. "A New Ranking of the World's Most Innovative Countries," Economist Intelligence Unit report, April 2009, http://graphics.eiu.com/PDF/Cisco_Innovation_Complete.pdf.

11. Karen Leggett Dugosh and Paul B. Paulus, "Cognitive and Social Comparison in Brainstorming," *Journal of Experimental Social Psychology* 41 (2005): 313-20; and Karen Leggett Dugosh et al., "Cognitive Stimulation in Brainstorming," *Journal of Personality and Social Psychology* 79 (2005): 722-35.

## 제6장 생각하지 않을 때 생각하기

1. Marcus Raichle et al., "Rat Brains Also Have a Default Network," *Proceedings of the National Academy of Sciences* 109 (March 6, 2012): 3979-84.

2. 라이클의 중요한 연구에 관해서는 다음을 보라. Marcus E. Raichle et al., "A Default Mode of Brain Function," *Proceedings of the National Academy of Sciences* 98 (2001): 676-82. The history of the research is discussed in Randy L. Buckner et al., "The Brain's Default Network," *Annals of the New York Academy of Sciences* 1124 (2008): 1-38.

3. 베르거의 이야기에 관해서는 다음을 보라. David Millett, "Hans Berger: From Psychic Energy to the EEG," *Perspectives in Biology and Medicine* 44 (Autumn 2001): 522-42; T. J. La Vaque, "The History of EEG: Hans Berger, Psychophysiologist; A Historical Vignette," *Journal of Neurotherapy* 3 (Spring 1999): 1-9; and P. Gloor, "Hans Berger on the Electroencephalogram of Man," *EEG Clinical Neurophysiology* 28 (Suppl. 1969): 1-36.

4. La Vaque, "The History of EEG," 1-2.

5. Millett, "Hans Berger," 524.

6. La Vaque, "The History of EEG," 1-2

7. 이 이야기에 관해서는 다음을 보라. Marcus Raichle, "The Brain's Dark Energy," *Scientific American*, March 2010, 46; and Millett, "Hans Berger," 542. 그러나 특별히 영국에서는

약간의 예외도 있었는데, 이를테면 다음과 같은 것이다. E. D. Adrian and B. H. C. Matthews, "Berger Rhythm: Potential Changes from the Occipital Lobes in Man," *Brain* 57 (1934): 355–85.

8. La Vaque, "The History of EEG," 8.

9. H. Berger, "Über das Elektrenkephalogramm des Menschen," *Archiv für Psychiatrie und Nervenkrankheiten* 108 (1938): 407. Translation from La Vaque, "The History of EEG," 8.

10. La Vaque, "The History of EEG," 8.

11. Nancy Andreasen, interviewed by author, April 10, 2015.

12. Nancy Andreasen, "Secrets of the Creative Brain," *The Atlantic*, July–August 2014.

13. Randy L. Buckner, "The Serendipitous Discovery of the Brain's Default Network," *Neuroimage* 62 (2012): 1137–45.

14. M. D. Hauser, S. Carey, and L. B. Hauser, "Spontaneous Number Representation in Semi-Free-Ranging Rhesus Monkeys," *Proceedings of the Royal Society of London B* 267 (2000): 829–33.

15. Antonio R. Damasio and G. W. Van Hoesen, "Emotional Disturbances Associated with Focal Lesions of the Limbic Frontal Lobe," in *Neuropsychology of Human Emotion*, ed. Kenneth Heilman and Paul Satz (New York: Guilford, 1983), 85–110.

16. Larry D. Rosen et al., "The Media and Technology Usage and Attitudes Scale: An Empirical Investigation," *Computers in Human Behavior* 29 (2013): 2501–11; and Nancy A. Cheever et al., "Out of Sight Is Not Out of Mind: The Impact of Restricting Wireless Mobile Device Use on Anxiety Levels Among Low, Moderate and High Users," *Computers in Human Behavior* 37 (2014): 290–97.

17. Russell B. Clayton et al., "The Extended iSelf: The Impact of iPhone Separation on Cognition, Emotion, and Physiology," *Journal of Computer-Mediated Communication* 20, no. 2 (2015): 119–35.

18. Emily Sohn, "I'm a Smartphone Addict, but I Decided to Detox," *Washington Post*, February 8, 2016.

19. C. Shawn Green and Daphne Bavelier, "The Cognitive Neuroscience of Video Games," in *Digital Media: Transformations in Human Communication*, ed. Paul Messaris and Lee Humphreys (New York: Peter Lang, 2006), 211–23. See also Shaowen Bao et al., "Cortical Remodelling Induced by Activity of Ventral Tegmental Dopamine Neurons," *Nature* 412 (2001): 79–83.

20. Marc G. Berman et al., "The Cognitive Benefits of Interacting with Nature," *Psychological Science* 19 (2008): 1207–12.

21. Joseph R. Cohen and Joseph R. Ferrari, "Take Some Time to Think This Over: The Relation Between Rumination, Indecision, and Creativity," *Creativity Research Journal* 22 (2010): 68–73.

22. Giorgio Vasari, *The Lives of the Artists* (Oxford, UK: Oxford University Press, 1991), 290.

## 제7장 통찰의 기원

1. 로의 이야기에 관해서는 다음을 보라. Craig Nelson, *The First Heroes: The Extraordinary Story of the Doolittle Raid—America's First World War II Victory* (New York: Penguin, 2003); Carroll V. Glines, The Doolittle Raid (Atglen, Pa.: Schiffer Military/Aviation History, 1991), 13; Don M. Tow, "The Doolittle Raid: Mission Impossible and Its Impact on the U.S. and China," http://www.dontow.com/2012/03/the-doolittle-raid-mission-impossible-and-its-impact-on-the-u-s-and-china; and Kirk Johnson, "Raiding Japan on Fumes in 1942, and Surviving to Tell How Fliers Did It," *New York Times*, February 1, 2014.

2. John Keegan, *The Second World War* (New York: Penguin, 2005), 275.

3. Glines, *Doolittle Raid*, 15.

4. 스페리의 이야기에 관해서는 다음을 보라. R. W. Sperry, "Roger W. Sperry Nobel Lecture, 8 December 1981," *Nobel Lectures, Physiology or Medicine* 1990 (1981); Norman Horowitz et al., "Roger Sperry, 1914–1994," *Engineering & Science* (Summer 1994): 31–38; Robert Doty, "Physiological Psychologist Roger Wolcott Sperry 1913–1994," *APS Observer* (July–August 1994): 34–35; and Nicholas Wade, "Roger Sperry, a Nobel Winner for Brain Studies, Dies at 80," *New York Times*, April 20, 1994.

5. Roger Sperry, Nobel Lecture, Nobelprize.org, December 8, 1981.

6. R. W. Sperry, "Cerebral Organization and Behavior," *Science* 133 (June 2, 1961): 1749–57.

7. 위의 책.

8. 위의 책.

9. Ivan Oransky, "Joseph Bogen," *The Lancet* 365 (2005): 1922.

10. Deepak Chopra and Leonard Mlodinow, *War of the Worldviews* (New York: Harmony, 2011): 179–80.

11. John Kounios, interviewed by author, February 23, 2015.

12. Mark Beeman, interviewed by author, February 23, 2015.

13. *Conan*, TBS, March 16, 2015.

14. E. M. Bowden and M. J. Beeman, "Getting the Idea Right: Semantic Activation in the Right Hemisphere May Help Solve Insight Problems," *Psychological Science* 9 (1998): 435–40.

15. Mark Jung-Beemanet al., "Neural Activity When People Solve Verbal Problems with Insight," *PLOS Biology* 2 (April 2004): 500–507.

16. Simon Moss, "Anterior Cingulate Cortex," Sicotests, http://www.psych-it.com.au/Psychlopedia/article.asp?id=263; Carola Salvi et al., "Sudden Insight Is Associated with Shutting Out Visual Inputs," *Psychonomic Bulletin and Review* 22, no. 6 (December 2015): 1814–19; and John Kounios and Mark Beeman, "The Cognitive Neuroscience of Insight," *Annual Review of Psychology* 65 (2014): 1–23.

17. John Kounios and Mark Beeman, *The Eureka Factor: Aha Moments, Creative Insight, and the Brain* (New York: Random House, 2015), 195–96.

18. Lorenza S. Colzato et al., "Meditate to Create: The Impact of Focused-Attention and Open-Monitoring Training on Convergent and Divergent Thinking," *Frontiers in Psychology* 3 (2012): 116.

19. Richard Chambers et al., "The Impact of Intensive Mindfulness Training on Attentional Control, Cognitive Style, and Affect," *Cognitive Therapy and Research* 32 (2008): 303–22.

20. J. Meyers-Levy and R. Zhou, "The Influence of Ceiling Height: The Effect of Priming on the Type of Processing That People Use," *Journal of Consumer Research* 34 (2007): 1741–86.

제8장 사고는 어떻게 굳어지는가

1. R. L. Dominowski and P. Dollob, "Insight and Problem Solving," in *The Nature of Insight*, ed. R. J. Sternberg and J. E. Davidson (Cambridge, Mass.: MIT Press, 1995), 33–62.

2. Tim P. German and Margaret Anne Defeyter, "Immunity to Functional Fixedness in Children," *Psychonomic Bulletin and Review* 7 (2000): 707–12.

3. Tim P. German and H. Clark Barrett, "Functional Fixedness in a Technologically Sparse Culture," *Psychological Science* 16b (2005): 1-5.

4. John Maynard Keynes, General Theory of *Employment, Interest and Money* (New York: Harvest/Harcourt, 1936), vii.

5. James Jeans, "A Comparison Between Two Theories of Radiation," *Nature* 72 (July 27, 1905): 293–94.

6. Hannah Arendt, "Thinking and Moral Considerations," *Social Research* 38 (Autumn 1971): 423.

7. Milton Meltzer, *Dorothea Lange: A Photographer's Life* (Syracuse, N.Y.: Syracuse University Press, 2000), 140.

8. B. Jena Anapam et al., "Mortality and Treatment Patterns Among Patients Hospitalized with Acute Cardiovascular Conditions During Dates of National Cardiology Meetings," *JAMA Internal Medicine 10* (2014): E1–E8.

9. Merim Bilalić and Peter McLeod, "Why Good Thoughts Block Better Ones," *Scientific American* 310 (January 3, 2014): 74–79.

10. Doron Garfinkel, Sarah Zur-Gil, and H. Ben-Israel, "The War Against Polypharmacy: A New Cost-Effective Geriatric-Palliative Approach for Improving Drug Therapy in Disabled Elderly People," *Israeli Medical Association Journal* 9 (2007): 430.

11. Erica M. S. Sibinga and Albert W. Wu, "Clinician Mindfulness and Patient Safety," *Journal of the American Medical Association* 304 (2010): 2532–33.

12. 매크리스털의 인용문은 2016년 1월 13일 저자와의 대화에서 스탠리 매크리스털이 한 말이다.

13. David Petraeus, interviewed by author, February 16, 2016.

14. 다음의 사례를 보라. Abraham Rabinovich, *The Yom Kippur War: The Epic Encounter That Transformed the Middle East* (New York: Schocken Books, 2004); David T. Buckwalter,

"The 1973 Arab-Israeli War," in *Case Studies in Policy Making & Process*, ed. Shawn W. Burns (Newport, R.I.: Naval War College, 2005), 17; and Uri Bar-Joseph and Arie W. Kruglanki, "Intelligence Failure and the Need for Cognitive Closure," *Political Psychology* 24 (2003): 75–99.

15. James Warner, interviewed by author, December 14, 2015.

16. Dan Schwabel, "Stanley McChrystal: What the Army Can Teach You About Leadership," *Forbes*, July 13, 2015.

17. Bilalić and McLeod, "Why Good Thoughts Block Better Ones," 74–79; Merim Bilalić et al., "The Mechanism of the Einstellung (Set) Effect: A Pervasive Source of Cognitive Bias," *Current Directions in Psychological Science* 19 (2010): 111–15.

18. 해법은 이렇다. 왼쪽 체스 판의 형세에서는 "스머더드 메이트(smothered mate)"는 친숙한 해결책이 가능하다. (1) Qe6+ Kh8 (2) Nf7+ Kg8 (3) Nh6++ Kh8 (4) Qg8+ Rxg8 (5) Nf7#. 더 간결한 최적의 해결책은 다음과 같다. (1) Qe6+ Kh8 (2) Qh6 Rd7 (3) Qxh7#, 또는 (2) ...Kg8 (3) Qxg7#. 오른쪽 체스 판의 형세에서는 흑의 비숍이 이제 f7을 지킬 수 있기 때문에 스머더드 메이트가 불가능하다. 그래도 최적의 해결책은 가능하다. (1) Qe6+ Kh8 (만약 (1) ...Kf8이면, (2) Nxh7#) (2) Qh6 Rd7 (3) Qxh7#, 또는 (2) ...Kg8 (3) Qxg7#, 또는 (2) ...Bg6 (3) Qxg7#. 친숙한 해결책에서는 중요한 칸을 사각형으로 표시했고(f7, g8, g5), 최적의 해결책에서는 중요한 칸을 원으로 표시했다(b2, h6, h7, g7). Bilalić et al, "Why Good Thoughts Block Better Ones: The Mechanism of the Pernicious Einstellung Effect," Cognition 108 (2008): 652–61.

19. Victor Ottati et al., "When Self-Perceptions Increase Closed-Minded Cognition: The Earned Dogmatism Effect," *Journal of Experimental Social Psychology* 61 (2015): 131–38.

20. 위의 책.

21. Serge Moscovici, Elisabeth Lage, and Martine Naffrechoux, "Influence of a Consistent Minority on the Responses of a Majority in a Color Perception Task," *Sociometry* 32, no. 4 (1969): 365–80.

22. C. J. Nemeth, "Minority Influence Theory," in *Handbook of Theories of Social Psychology*, ed. P. Van Lange, A. Kruglanski, and T. Higgins (New York: Sage, 2009).

23. Uri Bar-Joseph and Arie W. Kruglanki, "Intelligence Failure and the Need for Cognitive Closure," *Political Psychology* 24 (2003): 75–99.

## 제9장 정신적 차단과 생각의 여과 장치

1. Ap Dijksterhuis, "Think Different: The Merits of Unconscious Thought in Preference Development and Decision Making," *Journal of Personality and Social Psychology* 87 (2004): 586–98.

2. T. C. Kershaw and S. Ohlsson, "Multiple Causes of Difficulty in Insight: The Case of the Nine-Dot Problem," *Journal of Experimental Psychology: Learning, Memory, and Cognition* 30 (2004): 3–13; and R. W. Weisberg and J. W. Alba, "An Examination of the Alleged Role of Fixation in the Solution of Several Insight Problems," *Journal of*

*Experimental Psychology: General* 110 (1981): 169–92.

3. James N. MacGregor, Thomas C. Ormerod, and Edward P. Chronicle, "Information Processing and Insight: A Process Model of Performance on the Nine-Dot and Related Problems," *Journal of Experimental Psychology: Learning, Memory, and Cognition* 27 (2001): 176.

4. Ching-tung Lung and Roger L. Dominowski, "Effects of Strategy Instructions and Practice on Nine-Problem Solving," *Journal of Experimental Psychology: Learning, Memory, and Cognition* 11, no. 4 (January 1985): 804–11.

5. Richard P. Chi and Allan W. Snyder, "Brain Stimulation Enables the Solution of an Inherently Difficult Problem," *Neuroscience Letters* 515 (2012): 121–24.

6. 위의 책.

7. 다음의 사례를 보라. See, for example, Carlo Cerruti and Gottfried Schlaug, "Anodal Transcranial Stimulation of the Prefrontal Cortex Enhances Complex Verbal Associative Thought," *Journal of Cognitive Neuroscience* 21 (October 2009); M. B. Iyer et al., "Safety and Cognitive Effect of Frontal DC Brain Polarization in Healthy Individuals," *Neurology* 64 (March 2005): 872–75; Carlo Reverbi et al., "Better Without (Lateral) Frontal Cortex? Insight Problems Solved by Frontal Patients," *Brain* 128 (2005): 2882–90; and Arthur P. Shimamura, "The Role of the Prefrontal Cortex in Dynamic Filtering," *Psychobiology* 28 (2000): 207–18.

8. Michael Gazzinga, *Human: The Science Behind What Makes Us Unique* (New York: HarperCollins, 2008), 17–22. 외측 전전두 피질은 뚜렷하게 구별되는 현미경적 구조를 가지고 있는 영역이며, 뚜렷한 기능을 갖고 있다. 그러나 심장이나 콩팥처럼 확실하게 드러나지는 않는다. 뇌를 관찰하면, 대개 뚜렷하게 알아볼 수 있는 물리적 윤곽은 없다.

9. Joaquin M. Fuster, "The Prefrontal Cortex—an Update: Time Is of the Essence," *Neuron* 30 (May 2001): 319–33.

10. John Kounios and Mark Beeman, "The Cognitive Neuroscience of Insight," *Annual Reviews in Psychology* 65 (2014): 71–93; E. G. Chrysikou et al., "Noninvasive Transcranial Direct Current Stimulation over the Left Prefrontal Cortex Facilitates Cognitive Flexibility in Tool Use," *Cognitive Neuroscience* 4 (2013): 81–89.

11. Mihaly Csikszentmihalyi, *Creativity: The Psychology of Discovery and Invention* (New York: Harper Perennial, 2013), 116.

12. Nathan Myhrvold, interviewed by author, January 15, 2016.

13. George Lucas et al., "Raiders of the Lost Ark" story conference transcript, January 1978, http://maddogmovies.com/almost/scripts/raidersstoryconference1978.pdf.

14. "일등 양아치"라는 표현은 다음 기사에서 나왔다. Claire Hoffman, "No. 1 Offender in Hollywood," *New Yorker*, June 18, 2012.

15. Seth MacFarlane, interviewed by author, January 29, 2016.

16. Ken Tucker, *Family Guy review, Entertainment Weekly*, April 19, 1999, http://www.ew.com/article/1999/04/09/family-guy.

17. Nitin Gogtay et al., "Dynamic Mapping of Human Cortical Development During Childhood Through Early Adulthood," *Proceedings of the National Academy of Sciences of the United States of America* 101 (2004): 8174-79.

18. 르 귄은 이 말을 했다는 것을 부인하며, 그녀의 책 어디에서도 이 말은 찾을 수 없다. 이 문제에 대한 그녀의 발언은 다음에서 볼 수 있다. Ursula K. Le Guin, "A Child Who Survived," blog entry on Book View Café posted on December 28, 2015, http://bookviewcafe.com/blog/2015/12/28/a-child-who-survived/.

## 제10장 좋은 놈, 미친 놈, 이상한 놈

1. See Matan Shelomi, "Mad Scientist: The Unique Case of a Published Delusion," *Science and Engineering Ethics* 9 (2013): 381-88.

2. Shelley Carson, "Creativity and Psychopathology," in *The Neuroscience of Creativity*, ed. Oshin Vartanian et al. (Cambridge, Mass.: MIT Press, 2013), 175-203.

3. 테슬라의 이야기에 관해서는 다음을 보라. Margaret Cheney, *Tesla: Man Out of Time* (New York: Simon & Schuster, 2011).

4. A. Laguerre, M. Leboyer, and F. Schürhoff, "The Schizotypal Personality Disorder: Historical Origins and Current Status," *L'Encéphale* 34 (2008): 17-22; and Shelley Carson, "The Unleashed Mind," *Scientific American*, May 2011, 22-29.

5. Leonard L. Heston, "Psychiatric Disorders in Foster Home Reared Children of Schizophrenic Mothers," *British Journal of Psychiatry* 112 (1966): 819-25.

6. Eduardo Fonseca-Pedrero et al., "Validation of the Schizotypal Personality Questionnaire-Brief Form in Adolescents," *Schizophrenia Research* 111 (2009): 53-60.

7. 다음의 사례를 보라. Bradley S. Folley and Sohee Park, "Verbal Creativity and Schizotypal Personality in Relation to Prefrontal Hemispheric Laterality: A Behavioral and Near-Infrared Optical Imaging Study," *Schizophrenia Research* 80 (2005): 271-82.

8. Carson, "Unleashed Mind," 22; Rémi Radel et al., "The Role of (Dis)Inhibition in Creativity: Decreased Inhibition Improves Idea Generation," *Cognition* 134 (2015): 110-20; and Marjaana Lindeman et al., "Is It Just a Brick Wall or a Sign from the Universe? An fMRI Study of Supernatural Believers and Skeptics," *Social Cognitive and Affective Neuroscience* 8 (2012): 943-49, 그리고 여기에 인용된 연구들. 이 논문들이 외측 전전두 피질 대신 상전두회(inferior frontal gyrus, IFG)를 언급하는 것에 주목하자. IFG는 외측 전전두 피질의 복측 면에 위치한다.

9. Carson, "Creativity and Psychopathology," 180-81.

10. Lindeman, "Is It Just a Brick Wall," 그리고 여기에 인용된 연구들. See also Deborah Kelemen and Evelyn Rosset, "The Human Function Compunction: Teleological Explanation in Adults," *Cognition* 111 (2009): 138-43.

11. Cliff Eisen and Simon P. Keefe, eds., *The Cambridge Mozart Encyclopedia* (Cambridge, UK: Cambridge University Press, 2006), 102.

12. Geoffrey I. Wills, "Forty Lives in the Bebop Business: Mental Health in a Group of

Eminent Jazz Musicians," *British Journal of Psychiatry* 183 (2003): 255-59.

13. 아인슈타인에 관해서는 다음을 보라. Graham Farmelo, *The Strangest Man: The Hidden Life of Paul Dirac, Mystic of the Atom* (New York: Basic Books, 2009), 344; 뉴턴에 관해서는 다음을 보라. Leonard Mlodinow, *The Upright Thinkers* (New York: Pantheon, 2015).

14. Shelley H. Carson, Jordan B. Peterson, and Daniel M. Higgins, "Decreased Latent Inhibition Is Associated with Increased Creative Achievement in High-Functioning Individuals," *Journal of Personality and Social Psychology* 85 (2003): 499.

15. 작가들의 양극성 장애는 예외이다. See Simon Kyaga et al., "Mental Illness, Suicide and Creativity: 40-Year Prospective Total Population Study," *Journal of Psychiatric Research* 47 (2013): 83-90.

16. 주디 블룸의 이야기는 2015년 12월 2일에 저자와 나눈 대화에서 나온다.

17. Vinod Goel et al., "Dissociation of Mechanisms Underlying Syllogistic Reasoning," *Neuroimage* 12 (2000): 504-14.

제11장 해방

1. 이 이야기는 1969년에 쓰였고, 『마리화나 다시 생각하기(*Marijuana Reconsidered*)』라는 책에서 발표되었다.

2. Charles T. Tart, "Marijuana Intoxication: Common Experiences," *Nature* 226 (May 23, 1970): 701-4.

3. Gráinne Schafer et al., "Investigating the Inter-action Between Schizotypy, Divergent Thinking and Cannabis Use," *Consciousness and Cognition* 21 (2012): 292-98.

4. 위의 책.

5. Kyle S. Minor et al., "Predicting Creativity: The Role of Psychometric Schizotypy and Cannabis Use in Divergent Thinking," *Psychiatry Research* 220 (2014): 205-10.

6. Stefano Belli, "A Psychobiographical Analysis of Brian Douglas Wilson: Creativity, Drugs, and Models of Schizophrenic and Affective Disorders," *Personality and Individual Differences* 46 (2009): 809-19.

7. *Beautiful Dreamer: Brian Wilson and the Story of SMiLE*, directed by David Leaf, produced by Steve Ligerman (Rhino Video, 2004); and Brian Wilson and T. Gold, *Wouldn't It Be Nicer: My Own Story* (New York: Bloomsbury, 1991), 114.

8. Alexis Petridis, "The Astonishing Genius of Brian Wilson," *The Guardian*, June 24, 2011.

9. Andrew F. Jarosz, Gregory J. H. Colflesh, and Jennifer Wiley, "Uncorking the Muse: Alcohol Intoxication Facilitates Creative Problem Solving," *Consciousness and Cognition* 21 (2012): 487-93.

10. Robin L. Carhart-Harris et al., "Neural Correlates of the LSD Experience Revealed by Multimodal Neuroimaging," *Proceedings of the National Academy of Sciences* 113 (2016): 4853-58; Robin L. Carhart-et al., "The Entropic Brain: A Theory of Conscious States Informed by Neuroimaging Research with Psychedelic Drugs," *Frontiers in Human*

*Neuroscience* 8 (2014): 1–22.

11. Catherine Elsworth, "Isabel Allende: Kith and Tell," *The Telegraph*, March 21, 2008.

12. K. P. C. Kuypers et al., "Ayahuasca Enhances Creative Divergent Thinking While Decreasing Conventional Convergent Thinking," *Psychopharmacology* 233 (2016): 3395–3403; and Joan Francesc Alonso et al., "Serotonergic Psychedelics Temporarily Modify Information Transfer in Humans," *International Journal of Neuropsychopharmacology* 18 (2015): pyv039.

13. Elsworth, "Isabel Allende: Kith and Tell."

14. Rémi Radel et al., "The Role of (Dis)Inhibition in Creativity: Decreased Inhibition Improves Idea Generation," *Cognition* 134 (2015): 110–20.

15. Charalambos P. Kyriacou and Michael H. Has-tings, "Circadian Clocks: Genes, Sleep, and Cognition," *Trends in Cognitive Science* 14 (2010): 259–67.

16. Mareike B. Wieth and Rose T. Zacks, "Time of Day Effects on Problem Solving: When the Non-Optimal Is Optimal," *Thinking & Reasoning* 17 (2011): 387–401.

17. Deborah D. Danner, David A. Snowdon, and Wallace V. Friesen, "Positive Emotions in Early Life and Longevity: Findings from the Nun Study," *Journal of Personality and Social Psychology* 80 (2001): 804.

18. Barbara L. Fredrickson, "The Value of Positive Emotions," *American Scientist* 91 (2003): 330–35.

19. Barbara L. Fredrickson and Christine Branigan, "Positive Emotions Broaden the Scope of Attention and Thought-Action Repertoires," *Cognitive Emotions* 19 (2005): 313–32.

20. 다음 연구를 보라. Fredrickson and Branigan, "Positive Emotions Broaden the Scope"; and Soghra Akbari Chermahini and Bernhard Hommel, "Creative Mood Swings: Divergent and Convergent Thinking Affect Mood in Opposite Ways," *Psychological Research* 76 (2012): 634–40.

21. Joshua Rash et al., "Gratitude and Well-Being: Who Benefits the Most from a Gratitude Intervention?," *Applied Psychology: Health and Well-Being* 3 (2011): 350–69.

22. Justin D. Braun et al., "Therapist Use of Socratic Questioning Predicts Session-to-Session Symptom Change in Cognitive Therapy for Depression," *Behaviour Research and Therapy* 70 (2015): 32–37.

23. 다음의 사례를 보라. Cheryl L. Grady et al., "A Multivariate Analysis of Age-Related Differences in Default Mode and Task-Positive Networks Across Multiple Cognitive Domains," *Cerebral Cortex* 20 (2009): 1432–47.

24. 다음의 사례를 보라. Michael L. Wilson et al., "Lethal Aggression in Pan Is Better Explained by Adaptive Strategies Than Human Impacts," *Nature* 513 (2014): 414–17; and Richard W. Wrangham, "Evolution of Coalitionary Killing," *American Journal of Physical Anthropology* 110 (1999): 1–30.

# 역자 후기

2016년, 이세돌 9단은 컴퓨터 프로그램인 알파고와 이른바 세기의 대국을 벌였다. 우리나라 기사가 참여했기 때문에, 이 대국은 시작 전부터 국내에서 큰 화제를 불러일으켰다. 당시 국내 언론은 전문가의 말을 빌려서 대체로 이세돌의 압승을 예상했다. 그때까지 노출되어 있던 알파고의 전력에 비추어볼 때 알파고가 이세돌을 이기는 것은 어렵고, 아직까지는 바둑이라는 복잡한 게임에서 인간을 이길 수 있을 정도로 인공지능이 발전하지는 못했을 것이라는 추측이 지배적이었다. 그러나 결과는 알파고의 압승이었고, 사람들은 큰 충격에 빠졌다. 그 무렵에는 사람들이 모이는 곳마다 알파고 이야기가 빠지지 않았다. 디스토피아적 미래가 곧 현실로 다가와서 인공지능에게 일자리를 빼앗기게 될까 우려하는 사람도 있었고, 앞으로 몇십 년 안에 어떤 직업이 사라질 것이라는 예측 기사가 나오기도 했다. 그런 우리의 모습은 산업혁명으로 인해서 기계에게 일자리를 빼앗길지 모른다는 위기감에 기계 파괴 운동을 시작한 19세기 노동자들의 모습과 닮아 보였다.

알파고가 우리에게 가져다준 충격과 두려움은 사실 예측할 수 없는 큰 변화에 대한 두려움이다. 그러나 알파고로 상징되는 인공지능의 놀라운 능력은 우리 인간의 사고 과정을 모방한 것이다. 이 책에서는 인공지능이 지금의 수준에 이르기까지 뇌과학에 대한 이해가 큰 역할을 했고, 정보처리 기술의 발전과 뇌과학의 발전이 함께 맞물려 있다는 사실을 확인할 수 있다. 막강한 성능을 지녔을 것 같은 인공지능이 결국은 우리 뇌의 상향식 처리 방식을 흉내내고 있다는 것을 알게 되니, 인공지능과 그것이 가져올 미래에 대한 두려움은 조금씩 형체를 갖춘 의문으로 바뀌어간다. 이렇게 이 책은 뇌과학과 심리학을 통해서 그런 두려움의 실체에 다가갈 방법을 모색한다.

나는 뇌과학은 대단히 난해한 분야라는 선입견을 가지고 있었다. 이 책의 번역을 처음 의뢰받고, 나는 이해하기 어려운 이야기가 함정처럼 숨어 있을까봐 조금 걱정했다. 그러나 기우였다. 이 책은 활발한 연구가 이루어지고 있는 이 난해한 분야의 성과에서 고갱이만 잘 추려내어 알기 쉽게 설명한다. 연구 사례와 부가 설명을 위해서 곁들여지는 이야기들은 흥미롭고 적절하다. 특히 약물과 긍정적 정서가 뇌에 미치는 영향에 관한 제11장의 내용이 개인적으로 가장 흥미로웠다. 향정신성 약물이라는 대담한 소재는 유연한 사고의 위력을 강하게 각인시킨다. 이론물리학을 전공한 과학 저술가라는 글쓴이의 이력을 생각하면 어려운 이야기를 쉽게 풀어내는 그의 내공이 이해가 되는 것도 같다.

쉽고 재미있는 교양과학서의 면모를 갖춘 이 책은 실용적인 내용에서도 손색이 없다. 뇌과학과 심리학 분야의 여러 연구와 실험 결과들을 통해서, 외부 자극에 대해서 별 생각 없이 기계적으로 반응하는 각본 방식의 정보처리를 왜 지양해야 하는지, 하향식으로 처리되는 분석적 사고와 상향식으로 처리되는 유연한 사고에 각각 어떤 장점이 있고, 우리가 그런 사고 능력을 어떻게 개발해야 하는지를 알려준다. 설문을 통해서 자신의 성향을 확인해보는 소소한 재미도 있다. 그외에도 이 책에서는 과학 지식과 실용적인 정보라는 두 마리 토끼를 잡기 위해서 공을 들인 흔적을 곳곳에서 찾아볼 수 있다.

세상은 변화한다. 그것은 누구나 다 알고 있으며 거스를 수 없는 흐름이다. 기술의 발전과 궤를 같이 하며 급변하는 세상을 살아가는 우리는 발전의 혜택을 누리면서도 한편으로는 급격한 변화에 두려움을 느끼는 얄궂은 상황에 처해 있다. 지피지기 백전불태(知彼知己 百戰不殆)라고 했다. 물론 살아가는 것은 전투가 아니며 변화는 우리의 적이 아니지만, 자신을 잘 앎으로써 급변하는 세상에 적응할 수 있는 힘을 얻을 수 있다면 무척 든든할 것이다. 이 책을 통해서 세상의 변화를 두려움보다는 기대감으로 맞이할 수 있는 힘을 얻게 되기를 바란다.

김정은

318

# 인명 색인